Jacques Isoré, Jean-Pierre Testa

Réussir dans ses nouvelles responsabilités

Prise de fonction : mode d'emploi

Issy-les-Moulineaux
ESF éditeur

Division de Reed Business Information
2, rue Maurice-Hartmann, 92133 Issy-les-Moulineaux cedex
www.esf-editeur.fr
5e édition 2003

ISBN 2 7101 1629 4

ISSN 0768-2026

Comment se servir de ce manuel de formation

Cet ouvrage est constitué de trois parties :

1 - La première partie, intitulée *Connaissance du problème,* apporte avec ses exposés les informations théoriques et les connaissances intellectuelles indispensables sur le thème proposé.

2 - La deuxième partie, *Applications pratiques,* signalée à droite par une bande verticale, propose des exercices concrets présentés de manière progressive. A la fin de ces exercices, le lecteur trouvera les corrigés correspondants.

3 - Les *Annexes,* en troisième partie, sont constituées d'outils complémentaires très utiles, tels :

- le *plan d'autoformation individuel,* véritable guide pédagogique qui alterne les exercices pratiques et les exposés théoriques de manière à organiser rationnellement l'acquisition des savoirs ;

- le (ou les) *programme(s) de session de formation* qui propose des types de programme sur 2 à 4 jours avec une dizaine de participants ;

- le *lexique* des termes techniques utilisés et, éventuellement, un index ;

- la *bibliographie.*

Nous espérons que cet ouvrage vous rendra les meilleurs services dans vos activités professionnelles et personnelles. N'hésitez pas à nous écrire pour nous faire part de vos remarques, critiques et suggestions :

ESF éditeur - Service Lecteurs
2, rue Maurice-Hartmann
92133 Issy-les-Moulineaux cedex

Collection Formation permanente

Collection fondée par Roger Mucchielli et dirigée par Lionel Bellenger

Depuis 1966, la collection « Formation permanente » a publié les contenus de séminaires de formation et de perfectionnement en sciences humaines, avec un succès croissant, puisque les premiers titres parus dépassent aujourd'hui leur 17e édition, et sont traduits dans le monde entier.

Dans le sillage de Roger Mucchielli, tous ceux qui s'intéressent à la psychologie sociale ou qui veulent prévoir eux-mêmes leur formation continue, seront heureux de savoir que la collection s'enrichit constamment de nouveaux auteurs spécialistes du développement personnel et professionnel.

Puisqu'on ne peut suivre toutes les sessions de formation et de recyclage, la formule originale de nos ouvrages permet à chacun de travailler sur leur contenu théorique et pratique et d'effectuer ainsi en permanence son autoperfectionnement.

▸ Vous trouverez, en fin d'ouvrage, la liste complète des ouvrages parus dans la collection « Formation permanente », également consultable sur notre site www.esf-editeur.fr

Table des matières

Partie connaissance du problème

Partie applications pratiques

Première série

Comprendre avant d'agir

Deuxième série

Prendre en compte les motivations

Annexes

Première partie

CONNAISSANCE DU PROBLÈME

Avant-propos

Pourquoi un ouvrage sur la prise de fonction et l'accès à de nouvelles responsabilités ? Voilà maintenant quelques siècles que des hommes dirigent d'autres hommes, avec souvent de bons résultats. Qu'est-ce qui change donc au point que nous ayons besoin de méthodes nouvelles ?

Bien des choses évoluent dans notre société : la façon dont nous nous déplaçons, dont nous concevons le temps, dont nous élevons nos enfants, dont nous mangeons... Tout cela transforme profondément les attentes des hommes et des femmes qui viennent travailler dans les entreprises, la manière dont ils acceptent ou non l'autorité de leurs chefs, responsables et patrons... et la façon dont ceux-ci gagnent à exercer cette autorité pour obtenir des résultats...

En prenant davantage de responsabilités, vous vous demandez certainement quelles sont les choses à faire ou à ne pas faire, comment gagner du temps ou comment être sûr de réussir cette étape de votre carrière ?

Rédigé à partir de l'expérience capitalisée auprès de centaines de managers, cet ouvrage propose des réponses précises aux questions que se pose tout manager par rapport à ses trois pôles d'activité :

– leader d'une équipe ;

– gestionnaire d'une unité ;

– développeur des ressources humaines.

Il propose également les points de repère indispensables pour traiter des situations variées aussi bien dans le domaine des services, des services publics que dans celui de la production. Les plans d'actions, les diagnostics et les outils sont immédiatement utilisables dans votre activité quotidienne... et vous permettent de programmer votre réussite. Alors, prenez en main votre avenir !

Introduction

Le monde bouge, vous aussi. Vous évoluez dans une fonction d'encadrement ? C'est votre premier poste de manager ? Vous êtes amené à encadrer une équipe plus importante qu'auparavant ? Vous devenez le responsable de l'équipe à laquelle vous appartenez ? Toutes nos félicitations !

Être promu, se voir confier de nouvelles responsabilités, c'est une situation extrêmement motivante, voire grisante. Votre hiérarchie vous a choisi ! Elle considère que, pour ce poste, vous représentez le meilleur atout dont elle dispose. C'est une marque de reconnaissance. La décision de votre nomination fait partie des décisions qui se prennent dans la réflexion et le calme. Elle entraîne de nombreuses conséquences, à court et à long termes, sur vous-même, vos nouveaux collaborateurs et l'entreprise. C'est donc une décision d'ordre stratégique au même titre que le choix ou l'abandon d'un segment de marché, par exemple.

Mais revenons à vous : prenez le temps de savourer cette douce euphorie liée à cette évolution de votre carrière, ces moments sont si rares ! Nous vous souhaitons bien évidemment bonne chance et nous vous souhaitons également de pouvoir faire vivre prochainement une telle aventure à un ou plusieurs de vos collaborateurs. Nous pouvons dès maintenant parier que vous vous souviendrez longtemps de la personne qui est à l'origine de votre nomination. Elle a su voir en vous le potentiel pour réussir dans ce poste et, de plus, elle vous fait confiance. Déceler un potentiel et faire confiance, voilà déjà deux beaux rôles liés à la fonction de manager !

Mais qu'est-ce qui va changer pour vous ?

1. L'appartenance à deux groupes

En tant que collaborateur, vous échangiez librement avec vos collègues sur l'entreprise, son fonctionnement, les décisions prises par la direction : on critique, on rouspète...

Le statut de manager va impliquer pour vous un double devoir de réserve :

– certaines informations communiquées par la Direction ne doivent pas être transmises au personnel ;

– à l'inverse, certaines informations, communiquées par les membres de l'équipe, ne doivent pas remonter à la hiérarchie.

Ce qui caractérise votre nouveau statut de manager, c'est l'appartenance simultanée à deux groupes : le groupe des collaborateurs (votre équipe) et le groupe de direction (les encadrants) vis-à-vis desquels vous allez devoir être solidaire.

2. Vos relations avec votre entourage

Bon gré mal gré, vos relations avec les autres vont changer. C'est d'autant plus perceptible et par moments surprenant que c'est souvent l'entourage lui-même qui initialise ces changements.

Vos nouveaux collaborateurs (anciens collègues) vous parlent différemment, passant par exemple du tutoiement au vouvoiement.

Vos anciens collègues ont des relations plus distantes avec vous, nous y reviendrons.

Les risques :

– le copinage et une difficulté à se positionner en tant que manager,

– générer des incohérences dans ses comportements de manager,

– être discrédité auprès de sa hiérarchie.

Au-delà de la relation, il se peut que, comme nous l'avons si souvent constaté, l'organisation physique change : un bureau plus spacieux, plus isolé, des privilèges nouveaux – les déplacements, les remboursements de frais, pour ne citer que quelques-uns des aspects qui montrent bien que vous avez changé de « monde » ou de « paradigme » (paradigme = ensemble de problèmes à étudier et des techniques propres à leur étude). Oui, vous avez changé (ou vous allez changer) sur plusieurs niveaux professionnels et relationnels. La meilleure preuve, c'est que cela se concrétise presque toujours par une évolution de la rémunération.

3. Un niveau de solitude accru

Vous devenez la cible de tous les regards : convoitise de la part de concurrents déboutés, nécessité de prendre des décisions sans pouvoir faire aussi souvent appel à la hiérarchie, observation attentive de la part des collaborateurs pour lesquels vous servez de modèle.

Les risques :

– paternalisme : donner pour recevoir de la reconnaissance,

– incohérence entre le discours et les actes.

4. Un changement de niveau de responsabilités

En tant que collaborateur, vous étiez responsable de votre travail ; en tant que manager, vous devenez responsable des résultats de vos collaborateurs, c'est-à-dire d'un travail effectué par d'autres pour lequel vous n'êtes pas nécessairement compétent. Vous êtes mis en situation de devoir assumer, non seulement vos erreurs, mais également celles commises par vos collaborateurs. En devenant manager, il va être nécessaire de gérer leur organisation, leur temps de travail, leur activité et leurs résultats, avec également une responsabilité humaine...

Les risques :

– continuer à faire au lieu de faire faire,

– ne pas déléguer suffisamment,

– s'approprier les réussites de ses collaborateurs mais pas leurs erreurs,

– déléguer en suivant une démarche cohérente.

5. Une augmentation de la charge de travail

Lors de nos interventions en entreprise, nous constatons souvent le phénomène suivant.

Puisque M. ou Mme X est très compétent dans ce poste, par exemple de commercial, nommons-le chef des commerciaux. Il continuera de s'occuper d'un certain secteur de clientèle puisqu'il est performant et, en plus, il fera bénéficier les autres de ses compétences en leur montrant l'exemple. Le changement quantitatif est là : je continue d'exploiter mes compétences techniques sur un domaine mais, en plus, il faut que je suive le travail de ceux que j'encadre. Comme cela est nouveau pour moi, je vais passer du temps à apprendre mon nouveau métier. La concrétisation de ce surcroît de travail aura pour conséquence quelques semaines ou mois très chargés en heures...

6. De la gestion du contenu à la gestion des processus

S'il y a une personne dans l'équipe qui doit prendre du recul par rapport à la situation vécue, c'est son manager. Il doit être en mesure de faire ce délicat exercice : « se mettre au balcon pour se regarder passer dans la rue ». Même si, par moments il continue d'avoir le « nez dans le guidon », il a la responsabilité de pouvoir répondre à chaque instant à la question : « Et après ? » Il s'interroge sur les ressources dont il dispose et celles qu'il lui faut acquérir, sur ce que ses clients internes et externes lui demanderont demain, sur l'état de fraîcheur et de disponibilité de son équipe... Ainsi, vous passez d'une logique de *faire* à une logique de *faire faire.* Vous allez vous intéresser également maintenant à *comment faire pour mieux faire ou faire plus.* Vous vous interrogerez aussi sur la façon dont on acquiert le *savoir-faire pour faire.* Enfin, pour la réussite de votre équipe et pour la vôtre, une fois les premiers résultats atteints, vous agirez pour les *faire connaître.*

En tant qu'expert, vous aviez jusqu'à présent à gérer un contenu : les connaissances, les savoir-faire liés à cette expertise. En tant que manager, vous allez devoir gérer des processus relationnels : assurer le lient entre la direction, les autres services et votre équipe, assurer des régulations et garantir la cohésion de votre équipe.

7. Un nouveau système de reconnaissance

En ce qui concerne les signes de reconnaissance que l'on se donne (sources de satisfaction), il s'agit d'apprendre à savourer le fait de faire faire et non plus de faire. Par ailleurs, il s'agit d'intégrer la dimension temps : alors que les sources de reconnaissance de l'expert sont souvent immédiates (la satisfaction du travail bien fait), les résultats d'un management efficace s'évaluent à plus long terme et s'apprécient à la fois sur des critères quantitatifs et qualitatifs.

La non-prise en compte de cette nouvelle situation risque de rejaillir sur la gestion de votre temps de manager. La tentation peut en effet être forte de continuer :

– à faire les activités gratifiantes ;

– à assumer directement les activités pour lesquelles on a été reconnu jusqu'à présent.

■ Exemples : le manager commercial qui continue à faire du commercial ; le manager de formation technique qui continue à s'occuper de technique.

Les trois rôles d'un manager

Au-delà de l'expertise propre à votre service et par conséquent, de la vôtre, les nouveaux rôles qu'il vous faut endosser sont ceux du leader, du gestionnaire et du stratège.

• *Leader*

Le leader, c'est le chef. Qu'attend-on d'un chef ?

On attend d'un chef qu'il soit le premier en ligne, qu'il montre l'exemple, qu'il donne envie à chacun de se dépasser pour lui. Il accueille, il intègre, il donne des informations, il explique, il analyse les informations, il relie les informations aux préoccupations de ses subordonnés, il motive en étant motivé lui-même.

• *Gestionnaire*

Le manager gère : il analyse et sélectionne les indicateurs utiles et pertinents.

Il sait à chaque instant où il en est et où en est son équipe, il fixe des objectifs, il élabore et fait élaborer des plans d'actions, il planifie, il suit, il contrôle, il fait le point, il analyse les écarts et prend des mesures correctives.

• *Stratège*

Stratège, le manager anticipe. Il décide, il fixe les grandes orientations, il se donne des principes d'actions, il a une vision et la fait partager, il explique les valeurs qui sont les siennes, il gère son service et ses collaborateurs sur le long terme, il sait doser autorité, entente et négociation.

Être responsable aujourd'hui

exposé 1

1. Le contexte dans lequel vous prenez vos fonctions de manager

Des changements profonds s'imposent aux entreprises de tous les secteurs d'activité et mettent en question, non seulement les organisations, mais aussi le rôle et les pratiques des cadres.

Après les belles et faciles années, dites des « Trente Glorieuses », les contraintes, l'incertitude de l'avenir, même immédiat, la complexité des situations, le manque de visibilité, les exigences accrues des marchés en même temps que le ralentissement des activités ont créé un environnement difficile. Ce nouvel univers exige des cadres qu'ils modifient leurs habitudes, leurs méthodes et leurs comportements de managers. Ils n'y sont pas toujours prêts, et ce d'autant plus qu'ils se sentent remis en cause, parfois menacés dans leur statut et dans leur rôle. De fortes attentes s'expriment à leur égard, à la fois de la part des dirigeants et de leurs collaborateurs.

Une modification des lois du marché

C'est une évidence que de dire que la concurrence est de plus en plus forte et cela de plusieurs manières :

– les secteurs traditionnellement concurrentiels ont vu cette concurrence s'exacerber sous le double effet de la récession des marchés et de l'exigence accrue des clients ;

– des secteurs jusqu'à présent « protégés » se trouvent soumis à la loi du marché ;

– la concurrence s'est élargie géographiquement (mondialisation des marchés) mais également dans la conception des marchés : des entreprises diversifient leurs activités vers des marchés porteurs et se retrouvent concurrentes alors qu'elles ne l'étaient pas jusqu'à présent.

Ces différentes contraintes imposent aux organisations d'améliorer leur productivité au moindre coût, d'améliorer la qualité du service au client. Pour ce faire, les entreprises passent d'organisations verticales à des organisations transversales pour mieux répondre à leurs clients, mais elles exigent en même temps des managers qu'ils soient capables d'anticiper dans des environnements complexes, de s'adapter très vite et de trouver la flexibilité nécessaire. Ils doivent intégrer pour eux comme pour leur service une accélération des rythmes imposée par leurs marchés.

La concurrence est devenue plus forte. S'il faut pouvoir fournir des produits et des services de qualité, il faut encore aller plus vite que la concurrence, savoir anticiper et devancer les besoins du marché.

En effet, les exigences des clients sont de plus en plus nombreuses, nouvelles et souvent imprévues. Beaucoup d'entreprises s'accordent à reconnaître le manque de visibilité de leurs marchés en même temps que la complexité des situations auxquelles elles doivent répondre.

Enfin, dans des marchés en récession, il faut produire en améliorant la productivité au meilleur coût.

Le paradigme client-fournisseur

Ce sont, en effet, les problèmes et les demandes du client qui imposent aux entreprises la *transversalité* et la création de *structures ad hoc* pour de meilleures et de plus rapides réponses. Ce paradigme client-fournisseur affecte le fonctionnement de l'entreprise, mais aussi les relations internes. Il remet en cause dans les démarches qualité, le paradigme habituel des cloisonnements verticaux et du fonctionnement hiérarchique.

On rend compte, par exemple, à quelqu'un parce qu'il a besoin de l'information en tant que *client interne* et non plus parce qu'il est seulement le supérieur hiérarchique.

Confrontés à ces problèmes, les dirigeants estiment que leurs entreprises sont trop peu réactives et que les cadres sont souvent en surnombre et inadaptés aux nouvelles contraintes. Cela explique les tendances à la réorganisation constatées récemment.

L'incertitude de l'environnement

Au niveau de la société en général et de l'entreprise en particulier, la période se caractérise par l'incertitude qui y règne sous de multiples formes :

– incertitude des collaborateurs concernant leur emploi ;

– difficulté pour les entreprises à prévoir l'avenir ;

– rapidité des changements techniques et technologiques ;

– remise en cause des modes de fonctionnement qui, hier, faisaient le succès des organisations.

Les modèles qui se sont avérés efficaces jusqu'à présent ne sont plus reproductibles.

Les réponses des organisations

Face à ces nouvelles contraintes, l'entreprise apporte des réponses organisationnelles qui, au-delà de leur efficacité, redéfinissent en partie le rôle des managers.

Les solutions mises en œuvre et qui semblent se généraliser sont de différentes natures. Chacune d'elles est une solution intéressante en même temps qu'elle représente une difficulté pour les cadres, soit dans l'exercice de leur rôle de manager, soit dans leur expertise.

Ainsi, *le raccourcissement des lignes hiérarchiques,* qui a pour objectif de mettre en place une communication plus rapide et plus fluide, cherche à favoriser un management de proximité fondé davantage sur le rôle de « coach » du manager que sur le rôle traditionnel de chef ou de contrôleur. La plus-value d'un manager s'exprime aujourd'hui par son aptitude – en termes de méthodes et de comportements – à transmettre son expertise, ses savoir-faire, mais aussi la dynamique collective, les méthodes de travail et d'approche des problèmes.

Cette nouvelle approche de la fonction, qui nécessite un changement des représentations de la fonction de manager, ne va pas sans difficultés.

Le management par projets, la mise en place de structures de projets, se généralisent de plus en plus. Ces nouvelles organisations, provisoires ou permanentes, font travailler ensemble et simultanément des personnes qui seraient dispersées dans une organisation classique, qui auraient travaillé séparément et les unes après les autres. Ce mode de gestion vise au décloisonnement, favorise l'innovation et permet de réaliser des gains financiers.

Les réussites de ce management hors hiérarchie sont patentes, mais elles bousculent les habitudes relevant du fonctionnement hiérarchique traditionnel et requièrent, de la part des chefs de projets, des méthodes et des comportements nouveaux. La mise en place de ces organisations transversales nécessite des précautions, des préalables et la préparation des managers à leurs nouveaux rôles. On voit bien que les réponses organisationnelles ne se suffisent pas à elles-mêmes. Les managers à tous les niveaux doivent être capables d'anticiper dans un environnement très fluctuant, d'analyser et de gérer des situations complexes, de s'adapter et d'adapter l'entité dont ils sont responsables à l'accélération des rythmes imposés par l'environnement. L'intégration de ce changement suppose de la part des responsables à la fois une nouvelle représentation de la réalité de l'entreprise et une nouvelle conception de leur rôle.

2. Un nouveau regard sur l'organisation

Le manager d'aujourd'hui n'est pas préparé à affronter la réalité complexe que nous venons de décrire pour plusieurs raisons.

Le système éducatif nous a formé à une logique de *certitude* liée à une *logique déductive.* À un problème correspond une bonne solution.

Dans cette logique, la légitimité du manager est liée à son expertise : il détient (ou se doit de détenir) la bonne solution. L'illusion d'une organisation rationnelle découle directement de ces modèles et il demeure très présent dans les représentations collectives. Or, l'entreprise est une organisation complexe comme l'illustrent les caractéristiques ci-dessous :

■ Les situations sont multidimensionnelles

Le regard de l'expert, qui envisage les situations sous l'angle de sa seule expertise (technique, organisationnelle, humaine, commerciale...), ne suffit pas à la résolution du problème. Les interactions entre les différentes variables sont trop nombreuses et enchevêtrées. Comprendre et traiter les situations nécessitent une approche et une action globale.

■ Les problèmes appellent plusieurs solutions adaptées

Les situations auxquelles est confronté le manager appellent rarement une bonne solution mais suppose qu'il fasse un choix (qu'il prenne une décision) entre plusieurs solutions adaptées. La validité de son choix dépendra de la situation, de l'environnement, des acteurs en présence, de l'urgence, des coûts, des enjeux, des ressources et des contraintes. Ajoutons que le manager n'aura la certitude de la pertinence de son choix qu'après l'avoir mis en œuvre.

■ L'entreprise est un système ouvert sur son environnement

L'incertitude de l'avenir, le manque de visibilité à moyen terme et parfois à court terme nécessitent de considérer non seulement l'entreprise mais aussi chaque entité comme un système en interaction avec son environnement. Pour être réactif, le manager doit resituer l'entité dont il est responsable dans son contexte, se doter des outils d'analyse de son environnement et assurer une « veille environnementale ».

■ Les comportements doivent être resitués dans le système

Dans une approche systémique, il convient de considérer que le comportement de ses collaborateurs est en partie déterminé par le système dans lequel ils sont mis. Prenons un exemple : un responsable commercial se plaint que ses commerciaux ne se préoccupent pas suffisamment de la rentabilité de leur chiffre d'affaires. Ils se soucient peu de la santé financière de leurs prospects, délèguent les encaissements à leurs assistantes. Les commerciaux avaient uniquement des objectifs de chiffre d'affaires. L'entreprise a mis en place un système d'objectifs intégrant les notions de marge et d'encaissement et on a vu les mêmes commerciaux aller réclamer leur dû aux clients et s'intéresser à la santé financière de ces derniers.

■ Les collaborateurs sont des acteurs dans l'organisation

Si la structure induit fortement les comportements, l'observation montre que les collaborateurs ne sont jamais complètement déterminés par l'organisation et qu'ils peuvent s'autonomiser, dégager des marges de manœuvre ou des espaces de liberté : ils sont acteurs. Illustration : imaginez une employée dans le secteur pharmaceutique. Son rôle consiste à préparer des commandes en prélevant des produits rangés dans des casiers. Elle voit une boîte de médicaments au sol. Avec l'aide de nos stagiaires, lors des séminaires, nous avons recensé jusqu'à présent huit comportements possibles pour cette employée (à vous d'en trouver d'autres) :

- continuer son chemin sans ramasser le produit,
- marcher sur la boîte,
- appeler son responsable pour lui signaler l'anomalie (et lui demander quoi faire),
- glisser la boîte sous le meuble (le personnel d'entretien s'en occupera),
- mettre la boîte dans une case erronée,
- remettre le produit dans la bonne case,
- subtiliser le produit,
- le mettre parmi les produits de la commande en préparation.

Il s'agit là d'une situation simple, alors qu'en est-il dans des situations plus complexes ?

■ L'entreprise est une organisation humaine ayant une culture spécifique

Par culture d'organisation, nous entendons l'ensemble des normes et des valeurs le plus souvent implicites qui détermine ce qui se fait et ce qui ne se fait pas dans l'entreprise. Le manager doit décoder cette dimension du fonctionnement de l'organisation s'il veut comprendre certains blocages par rapport à des changements nécessaires.

Des attentes fortes à l'égard des managers

Sans doute les difficultés de la situation actuelle renforcent-elles les attentes qui s'expriment à l'égard de cette population considérée comme devant être le « moteur du système ». Les principaux points que nous avons notés sont, pour la plupart, connus et depuis longtemps remarqués par de nombreux observateurs et par les cadres eux-mêmes. D'abord, les cadres sont en général mal préparés par leur formation pour affronter l'incertitude, l'ambiguïté et la complexité. Leur formation théorique leur a donné une excellente faculté d'analyse, mais ne remplace pas une expérience professionnelle variée qui les rapprocherait des vrais problèmes et de l'action et qui leur permettrait de multiplier différentes approches d'un même problème. En effet, une des attentes les plus fortes exprimées aujourd'hui à l'égard des cadres est qu'ils soient moins théoriques et beaucoup plus engagés dans l'action. Cela s'exprime par un retour *aux problèmes concrets du terrain* ou par un recentrage sur les activités essentielles. Dans ce sens-là, on leur demande d'être plus proches de leurs collaborateurs et de leurs problèmes qu'il s'agit de résoudre. Ces remarques valent aussi pour les jeunes cadres diplômés qui sont perçus par la maîtrise comme encore plus théoriques et plus loin des réalités que leurs aînés et qui n'ont pas ou peu de compétences pour diriger et mobiliser leurs hommes. Plus précisément pour les managers, cet engagement dans l'action doit se traduire par des qualités de « leader » au sens humain du terme, proche de ses collaborateurs, capable de développer leurs compétences, ajoutant à sa maturité professionnelle une maturité affective et psychologique.

Les principaux rôles du manager

« Je viens d'être nommée responsable d'une équipe et une des questions auxquelles je souhaiterais avoir une réponse est : qu'est-ce que c'est manager ? » [1]

– La première responsabilité d'un manager est de définir un *champ de référence commun* avec ses collaborateurs. C'est passer avec eux de bons contrats, ce qui conduit à promouvoir un management contractuel où les deux parties s'engagent selon les différents niveaux de responsabilité. Définir les fonctions, fixer des objectifs, suivre et contrôler, évaluer sont les responsabilités normatives

1. Question posée par une stagiaire à l'un de nos séminaires et que nous remercions d'avoir osé poser la question pour les autres...

nécessaires pour structurer les relations entre un manager et ses collaborateurs. Un bon contrat assure la protection des partenaires en même temps qu'il prévoit du jeu, au sens mécanique du terme, et qu'il laisse la possibilité d'une réelle autonomie des collaborateurs.

En ce sens, les cadres français considèrent ce champ de responsabilités comme primordial pour l'efficacité du management. Cadrer et orienter clairement l'action, les cadres le feront d'autant mieux que leur hiérarchie définira en amont les normes, les orientations et les objectifs. Cette capacité à transmettre et à faire partager leur propre vision des buts à atteindre et des moyens et actions à mettre en œuvre font des managers des leaders reconnus.

– Le deuxième ensemble de responsabilités est celui qui touche au *développement des compétences* et de l'autonomie des collaborateurs, ainsi qu'à la reconnaissance des succès. Accueillir, intégrer, informer, former, déléguer, aider à résoudre les problèmes, sont les responsabilités du *coach* [2]. Utiliser l'expertise technique et professionnelle des cadres pour qu'ils la transmettent à leurs collaborateurs est une bonne façon de modifier la relation hiérarchique en relation managériale. En d'autres termes, il est fondamental de donner de l'autonomie, du pouvoir, de la compétence aux collaborateurs. C'est d'ailleurs ce que les managers demandent pour eux-mêmes à leur

Les différents rôles du manager

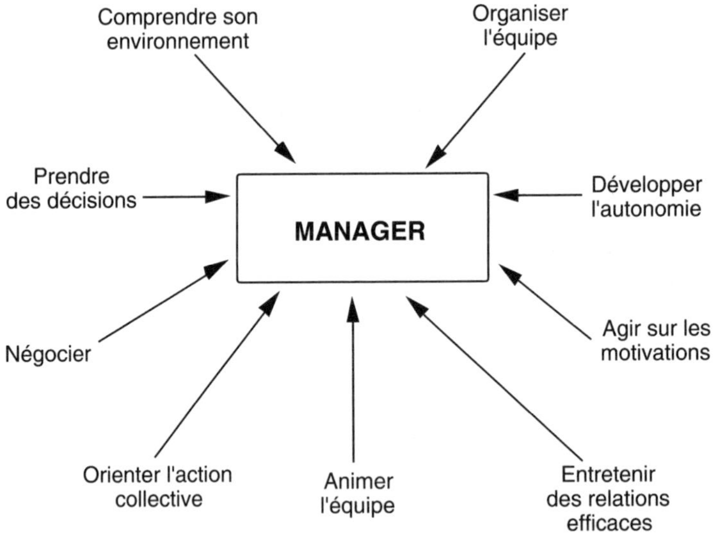

2. Il y a deux idées dans le mot anglais *coach*. Au sens premier, c'est un moyen de transport, ce qui induit un mouvement. Plus connu, le second sens est celui de répétiteur et d'entraîneur sportif. Dans les sports d'équipe, le coach reconnu comme tel est celui qui valorise les compétences individuelles en les intégrant dans un développement harmonieux afin que la victoire de chacun soit la victoire de l'équipe.

hiérarchie dans un cadre défini où les relations sont structurées par les références communes citées plus haut.

En bref, le responsable augmentera son efficacité en tenant compte des *projets professionnels personnels* de ses collaborateurs et en les développant. Mais il doit manager en même temps une équipe de travail. Cette double dimension, individuelle et collective, fait partie intégrante de son rôle. Organiser, animer l'équipe, donner du sens à son action, l'informer sur ses résultats, régler les conflits, la faire participer, à bon escient, à la résolution de problèmes sont les moyens qui permettront au responsable d'accroître la synergie et les performances. On pourrait objecter qu'à aucun moment le mot « motivation » n'a été prononcé. En effet, si la motivation peut se définir par l'énergie qu'une personne libère pour réaliser une performance, on sait aussi que cette énergie a besoin d'un contexte favorable pour s'exprimer. Ainsi, le manager construit, entretient, développe les motivations par l'exercice quotidien des responsabilités que nous venons de considérer. Enfin – et ce n'est pas le moindre rôle du responsable – il répond au besoin de cohérence exprimé par les collaborateurs, en donnant du sens à leur action. Cela veut dire qu'il cherche les opportunités dans chacune de ses responsabilités pour expliquer, définir, rappeler les liens qui existent entre la politique générale de l'entreprise, sa position sur le marché, ses produits et les résultats ainsi que les comportements professionnels demandés.

Les spécificités des managers par rapport aux autres cadres

Quatre familles de cadres peuvent être distinguées :

Le spécialiste	L'expert	Le manager	Le cadre dirigeant
Optimisation dans la spécialité de l'entreprise (exemple : responsable des ressources humaines, responsable du budget)	Gestion de l'innovation dans son domaine	Gestion de l'action collective	Gestion de l'identité présente et future de l'entreprise

Les quatre familles de cadres n'ont pas de frontières bien délimitées. En effet, on est souvent amené à agir sur plusieurs registres. Par exemple, un directeur, qui lance un projet dans lequel il implique son équipe, développera des comportements et des compétences de dirigeant, de manager et d'expert pour répondre aux quatre problématiques à l'œuvre dans l'entreprise.

Comment sont perçus les rôles de manager ou d'expert ?

Le manager est d'abord le responsable d'une équipe qu'il doit créer et qu'il doit diriger et conduire. C'est autre chose qu'une collection d'individus. C'est un rôle difficile et fortement valorisé, d'abord centré sur les hommes et sur la synergie de l'équipe, et non pas un rôle de pur gestionnaire ou d'organisateur lié aux nouvelles technologies.

En ce sens, le manager transmet la stratégie de l'entreprise.

Ce rôle si fondamental est souvent oublié – et paradoxalement aujourd'hui, alors qu'on en a tant besoin. Il exige du manager qu'il soit proche à la fois de son équipe et de ses préoccupations concrètes. L'engagement dans l'action et le retour au terrain sont aujourd'hui essentiels dans les pratiques du manager. Cette exigence est exprimée autant par les dirigeants que par les agents de maîtrise à l'égard des cadres.

L'expert, comme le *spécialiste*, se caractérise par un rôle technique qui est perçu comme un rôle moins valorisé que le précédent et fortement banalisé.

Cette perception peut s'expliquer par la comparaison que l'on fait de ce rôle avec le rôle de « meneur d'hommes ». Dans certaines grandes entreprises, le problème de cette dévalorisation a été résolu par des rémunérations plus importantes attribuées aux experts.

Manager de projets

Le nouveau rôle de responsable de projet, qui correspond, comme nous l'avons vu, à un enjeu crucial pour les entreprises, est perçu comme un rôle majeur et passionnant. Pour ce management hors hiérarchie qui traverse et qui réunit, sur un objectif précis, plusieurs fonctions de l'entreprise, le responsable de projet doit acquérir de nouvelles pratiques de management, en même temps qu'il doit connaître et comprendre l'organisation de son entreprise pour faire vivre la structure temporaire qu'il met en place. D'autre part, il doit créer une équipe et la faire travailler sans avoir de pouvoir hiérarchique sur ses membres. De la même façon, ce responsable d'un nouveau type est amené à communiquer, à négocier avec différentes hiérarchies. Il doit tenir compte des enjeux de pouvoir s'il veut être efficace. Enfin, l'autonomie de l'équipe et les résultats obtenus sont des éléments gratifiants très importants. Rôle majeur, il est aussi perçu comme un rôle d'avenir. À ce rôle de responsable de projet, s'ajoutent, dans les structures en réseaux, d'autres rôles transversaux fortement valorisés, comme ceux de coordinateurs et d'interfaces, déterminants dans ce type d'organisations. Tout se passe comme si les cadres, dans ces nouveaux rôles, pouvaient échapper au fonctionnement hiérarchique et bureaucratique et aux cloisonnements verticaux, retrouvant sur un objectif identifié la totalité d'une tâche du point de départ jusqu'à son aboutissement.

Manager « coach »

Les plans Qualité, la décentralisation des décisions au plus près de l'action, les processus d'amélioration continue, la recherche des moyens pour rendre les organisations apprenantes ne peuvent réussir qu'à la condition de développer les compétences nécessaires.

De plus en plus, aujourd'hui, la plus-value d'un manager s'exprime par son aptitude – en termes de méthodes et de comportements – à transmettre son expertise, ses savoir-faire, mais aussi la dynamique collective, les méthodes de travail et d'approche des problèmes.

Cet enrichissement de la fonction de manager nécessite un apprentissage qui passe par un changement des représentations qui n'est pas sans difficultés. Les cadres considèrent souvent qu'il y a des manières directes et formelles de « coacher » leurs collaborateurs, mais ils s'accordent à reconnaître que la manière indirecte est beaucoup plus efficace, à savoir l'exemple donné dans l'exercice quotidien de sa responsabilité de manager.

3. Comprendre et agir sur son environnement

Les considérations qui précèdent mettent en évidence le fait qu'un manager ne peut plus se contenter de gérer son équipe en faisant abstraction de son environnement. Il se doit d'avoir une vision systémique des situations, c'est-à-dire de resituer son unité en tant qu'élément d'un système plus large qui agit sur lui et qui, en retour, influence les autres éléments du système. Au-delà de cette vision globale, cela suppose que le manager dispose des outils de recueil d'informations, des outils d'analyse lui permettant d'appréhender la situation ainsi que d'une méthodologie pour concrétiser cette compréhension en plan d'action.

Orienter l'action individuelle et collective

Aux stagiaires que nous accueillons régulièrement en formation au management, nous posons régulièrement la question suivante : « Nous imaginons (et nous l'espérons pour vous) que, pendant que vous êtes en stage ici, vos équipes continuent à fonctionner. Alors, à quoi servez-vous ? » Un premier élément de réponse peut être « orienter l'action individuelle et collective de l'équipe », ce qui suppose de partager votre vision des buts à atteindre, de les traduire en objectifs, d'en assurer le suivi et d'évaluer les performances individuelles et collectives. Toutefois, vous ne pourrez réussir à assumer cette responsabilité que si vous avez clarifié avec votre hiérarchie les normes, les orientations et les objectifs. Alors, pour « manager », vous pourrez :

– Définir un cadre de travail commun avec vos collaborateurs

En effet, autonomie n'est pas synonyme d'indépendance. Dans le domaine politique, une région autonome dispose d'une marge de manœuvre dans certains secteurs mais les dispositions prises au niveau de la région doivent s'inscrire dans le cadre plus large de la nation (par exemple la Constitution). Un pays indépendant définit son propre cadre. De même, vos collaborateurs ne sont pas indépendants mais autonomes. Votre rôle de manager va donc consister à définir un cadre de travail avec eux : définir les fonctions, clarifier les règles de fonctionnement dans l'équipe, répartir les rôles. Pratiquer un management contractuel, c'est passer, avec ses collaborateurs, des contrats qui définissent les engagements réciproques et assurent la sécurité des partenaires en même temps qu'ils délimitent l'autonomie des collaborateurs.

– Développer la compétence et l'autonomie de vos collaborateurs

« Être compétent à rendre compétents ses collaborateurs » pourrait être la maxime du manager-coach d'aujourd'hui. Cela suppose de sa part à la fois d'intégrer, de former, d'informer ses collaborateurs, de leur déléguer des responsabilités et de les aider à résoudre leurs problèmes.

– Animer une équipe

À cette dimension individuelle s'ajoute le fait que le manager a la responsabilité d'une équipe de travail qui est plus qu'une simple « collection d'individus ».

Aussi, pour accroître la synergie et la performance collective, le manager doit comprendre les mécanismes de constitution et de développement d'une équipe pour agir efficacement.

– Entretenir des relations efficaces

Enfin, on pourrait dire « manager, c'est être en relation ». De cette définition découle pour le manager la nécessité de structurer cette communication et de maîtriser les savoir-faire nécessaires à la conduite des entretiens et des réunions.

Le quotidien du manager : paradoxes et contradictions

Le directeur général d'une entreprise privée de production et de distribution de 700 personnes disait, au début d'un exercice : « Je cours à la catastrophe, voici mes objectifs pour l'année : je dois augmenter mon chiffre d'affaires de 20 %, me séparer de 200 personnes et préserver la paix sociale. »

Ces trois objectifs ont été atteints, mais ils montrent bien la situation paradoxale dans laquelle se trouve souvent un manager et les contradictions qu'il doit gérer tous les jours. La résolution de ces situations se fait par des choix et des décisions.

Voici une liste de comportements qui décrivent ces paradoxes et ces contradictions, inhérents au métier de manager :

Aller vite	Prendre le temps
Imposer	Consulter
Informer	Différer l'information
Travailler sur le court terme	Anticiper le moyen terme
Préserver une stabilité	Initier les changements
Obtenir des résultats	Entretenir un bon climat
Manager les personnes	Manager les équipes
Manager les personnes	Agir sur l'organisation
Traiter l'accessoire	Traiter l'important
Faire respecter les contraintes	Entretenir la paix sociale
Obtenir des résultats	Garantir la qualité
Centraliser	Déléguer
Réaliser le contrat de gestion	Surveiller les processus
Convaincre	Faire participer
Comprendre les motivations personnelles	Comprendre les comportements attendus par la structure
Pressions politiques	Impératifs managériaux

Nous en avons analysé quelques-uns pour vous :

– Agir vite/prendre le temps de la réflexion

La nécessité d'être réactif vis-à-vis de votre environnement implique de décider rapidement et d'agir vite. En même temps, l'importance de vos décisions requiert une réflexion préalable. Vous êtes amené à concilier en permanence urgence et importance.

– Prendre des décisions seul/associer ses collaborateurs

Manager, c'est donner une orientation à l'action, c'est faire des choix. On attend de vous que vous preniez des décisions : c'est l'attente de votre hiérarchie mais aussi celle de vos collaborateurs. Par ailleurs, la qualité de vos décisions peut dépendre en grande partie du degré d'adhésion de vos collaborateurs aux options retenues : il vous faudra les consulter, les associer, voire leur faire prendre eux-mêmes des décisions. Régulièrement, vous aurez à répondre à cette question : comment prendre la décision ?

– Gérer le quotidien/anticiper sur le moyen terme

Vous êtes l'objet de sollicitations multiples de la part de votre hiérarchie, votre équipe, vos collègues : un imprévu à gérer, une demande d'aide, un problème à résoudre rapidement. Vous avez le « nez dans le guidon » et, en même temps, on vous demande de regarder la route, de définir la destination (les objectifs) et l'itinéraire (les moyens, les méthodes).

– Assurer la stabilité/initier des changements

Manager, c'est assurer le bon fonctionnement de l'équipe. Cela suppose la définition d'un cadre de travail suffisamment stable pour que les collaborateurs puissent mobiliser leur énergie vers les résultats attendus : des orientations, des objectifs, une hiérarchie des priorités, une répartition claire des rôles, des procédures de travail. En même temps, l'efficacité de votre entité passe par une adaptation permanente de ce cadre aux contraintes de l'environnement. Manager, c'est conduire en permanence des changements qui affectent les collaborateurs.

– Manager des individus/manager une équipe

Vous allez devoir prendre en compte les différences entre vos collaborateurs en termes d'aspirations, de compétences et assurer la cohérence du fonctionnement de l'équipe. L'existence d'une dialectique dynamique entre les individus et le groupe suscitera des questions telles que :

– quelles sont les conséquences sur l'équipe de la décision que je viens de prendre concernant ce collaborateur ?

– comment tel collaborateur va-t-il réagir par rapport à la décision que je viens de prendre pour l'équipe ?

– Obtenir des résultats/entretenir un bon climat

En tant que manager, vous serez constamment à la recherche d'un équilibre entre l'engagement vers les résultats et le niveau de tension qui en résulte, et la recherche d'une d'ambiance de travail propice à la performance : « pression de l'enjeu » et « plaisir du jeu ».

– Personnaliser votre rôle/préserver l'avenir

Votre réussite de manager repose sur la personnalisation de votre fonction : être reconnu par sa hiérarchie, ses collaborateurs. En même temps, elle se concrétisera par le fait que vos collaborateurs soient autonomes et qu'ils puissent « se passer » de vous dans la gestion quotidienne des activités. Par ailleurs, elle impliquera de nouvelles responsabilités pour vous et on vous évaluera en fonction de l'héritage que vous laisserez à votre successeur.

– Être respecté par ses collaborateurs/être apprécié

Un manager représente pour ses collaborateurs à la fois le *lien* et la *loi*[3].

Le lien : manager, c'est être en relation. Le manager ne peut être efficace que s'il établit des relations interpersonnelles satisfaisantes avec les membres de son équipe. Cela suppose une reconnaissance réciproque.

La loi : manager, c'est être garant d'un cadre de travail. Vous aurez à rappeler les règles, à traiter les erreurs, à évaluer les performances de vos collaborateurs, à prendre des décisions impopulaires...

Les fantasmes du manager

Gérer ces paradoxes et ces contradictions suppose que vous acceptiez de prendre des décisions contingentes et que vous ayez conscience des fantasmes qui vous guettent.

L'omniscience

Pour être crédible vis-à-vis de ses collaborateurs, le manager se sent obligé de tout savoir, de donner une réponse immédiate à toutes les demandes de ses collaborateurs.

Les risques :

– fournir une réponse inadaptée à la demande ;

– passer beaucoup de temps à chercher la réponse alors que quelqu'un d'autre l'aurait donnée plus rapidement ;

– être déstabilisé par des questions d'ordre technique parce que l'on n'a pas la compétence pour répondre ;

– être dans l'incapacité de manager des collaborateurs ayant une expertise différente de la sienne.

Cette logique induit que l'« omniscient » détient la vérité et se double d'une logique de certitude liée à une logique déductive. À un problème correspond une solution. Le spécialiste est celui qui apporte la solution. Quand on apprend les solutions, celles-ci prennent le pas sur les problèmes. Dans cette logique, chaque expert voit un problème sous l'angle de ses propres solutions.

L'omniprésence

« Pour bien manager, il faut que je sois au courant de tout, que rien ne m'échappe », se dit ce manager.

Les risques :

– accumuler des heures et des heures passées au travail ;

– ne pas laisser suffisamment d'autonomie aux collaborateurs.

3. Concepts développés par le transactionnaliste Meyer Ifrah.

La rationalité absolue

« Si tout est bien organisé, tout doit bien se passer », se dit le manager en oubliant qu'il a à gérer des individus et non pas des fonctions ou des postes de travail.

Les risques :

– ne pas prendre en compte les individus et s'isoler de l'équipe ;

– ne pas traiter à temps les conflits dans l'équipe.

L'adhésion unanime

« Convaincre, faire adhérer *tous* les membres de l'équipe ». Animé par cette croyance, le manager risque de dépenser beaucoup d'énergie en vain et de manquer de réalisme dans les situations qu'il aura à gérer.

Les risques :

– justifier son mode de management auprès de ses collaborateurs ;

– chercher systématiquement l'assentiment de ses collaborateurs dans les décisions prises ;

– focaliser son attention sur les plus réticents, y consacrer beaucoup de temps et délaisser les éléments les plus favorables.

Des collaborateurs à son image

« Tout le monde doit être aussi impliqué dans l'entreprise, aussi compétent, motivé, etc., que moi. » Telle pourrait être la maxime de ce manager qui se sent impuissant à motiver ses collaborateurs.

Les risques :

– ne pas prendre en compte les motivations individuelles de ses collaborateurs ;

– manager en fonction de principes et non pas de la réalité humaine à laquelle on est confronté.

L'autorité statutaire

Le système d'éducation, l'université, les écoles ont formé les cadres à « tout savoir sur tout ». La logique du « tout savoir » renforce l'infaillibilité de l'autorité hiérarchique ou, du moins, son illusion et légitime parfois l'arbitraire de ses décisions. Ce modèle est d'autant plus renforcé qu'il permet aux managers de continuer à tirer leur légitimité de leur expertise et de leur statut.

Le risque : la non-écoute des collaborateurs.

4. Un leitmotiv : anticiper, mesurer et suivre

Au carrefour de son rôle de gestionnaire et de celui de stratège, nous avons vu que le manager doit se doter d'une démarche d'analyse permanente des performances de son équipe dans un contexte mouvant.

Qui plus est, il ne suffit plus au manager d'aujourd'hui de répondre à la demande de ses clients internes et externes. Il doit pouvoir *anticiper* sur les demandes de ses partenaires actuels ou futurs. De manière générale, on reproche à un directeur des ressources humaines, par exemple, de ne pas avoir prévu suffisamment à l'avance l'arrivée d'un conflit social ou à un financier de ne pas avoir vu à temps l'évolution d'un titre en bourse. Pour vous également, vous aurez à prendre un certain nombre d'initiatives pour anticiper et même pour provoquer des évolutions qui vous semblent nécessaires. Ces initiatives demandent du courage, de la lucidité et de la rigueur. Pour paraphraser le célèbre adage : « Ce que vous direz pourra être retenu contre vous », la fonction de manager nécessite de prendre en main des responsabilités qui induisent que « ce que vous ne direz pas ou ne ferez pas pourra être retenu contre vous ». Anticiper est un moyen de protéger votre équipe et vous-même des événements qui peuvent contrarier vos desseins. Un capitaine de bateau anticipe en étant informé régulièrement des prévisions météo et en prenant des décisions à l'instant T concernant des événements qui arriveront à T+1.

Anticiper revient donc à organiser un système d'informations fiable et à savoir agir en fonction des informations perçues. On rejoint ainsi le deuxième niveau qu'est la *mesure*. Que mesure-t-on ? Reprenons l'exemple du bateau. Les principales mesures sont celles concernant le lieu (où est-on ?), l'état dans lequel se trouve le bateau (quelle est notre vitesse ?), ainsi que l'écart par rapport aux prévisions (est-on en avance ou en retard par rapport à nos prévisions ?) en termes de résultats ou de ressources. Concrètement, le manager doit avoir en permanence sous les yeux une dizaine d'indicateurs, pas plus. À lui de trouver les indicateurs qui seront les plus pertinents par rapport à son activité. Mesurer, c'est aussi avoir une référence. Par exemple, avoir connaissance du chiffre d'affaires, c'est bien ; avoir l'écart par rapport au chiffre d'affaires prévu, c'est mieux.

Il faut également *suivre* l'activité. Ne pas la suivre et se contenter de mesurer les résultats ne suffit pas. Suivre, c'est contrôler pour aider, pour rectifier, pour agir sur le gouvernail. Suivre permet d'orienter l'action, d'économiser l'énergie aux moments adéquats pour mieux donner le coup de collier quand c'est nécessaire, pour ne pas avoir une équipe épuisée au moment précis où on a besoin de toute l'énergie possible.

Faire le point avant d'agir

exposé 2

Ce deuxième exposé sera consacré à la préparation de votre prise de fonction. Tel un photographe, vous allez partir en repérage et prendre successivement des clichés de plus en plus précis de l'entité dont vous devenez *responsable* :

– dans un premier temps, vous aurez une *vision panoramique de la situation* que vous allez prendre en main ;

– nous vous donnerons ensuite les *points de repère* pour négocier votre prise de poste avec votre hiérarchie ;

– enfin, nous terminerons par un *auto-portrait* puisque nous nous intéresserons à vous, en tant que manager, et nous vous donnerons les éléments pour vous situer, identifier vos modes de management préférentiels.

1. Analyser son environnement

Nous avons évoqué, dans le chapitre précédent, la nécessité pour le manager d'avoir une vision globale de la situation. Mais une question se pose : comment se doter d'une représentation opérationnelle de la situation ?

Pour y parvenir, nous nous appuierons, d'abord, sur quelques concepts d'analyse systémique. Notre propos n'est pas d'être exhaustif mais de vous fournir des éléments de réflexion à l'action. Nous vous présenterons, ensuite, un outil, d'inspiration systémique, qui vous permettra d'analyser la situation de votre service.

Partons de la définition d'un système et voyons en quoi elle s'applique à votre nouvelle situation de manager.

■ Un système ouvert à composante humaine est « *un ensemble complexe d'éléments organisés, situé dans un environnement spécifique et évolutif, qui agissent et réagissent en transformant des flux d'information, et/ou d'énergie, et/ou de matière pour assurer le développement ou la survie de l'ensemble. À cette fin, l'ensemble s'autorégule par des ajustements successifs dans un temps donné.* »[1]

1. Dominique Bériot, *Du microscope au macroscope*, ESF, 1992.

Un service, un département, l'entreprise dans son ensemble sont autant d'entités auxquelles cette définition peut s'appliquer et qui présentent les propriétés suivantes.

Les propriétés d'un système ouvert

Le principe de totalité

Un système n'est pas réductible à la somme de ses éléments. C'est le cas de votre équipe, dont le fonctionnement ne peut être résumé à la somme des individus qui la composent.

Les conséquences pour le manager

Manager efficacement suppose de se doter des outils d'analyse et des modes d'action qui permettent de comprendre et d'agir à la fois sur les individus et l'équipe en tant que groupe.

Le principe de rétroaction

L'interaction entre les éléments du système ne peut pas être analysée de façon linéaire : elle s'inscrit dans une causalité circulaire dans laquelle les éléments peuvent être considérés à la fois comme une cause et comme l'effet produit.

Les conséquences pour le manager

Ainsi en est-il de la relation entre le manager et ses collaborateurs.

Imaginez la situation de management suivante : un collaborateur prend peu d'initiatives et son manager est amené à être très présent, à intervenir fréquemment.

On peut dire que c'est parce que le collaborateur a ce comportement (la cause) que le manager est amené à intervenir (l'effet), mais on peut tout aussi bien dire que c'est parce que le manager est interventionniste (la cause) que le collaborateur prend peu d'initiatives (l'effet). La relation managériale doit donc être analysée comme un système dont les éléments interagissent dans une logique de causalité circulaire autorenforçante : plus le manager intervient, moins le collaborateur prend d'initiatives, moins le collaborateur agit, plus le manager intervient.

Le principe d'homéostasie

Un système réagit à toute perturbation interne ou externe par des mécanismes régulateurs qui tendent à le ramener à son état initial : c'est le principe d'homéostasie. Elle assure la permanence et l'identité du système en même temps qu'elle s'oppose au changement dans le système.

Les conséquences pour le manager

L'arrivée d'un nouveau manager constitue une perturbation pour le système-équipe. Celui-ci va mettre en œuvre des mécanismes d'homéostasie sur lesquels nous reviendrons dans le prochain chapitre : les résistances au changement. Précisons qu'il en sera de même pour tout changement que vous mettrez en œuvre dans votre équipe.

Le principe d'équifinalité

Des conditions initiales différentes peuvent aboutir au même résultat et une même origine peut donner des résultats différents dans le présent. Le système est à lui seul sa propre explication : si l'on veut comprendre ce qui se passe dans un système, c'est l'analyse des interactions actuelles qui importe plus que la genèse du système. On privilégie le point de vue synchronique : ce qui se passe ici et maintenant.

Les conséquences pour le manager

Dans une relation managériale insatisfaisante, il convient de s'intéresser au « comment » elle est insatisfaisante plutôt qu'au pourquoi en se centrant sur la nature de l'interaction plutôt que sur la nature des individus concernés.

Un outil d'analyse d'inspiration systémique : la grille EMOFF

Pour faire un diagnostic de la situation, il est nécessaire de se doter d'une démarche d'analyse globale, systématique et progressive :

Globale : pour comprendre les enjeux stratégiques des différentes catégories d'acteurs externes et internes et avoir une vision qui apporte le recul nécessaire pour analyser les forces en présence dans la situation.

Systématique : pour avoir une approche multidimensionnelle et la plus exhaustive possible (rien n'est à rejeter *a priori*).

Progressive : pour se bâtir un outil d'aide à l'action en partant du plus général, puis progresser par étape jusqu'à la mise en œuvre.

Pour cela, nous disposons d'un outil : la grille EMOFF. À travers elle, nous vous proposons de considérer votre service en tant que système en interaction avec un environnement.

1re étape : E comme ENVIRONNEMENT

Il s'agit de recenser les éléments de l'environnement interne (hiérarchie, autres services,...) et externe (clients, fournisseurs, prestataires...) qui influencent le plus fortement le fonctionnement de votre entité :

- quels faits significatifs se sont produits récemment ou vont se produire ?
- quelles sont les tendances ?

Avant d'aborder les deux prochaines étapes de la méthode, nous voudrions vous raconter l'histoire suivante. Un fabricant de chaussures envoya un cadre prospecter le marché dans un pays du Tiers Monde. De retour, celui-ci présenta les conclusions de son étude : « Marché peu porteur, les gens, ici, marchent tous pieds nus. » Pour renforcer sa conviction, le fabricant fit réaliser une seconde étude de marché et celle-ci se conclut par : « Marché très porteur, beaucoup de gens marchent pieds nus. »

C'est ce double regard que nous vous proposons d'adopter à travers les deux étapes suivantes.

2e étape : M comme MENACES

Il s'agit maintenant d'identifier en quoi les événements ou les tendances détectées dans l'environnement constituent des menaces pour votre service.

3e étape : O comme OPPORTUNITÉ

En quoi ces mêmes événements peuvent-ils constituer des opportunités pour vous et votre équipe ? Passons maintenant à l'analyse interne du service.

4e étape : F comme FORCES

Il s'agit d'abord de recenser les forces internes à votre entité, qui peuvent lui permettre de faire face aux menaces de l'environnement ou de saisir les opportunités. Elles constituent *les leviers d'action* sur lesquels vous allez pouvoir vous appuyer.

5e étape : F comme FAIBLESSES

Par ailleurs, il s'agit d'identifier les faiblesses internes, c'est-à-dire les caractéristiques actuelles de l'entité qui pourraient l'empêcher de réagir aux tendances de l'environnement. Ce recensement préfigure le plan d'action à mettre en œuvre pour remédier à ces faiblesses.

Commentaires sur l'utilisation de la méthode

– chaque force ou faiblesse interne doit être reliée à une menace ou opportunité externe ;

– en cas de difficultés pour remplir toutes les cases de la grille, posez-vous les questions suivantes : ai-je besoin d'un temps de réflexion supplémentaire ? quelles sont les informations dont je ne dispose pas ? comment les obtenir ? auprès de qui ?

LA GRILLE EMOFF

Tendances	environnement menaces opportunités	**Analyse externe**
	forces faiblesses	**Analyse interne**

Méthode progressive, qualitative, motivant

Mode d'emploi

1. À partir d'un système défini, relever les faits significatifs de son environnement.

2. Décliner ces faits en menaces et opportunités pour le système.

3. Déterminer les forces et les faiblesses du système par rapport aux menaces et aux opportunités.

Les deux exemples suivants illustrent l'utilisation de la grille EMOFF.

PREMIER EXEMPLE : SYSTÈME D'UNE ENTREPRISE DE FERRY-BOAT TRANSMANCHE

	EXTERNE		INTERNE	
Environnement	Menaces	Opportunités	Forces	Faiblesses
Mise en service Eurotunnel	**Concurrence accrue :** - Prix - Durée du transport - Commodité pour clientèle		Nos avantages commerciaux : - Le confort - La régularité - Le service	**Nos faiblesses :** - Durée du transport - Image auprès du public
		Force d'attractivité : Le nombre de flux va augmenter	Nos capacités : - Nombre de ferries - Rapidité de mise en œuvre - Nos implantations	- Manque d'agressivité commerciale

SECOND EXEMPLE : SYSTÈME D'UN SERVICE RECRUTEMENT D'UNE ENTREPRISE

	EXTERNE		INTERNE	
Environnement	Menaces	Opportunités	Forces	Faiblesses
Nombre croissant de deman-deurs d'emploi	**Sollicitations croissantes:** - Candidatures recommandées - Candidatures spontanées		- Système de réponses par lettres types bien rodé - Organisation d'un fichier par métier	**Nos faiblesses :** - Disponibilité insuffisante - Charge de travail "limite"
		- Beaucoup de "bonnes candidatures"	- Notre savoir-faire pour les repérer	- Capacité d'intégration limitée - Grille de salaires trop juste.

Comprendre la situation humaine

Dans l'exposé 1, nous évoquions la nécessité de considérer les collaborateurs en tant qu'*acteurs* dans l'organisation. Nous allons maintenant préciser cette idée à l'aide des concepts d'analyse stratégique développés par le sociologue français Michel Crozier [2] dans le cadre de l'analyse sociologique des organisations.

Le concept d'acteur

Pourquoi parler d'acteur ? « Parce qu'il y a de la liberté partout », nous dit Michel Crozier. Quels que soient les efforts que fait une organisation pour déterminer le comportement de ses membres, ceux-ci ont toujours des marges de manœuvre, des choix entre plusieurs possibilités de comportements. L'acteur peut se définir comme « *un individu ou un groupe qui utilise sa marge de manœuvre en adoptant des comportements stratégique, c'est-à-dire au service de ses enjeux professionnels ou personnels.* » Éclairons cette définition par un exemple.

■ Lors d'une intervention, l'un d'entre nous s'est trouvé en contact avec un responsable commercial qui était très étonné par le comportement de son meilleur commercial : celui-ci avait postulé à un poste au service après-vente alors qu'il semblait épanoui dans son poste actuel. En bon manager, il nous dit avoir eu un entretien avec son commercial au cours duquel celui-ci lui a expliqué qu'il avait fait le tour de son poste de commercial de terrain et qu'il souhaitait élargir la palette de ses compétences. Imparable et indiscutable ! Quelque temps plus tard, le responsable découvrit le véritable motif de cette candidature : son collaborateur recherchait un poste sédentaire pour des raisons familiales. Ce que le commercial a évoqué dans un premier temps, c'est un objectif explicite et rationnel. Ce qui explique véritablement son comportement, c'est un enjeu implicite, ici d'ordre personnel. L'enjeu peut se définir comme ce que l'acteur a à gagner ou à perdre dans une situation donnée. Ajoutons que, si, dans un premier temps, le comportement de ce commercial a pu paraître irrationnel, voire aberrant, pour son responsable, il répond à une logique interne : on parle de rationalité de l'acteur. Cette rationalité est limitée par les caractéristiques de l'acteur (par exemple sa formation, son âge, ses relations...) et par les contraintes de l'organisation en termes de règles explicites ou implicites : les définitions de fonctions constituent un exemple de limite à la marge de manœuvre de l'acteur.

Quels enseignements en tirer en tant que manager ? Il faut reprendre à son compte l'hypothèse formulée par Michel Crozier : « Jusqu'à preuve du contraire, les acteurs sont intelligents et de bonne foi. » Cela suppose que le manager adopte l'attitude de l'ethnologue qui va étudier une peuplade lointaine : il observe les comportements et cherche à comprendre leur logique plutôt que de plaquer son cadre de référence et de chercher à porter un jugement sur des comportements qui lui sont étrangers. Si vous voulez comprendre les motivations de vos collaborateurs, ce qui les pousse à agir de telle ou telle manière, soyez un bon ethnologue !

Le concept de pouvoir

Pour aborder ce second concept, nous vous proposons une devinette : vous êtes seul sur une île déserte ; vous avez emporté avec vous vos cartes de visite sur lesquelles il est mentionné : « Directeur

---

2. Michel Crozier, Ehrard Friedberg, *L'acteur et le système,* Le Seuil, 1990.

de... », « Responsable de... ». Sur qui avez-vous du pouvoir ? Réponse : sur les poissons que vous réussirez à pêcher.

Cette boutade illustre le fait que le pouvoir est lié à la relation, qu'on ne peut parler de pouvoir que s'il y a relation entre des individus ou des groupes. En analyse stratégique, on dira : « *Un acteur A a du pouvoir sur un autre acteur B si sa marge de manœuvre lui permet de contrôler une zone d'incertitude de B, qui affecte celui-ci dans l'atteinte de ses enjeux.* » Pour illustrer cette définition, nous vous proposons de réfléchir à la forme de pouvoir la plus classique : le pouvoir hiérarchique. Qu'est-ce qui fait qu'un manager a du pouvoir sur ses collaborateurs ? C'est le fait qu'il contrôle directement ou indirectement des zones d'incertitude de ses collaborateurs qui les affectent dans l'atteinte de leurs enjeux : être augmenté, être formé, être promu, être sanctionné, garder son poste.... On voit bien que, derrière la notion de pouvoir hiérarchique, se cachent des réalités en termes de pouvoir réel bien différentes. Mais la réalité du pouvoir prend de multiples formes autres que le pouvoir du « chef ». Nous vous livrons un florilège de quelques sources de pouvoir.

L'expertise

Elle est source de pouvoir si le savoir ou le savoir-faire permet de contrôler une zone d'incertitude cruciale pour l'organisation et si peu d'acteurs possèdent cette expertise.

Le marginal-sécant

Il s'agit de tout acteur qui assure le lien, l'interface entre deux univers. Citons, à titre d'exemple, les commerciaux qui assurent la liaison entre l'entreprise et son marché. Ils sont censés véhiculer des informations vers le marché et faire remonter des informations vers leur entreprise. Or, leur manager n'est pas constamment derrière chacun d'eux pour les contrôler...

L'aiguilleur

Il tire son pouvoir de sa capacité à collecter, à traiter, à diffuser (ou à ne pas diffuser) l'information.

Terminons ce rapide tour d'horizon des sources de pouvoir en ajoutant qu'il peut y avoir « cumul des mandats » : c'est ce collaborateur qui a occupé des fonctions différentes et cumulé des expertises, qui est la mémoire vivante de l'entreprise et qui peut évidemment être marginal-sécant et manager. Parmi les caractéristiques de la relation de pouvoir, nous voudrions insister plus particulièrement sur l'une d'entre elles parce qu'elle vous concerne directement, vous qui allez changer de fonction : le pouvoir est fluctuant. Tout changement, toute modification d'une situation modifie le système de pouvoirs en place : certains acteurs vont en perdre, d'autres vont en gagner.

Quels enseignements en tirer pour vous, manager ?

– Identifiez vos pouvoirs dans une situation, c'est-à-dire votre capacité d'action.

– Reconnaissez le pouvoir de vos interlocuteurs pour choisir à bon escient s'il convient de négocier ou d'exiger.

– Identifiez les enjeux et les pouvoirs des différents acteurs d'une situation.

2. Obtenir de sa hiérarchie les moyens d'exercer sa responsabilité

Chaque poste dans une entreprise contribue au fonctionnement de celle-ci. La définition de la fonction occupée doit donc permettre de comprendre à quoi sert le poste au sein de l'organisation et de comprendre quelle est sa raison d'être. Une fonction recouvre plusieurs missions. La définition d'une fonction revient donc à décrire les principales missions que la personne doit réaliser au poste où elle est. *Il convient de ne pas perdre de vue trois notions capitales :*

1) La notion de mission. Elle est sensiblement différente de celle de tâches ou d'actions à accomplir. La mission ne décrit pas ce que la personne fait. Elle explicite en termes de résultats à atteindre les services qu'elle doit rendre à l'entreprise. La conséquence de cette distinction est capitale pour le développement de l'autonomie d'action dans le poste.

2) La notion de priorité. Il est nécessaire d'avoir à l'esprit une ligne de conduite qui sert de guide d'action en cas de « télescopage ». Le travail consiste donc à préciser (et à se faire préciser) la hiérarchie de ses missions.

3) La notion d'objectif. Différente de la mission ou de la priorité, qui ont un caractère permanent et structural, l'objectif est temporaire et conjoncturel. Il s'insère dans la logique des deux notions précédentes pour les préciser et les concrétiser.

■ Exemple :

Mission : Développer le marché des pays de l'Est.

Priorités : 1) Établir des relations avec les pays où l'entreprise n'a pas de correspondant.

2) Élargir l'offre sur les marchés conquis.

3) Monter un plan de communication en direction des pays de l'Est.

Objectif : Pour l'année N, faire X francs de CA dont au moins X % avec les produits A, B et C.

Les mêmes informations doivent également être obtenues pour chacun de ses collaborateurs. L'étape suivante consiste alors à lier ces différents postes pour avoir une vision collective et globale de son service, son secteur, ou son domaine d'activité.

Quelques questions à poser à sa hiérarchie

– Quelle sera ma place dans l'organigramme ?

– Quels seront mes missions, mes priorités et mes objectifs (à court, moyen et long terme) ?

– Comment sera formalisée ma prise de fonction (définition de fonction, lettre d'objectifs…) ?

– Quelle est la situation actuelle du service (cf. EMOFF) ?

– De quels moyens vais-je disposer :

  • budget ?

- ressources humaines ?
- moyens matériels ?

– Quels seront mes niveaux de responsabilité :

- décisions sans reporting,
- décisions avec reporting,
- décisions après avis,
- décisions prises en commun,
- décisions prises par mon supérieur.

– Comment allons-nous travailler ensemble ?

– Qu'est-ce que, pour vous, un bon manager ?

– À quoi verrez-vous que j'ai réussi ma mission (points précis, critères, tableaux de bord...) ?

– Quels seront mes interlocuteurs ?

Fixer des objectifs pertinents

La fixation des objectifs est une activité importante, puisqu'elle détermine pour une personne, voire pour une équipe, les orientations des activités et des résultats pour un exercice. C'est une responsabilité de management qui influence durablement le travail d'une équipe et qui engage l'avenir. L'art du management, c'est de juger ce qui est important pour une entreprise, une unité ou pour un service. La pertinence des objectifs naîtra de l'adéquation entre les résultats à atteindre et les points cruciaux déterminés par les exigences du contexte. Il s'agit non seulement de pertinence, mais encore de légitimité. En effet, l'adhésion est plus facile à obtenir et plus forte sur des objectifs qui sont des réponses à des points vitaux et essentiels. Enfin, fixer des objectifs pertinents veut dire que le manager, ayant défini les priorités, ayant correctement anticipé les demandes de son contexte, orientera l'action et fera porter son effort et celui de son équipe sur les points déterminants.

En plus de leur pertinence, les objectifs doivent répondre à un certain nombre de *critères* pour être efficaces :

1) *Explicites et clairs.* Vous éviterez ainsi des réflexions du genre « mais je ne pensais pas que c'était important », « vous ne me l'aviez pas dit » et la non- prise en compte des activités essentielles de la part de vos collaborateurs.

2) *Vérifiables.* Les objectifs quantitatifs feront l'objet d'une mesure à l'aide d'indicateurs significatifs alors que les objectifs qualitatifs seront évalués, grâce à des critères de réussite tangibles et observables, afin d'apprécier dans quelle mesure ils ont été atteints.

3) *Échéancés.* C'est-à-dire définis dans le temps (autrement, il ne sera pas possible d'établir un système de contrôle et d'évaluation).

4) *Spécifiques et personnels.* C'est-à-dire cohérents avec les responsabilités du collaborateur afin que celui-ci puisse s'engager pleinement dans l'action.

5) Formulés en termes de *résultat à atteindre* et non pas simplement en tant que démarche, afin de mobiliser les énergies et de permettre une évaluation objective de la part des acteurs concernés.

6) *Réalistes.* Le niveau de résultat, les moyens et les délais sont cohérents entre eux. Ils sont en petit nombre (5 à 7).

7) *Ambitieux* mais *réalisables.* Des objectifs qu'on ne peut pas atteindre ou trop facilement accessibles sont démobilisants.

8) Assortis de *« points de suivi »* afin de savoir si les résultats sont conformes aux prévisions et pour apporter les mesures correctives nécessaires.

9) Assortis de *moyens.* Le collaborateur doit connaître les moyens matériels, humains, financiers dont il dispose pour atteindre l'objectif.

Savoir négocier avec son supérieur hiérarchique

Avant tout, il nous paraît important que le manager identifie les situations dans lesquelles il se trouve de fait en négociation, en dehors des relation identifiées comme telles : relations avec les partenaires sociaux, les clients, les fournisseurs...

Qu'est-ce qui caractérise une situation de négociation ? Les partenaires sont en situation d'interdépendance : ils ont besoin l'un de l'autre pour atteindre leurs objectifs. C'est le cas entre le manager et son responsable hiérarchique. En même temps, les deux parties ont des intérêts en partie divergents : c'est encore le cas dans la relation hiérarchique lorsque le collaborateur a un certain nombre d'attentes, de besoins qui ne coïncident pas totalement avec les souhaits, les possibilités ou les contraintes de son responsable. Il y a donc nécessité d'un ajustement entre les partenaires pour arriver à un accord. Ajoutons que l'équilibre des pouvoirs est tel que l'un des partenaires ne peut pas imposer son point de vue à l'autre. On voit bien, à travers cette définition, que le manager est très fréquemment confronté à des situations de négociation avec ses collègues, ses collaborateurs, sa hiérarchie. Aussi, les points de repère que nous allons vous donner pour négocier avec votre hiérarchie s'appliquent-ils à bien d'autres situations quotidiennes. Nous allons aborder successivement les différentes phases de la négociation.

Préparer sa négociation

Deux principes vont vous guider dans la préparation de votre négociation.

Le premier réside dans le constat qu'il n'y a pas de négociation sans concessions.

Le second consiste à dire qu'une négociation est réussie si l'accord apparaît équitable pour les deux partenaires. Aussi, nous vous suggérons d'établir une liste hiérarchisée de vos intérêts par ordre décroissant d'importance. Procédez de même pour votre supérieur : à partir des informations dont vous disposez, formulez des hypothèses sur la hiérarchie des intérêts de votre interlocuteur. La confrontation des deux listes va vous permettre :

– de repérer les points non négociables pour l'un et pour l'autre et les points de négociation durs, c'est-à-dire ceux sur lesquels vous aurez des difficultés à arriver à un accord ;

– d'identifier les points sur lesquels l'accord sera plus facile à trouver ;

– de prévoir et de hiérarchiser les concessions que pourront faire les deux partenaires ;

– de rechercher les solutions qui tiennent compte des intérêts majeurs de l'un et de l'autre.

Vous préparez ainsi les propositions que vous ferez au cours de la discussion. Vous êtes prêt ? À vous de jouer maintenant.

Mener sa négociation

Nous allons aborder maintenant la conduite à tenir au cours des différentes phases de l'entretien.

Démarrage

Il conditionne en grande partie le déroulement de la négociation. Aussi est-il souhaitable :

– de créer un climat de confiance en respectant en particulier votre mode de communication habituel avec votre interlocuteur ;

– de vérifier que les conditions sont réunies pour que vous puissiez avoir un échange approfondi : clarté sur l'objectif et le déroulement de l'entrevue, disponibilité de la part de votre interlocuteur ;

– d'annoncer clairement son objectif et de jouer cartes sur table.

Consultation

Avant de faire vos propositions, consacrez du temps à une phase d'information réciproque. Cela vous permettra, entre autres, de valider les hypothèses que vous avez formulées sur les positions, les besoins, les objectifs de votre interlocuteur et d'adapter votre stratégie. L'efficacité de cette phase passe par :

– une écoute active de votre part : « écouter, c'est d'abord... se taire » ;

– un questionnement efficace : posez des questions ouvertes, vous obtiendrez des informations ; posez des questions fermées, vous obtiendrez des précisions ;

– l'utilisation de la reformulation pour vous assurer de votre bonne compréhension des propos de votre interlocuteur.

Confrontation

Il s'agit, à ce moment-là, de s'affirmer, de faire valoir ses intérêts tout en prenant en compte ceux de votre interlocuteur : votre efficacité va dépendre de la pertinence de votre argumentation :

– énoncez d'abord les raisons qui vous amènent à formuler telle ou telle proposition afin d'éviter un refus *a priori* ;

– affirmez-vous en utilisant un langage direct, en parlant à la première personne et au présent ;

– argumentez avec des faits précis, des données chiffrées, des résultats ;

– adaptez-vous à votre interlocuteur en utilisant son langage ;

– proposez plusieurs solutions réalistes et applicables ;

– montrez les conséquences positives de ces solutions pour vous comme pour lui.

Ajustement

La recherche d'une solution commune suppose de rappeler l'intérêt commun qui vous lie à votre interlocuteur et un maniement judicieux des concessions. La préparation s'avère, ici aussi, particulièrement utile puisque vous avez réfléchi au préalable aux concessions que vous êtes prêt à faire et l'ordre dans lequel vous prévoyez de les présenter.

Conclusion

Au moment de conclure, veillez à :

– reformuler ou faire reformuler les points d'accord pour éviter les malentendus ;

– faire spécifier l'accord en précisant « qui fait quoi, comment, pour quand et avec quels moyens » ;

Enfin, faites part à votre interlocuteur de votre ressenti quant au déroulement de l'entrevue et l'accord obtenu.

3. Diagnostiquer ses styles préférentiels de management

Nous avons vu qu'avant d'agir, il convient d'analyser la situation et de négocier dans de bonnes conditions sa prise de poste. Anticiper, cela consiste également à anticiper ses réactions de manager en connaissant ses styles préférentiels de management avec leurs aspects efficaces à renforcer et leurs aspects inefficaces à améliorer.

Remarques préalables sur la typologie des styles de management

« *La carte n'est pas le territoire* », a-t-on pu dire. Une typologie des styles n'est pas la réalité mais une représentation de celle-ci qui doit donner des repères pour agir. Un style de management est la résultante de deux déterminants principaux :

1) Votre personnalité. Elle est le fruit d'éléments individuels (votre histoire, vos valeurs, vos croyances, votre formation...) et d'éléments collectifs (par exemple, la culture dans laquelle nous vivons).

2) L'organisation. Nous avons déjà évoqué le fait que la rationalité de l'acteur que vous êtes est limitée par les contraintes de l'organisation dans laquelle vous êtes amené à manager ; une organisation, c'est tout à la fois :

– un système de pouvoirs officiels ou pas,

– un système de reconnaissance : quels sont les comportements qui sont reconnus et valorisés ? est-ce que les managers sont reconnus à travers le fait de savoir faire ou faire faire ?

– une structure avec un organigramme, des fonctions définies,

– des partenaires dont font partie votre hiérarchie et vos collaborateurs. Leur nombre, leur qualification, leur métier seront autant d'éléments à prendre en compte dans votre management.

En résumé, votre style de management sera conditionné par les règles, explicites et implicites, qui définissent ce que l'on peut faire (ou ne pas faire) et ce que l'on peut dire (ou ne pas dire) dans l'organisation.

Les constituants d'un style de management

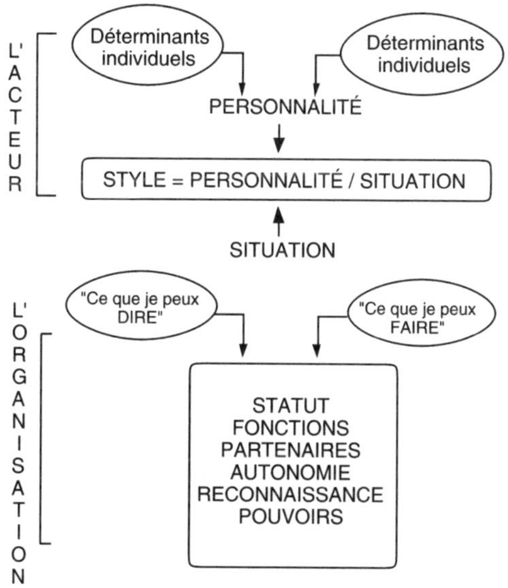

Une typologie élaborée en fonction de deux dimensions du management

La typologie que nous vous proposons est élaborée en fonction de deux axes :

– *L'engagement.* Il traduit le souci qu'a le manager des résultats, de l'atteinte des objectifs. Il se concrétise par un engagement personnel et par la présence du manager. Son attention se porte en priorité sur l'intérêt général de l'entreprise avant de se porter sur son équipe de travail. Enfin, l'engagement traduit une priorité d'ordre technique plutôt qu'humain.

– *La coopération.* Elle traduit le souci qu'a le manager des relations humaines dans son équipe : il cherche à développer les communications, à associer ses collaborateurs, à prendre en compte les motivations individuelles. L'intérêt de l'équipe prime sur l'intérêt général de l'entreprise (sans être pour autant occulté).

Chacun des cinq styles que nous allons décrire ci-dessous présente à la fois un aspect efficace et un aspect inefficace. Nous considérerons *un style comme inefficace* lorsque le manager ne prend pas en compte la dimension engagement, la dimension coopération ou bien les deux.

Les styles de management sont comparables à une pièce de monnaie comportant deux faces : une efficace et une inefficace. Parfois, vous aurez clairement conscience du fait que la pièce est tombée du côté inefficace. Parfois, ce changement se fera sans que vous en ayez clairement conscience...

Nous allons présenter chacun des styles, d'abord dans leurs aspects efficaces, puis sous leurs aspects inefficaces.

■ **Le style directif**

Le manager est fortement engagé dans l'action. Il procède par instructions et consignes. Non seulement il fixe des objectifs précis mais il indique comment faire, voire il fait lui-même pour donner l'exemple. Il assume seul les décisions et il privilégie l'information descendante : il s'agit de faire passer les messages.

■ **Le style autocratique**

Son fantasme, c'est de tout contrôler : toutes les décisions lui incombent et il ne délègue pas ou peu. Ses collaborateurs sont relégués à des tâches d'exécution, il n'accepte pas d'être influencé par eux et ne les écoute pas. Il construit son autorité sur l'expertise, ce qui suppose qu'il soit – et qu'il reste – plus compétent que ses collaborateurs.

■ **Le style persuasif**

L'image qui le décrit sans doute le mieux est celle de l'entraîneur sportif : il ne fait pas lui-même mais il reste très présent, en bordure du terrain. Il consulte ses collaborateurs pour des avis et des suggestions mais il reste maître des décisions. Il se montre persuasif par ses encouragements ou bien pédagogue à travers les explications qu'il donne sur les projets, les valeurs, le métier. Il se mobilise pour mobiliser l'équipe.

■ **Le style utopiste**

Ce manager gère son service plus en fonction de ses convictions, de ses principes que de la réalité à laquelle il est confronté. Il est déconnecté de la réalité : il confond explication et adhésion, se montre trop ambitieux sur les objectifs et les relations que l'on peut établir dans l'équipe. Sa vision utopique des situations l'empêche d'accepter les différences de compétences, d'implication dans son équipe. Par ailleurs, il valorise le changement pour le changement : l'idée compte plus que la mise en pratique. Il confond innovation et créativité.

■ **Le style participatif**

Le manager propose des projets collectifs et favorise le travail en équipe. Il favorise l'expression de ses collaborateurs et est à l'écoute des remontées d'informations. Lorsque la situation le permet, il privilégie la décision collective en recherchant un consensus. Il est soucieux du développement individuel de ses collaborateurs : il prend en compte leurs besoins, les valorise et développe leurs compétences.

■ **Le style paternaliste**

Le manager cherche à être apprécié à tout prix par ses collaborateurs. Pour y arriver, il cherche à « gommer » la relation hiérarchique, il assiste ses collaborateurs plus qu'il ne les aide. Il leur donne satisfaction au détriment de l'intérêt de l'entreprise. La qualité de l'ambiance finit par occulter l'obligation de résultats. Par ailleurs, il entretient le flou sur ce qui est non négociable ou négociable, laissant entendre

La typologie des styles de management

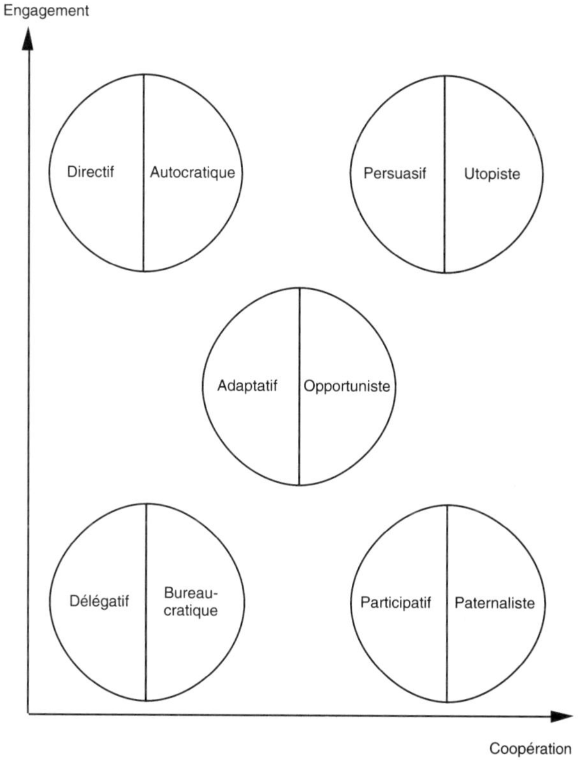

que toutes les décisions sont collégiales. Il a tendance à reporter les décisions qu'il pressent comme impopulaires. Son souci de parfaite entente le pousse à étouffer les conflits pour ne pas heurter les gens.

■ Le style délégatif

Il définit un cadre de travail pour ses collaborateurs : les missions et les responsabilités de chacun sont clairement établies, les règles du jeu sont précisées et il a mis en place un système de suivi de l'activité de ses collaborateurs. À l'intérieur de ce cadre, il délègue des missions et des responsabilités en laissant de l'autonomie et il n'intervient qu'en cas de nécessité uniquement.

■ Le style bureaucratique

Il cherche à fonder son efficacité uniquement sur l'organisation : si tout est bien organisé, tout doit bien se passer. De ce fait, il perd le contact avec son équipe en communiquant surtout par écrit et il manque d'implication dans la transmission des informations. Il confond délégation et laisser faire en n'effectuant pas de suivi. Son obsession de l'organisation peut l'amener à définir les rôles et les fonctions de manière trop rigide et à ne pas remettre en cause l'existant.

■ Le style adaptatif

Le manager s'adapte de façon pragmatique aux situations nouvelles, pour lesquelles on manque de points de repère. Pour cela, il ne formalise que le strict nécessaire et sait jouer de la complémentarité des compétences. Il procède par expérimentation et négocie les objectifs et les méthodes. Son pragmatisme fait qu'il reste proche du terrain pour saisir les opportunités.

■ Le style opportuniste

Il cultive l'imprécision et le flou en ne formalisant pas suffisamment les pratiques et en ne prenant pas d'engagements précis. Il privilégie le discours aux actes et a tendance à se suradapter aux situations en cherchant un compromis dans les situations où il conviendrait de trancher. Enfin, il lui arrive de pratiquer la « consultation-bidon ».

Reportez-vous à la partie « Applications pratiques » pour faire le diagnostic de vos styles préférentiels de management.

Prendre contact avec une équipe déjà constituée

exposé 3

Ce troisième exposé sera consacré à la préparation de votre prise de contact avec l'équipe.

– Dans un premier temps, vous aurez une vision des interrogations et des résistances que votre arrivée risque de provoquer.

– Puis, nous vous donnerons les points de repère pour établir les premiers contacts.

– Ensuite, nous verrons comment préparer et mener votre première réunion.

– Enfin, nous terminerons par la mise en place des entretiens individuels, formels ou non, que vous aurez afin de connaître vos collaborateurs.

1. Comprendre et traiter les résistances

Observez comme les habitudes sont rapidement prises dans un groupe. Lors d'une session de formation, par exemple, les participants se rasseyent la plupart du temps spontanément au même endroit. L'univers est connu, délimité de cette façon. On se fait « sa » place. En fait, changer les « habitudes » est difficile car chacun d'entre nous est prisonnier de son fonctionnement habituel et de celui de son service, de son entreprise, etc. Loin de ces repères, il nous est difficile de maintenir notre capacité d'action et c'est pourquoi nous développons ce qu'on appelle la « résistance au changement ».

Qu'est-ce qu'une résistance ?

Une résistance est *l'expression implicite ou explicite de réactions négatives face à un changement.* En effet, tout changement dans un système provoque, à l'intérieur du système, l'apparition de forces contraires au changement et tendant à revenir à la situation antérieure. En physiologie, c'est ce qu'on appelle l'homéostasie, c'est-à-dire la tendance des organismes vivants à maintenir constants leurs paramètres biologiques face aux modifications du milieu environnant. Depuis peut-être plusieurs années, l'équipe que vous allez superviser a construit un équilibre autour des membres qui la composent. Avec ou sans responsable à sa tête, elle avait pris ses « habitudes ». Bref, elle n'a pas demandé à ce que vous arriviez ! Et vous voilà ! Cela provoque bien un changement par rapport à l'équilibre précédent, même si celui-ci n'était pas satisfaisant. Il s'agit donc effectivement de réactions tout à fait normales, qui expriment au minimum la crainte de ne plus être « comme avant ». De ce constat, nous allons tirer quatre conséquences pour le jeune manager.

Première conséquence : le manager doit passer d'une conception immédiate de la résistance à une *analyse*. La conception immédiate consiste à s'en tenir aux expressions négatives données par l'équipe. Le jeune manager risque alors de percevoir de l'agressivité là où il y a des mécanismes de défense. Les résistances sont l'expression de rationalités et de perceptions de la réalité différentes.

La deuxième conséquence est qu'il s'agit de s'intéresser à leur signification. Il faut donc les observer et les décoder. Cela permet ensuite de mieux comprendre les modes de fonctionnement de l'équipe et de mieux percevoir leur degré de perméabilité au changement. Le manager libère le côté ethnologue qu'il a en lui pour observer et noter le mode de vie de sa tribu-équipe.

La troisième conséquence, ensuite, est que le manager doit apprendre à utiliser ces résistances. S'il les ignore ou s'il les dénigre, l'équipe interprétera vite qu'il n'écoute pas ses collaborateurs et, donc, ils se manifesteront encore davantage : les résistances ainsi se renforcent. Au contraire, il peut les utiliser intelligemment en s'en servant comme des leviers de changement.

Enfin, la quatrième conséquence est que, s'il n'y a pas du tout de résistance, il faut s'en inquiéter. Plusieurs hypothèses sont envisageables :

– l'arrivée du manager est perçue comme secondaire. Qu'a-t-il donc été dit à propos de votre venue ?

– les membres de l'équipe sont soumis. L'attitude qui domine ici est celle de la soumission par rapport à une autorité sur laquelle il n'y a pas de discussion possible. Là aussi, le manager essaiera de savoir comment son arrivée a été présentée ;

– le contexte de travail de l'équipe l'emporte sur votre venue. Il peut s'agir, par exemple, d'un moment très important pour la réussite du travail et tout le monde est « sur le pont », ou bien encore vous êtes le dixième manager en un an ! Un de plus !

Quelle est l'origine des résistances ?

Les résistances tirent leurs sources de quatre éléments : les individus, le groupe, l'organisation et le mode d'intégration du manager.

Les individus

Ce sont les résistances liées aux individus qui sont le plus facilement observables. Un premier entretien de face à face bien mené suffit souvent pour déceler où se trouvent les limites, les craintes et les préjugés.Ces résistances trouvent leur fondement dans notre peur de l'inconnu, dans notre recherche de satisfaction de nos besoins, dans l'identification à la situation actuelle et dans la peur de perdre nos points de repère.

Le groupe

Les membres de l'équipe ont le réflexe de conservation en se resserrant un peu plus, momentanément, face à l'arrivée du nouveau. On va rappeler haut et fort quelles sont les valeurs qui nous animent. On va rétablir les normes du groupe et les individus seront invités à bien s'y conformer. De même, les rituels de toutes sortes, ainsi que les mœurs et les tabous retrouveront un regain d'énergie : le groupe transcende les individus, malheur à ceux qui s'échappent du troupeau.

L'organisation

L'organisation spatiale et physique va jouer en faveur ou à l'encontre des résistances : l'équipe peut-elle communiquer facilement et rapidement ? L'organisation du travail va influer également : les rôles sont-ils tous les mêmes ? Ont-ils tous les mêmes intérêts et droits acquis ? Les habitudes de travail, la fréquence des réunions, les méthodes d'animation vont agir de la même façon.

Le mode d'intégration du manager

Comment l'arrivée du manager est-elle annoncée ? Y a-t-il eu une discussion à ce sujet ? Ont-ils pu poser des questions ? Ont-ils eu des réponses ? Que sait-on du nouveau ? A-t-il une « réputation » ? Lui a-t-on donné des directives précises ? Combien de temps a-t-il pour réussir ?

Les sources de résistances

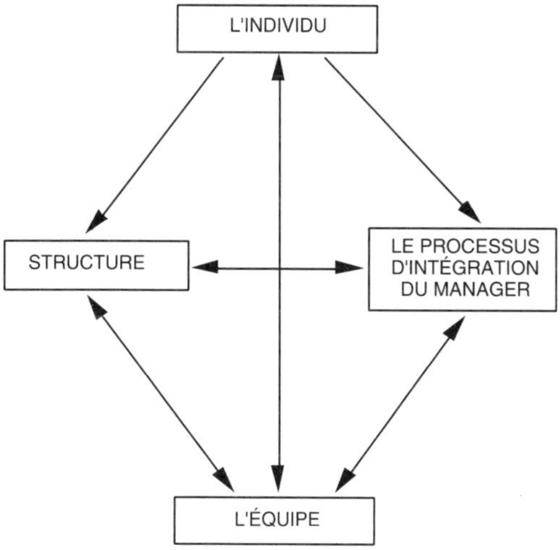

Comment les résistances se manifestent-elles ?

Les résistances peuvent varier en intensité ou en forme. Elles peuvent être visibles au niveau des individus, au cas par cas, ou des groupes, en réunion par exemple ou par l'intermédiaire de partenaires sociaux. Malgré cette très grande diversité, on peut citer celles que nous avons pu rencontrer ou étudier :

Les formes les plus simples

• *La cristallisation :*

– ne faire que ce qui est strictement demandé,

– ne pas prendre d'initiative et augmenter sa dépendance à l'égard du responsable.

• *La temporisation :*

– ralentir le rythme de travail ou repousser les échéances en argumentant du manque d'information ou du manque de décision.

• *L'analyse :*

– questionner à outrance sur la signification des événements et le sens des changements.

• *La minimisation :*

– feindre l'indifférence ou tourner la situation en dérision.

Les formes actives

• *Les récriminations :*

– contester tout changement introduit par le nouveau responsable.

• *L'accentuation :*

– amplifier les mérites du prédécesseur : « Ah ! Du temps de Martin... ! »

• *Le pourrissement :*

– alimenter un climat d'adversité en focalisant sur ce qui ne va pas.

• *La soumission stratégique :*

– s'abstenir de coopérer activement et devenir « bête ».

• *Le déplacement :*

– démontrer le côté irréalisable des changements avec des arguments secondaires.

• *Le blocage de l'information :*

– déformer ou tronquer l'information,

– développer des rumeurs à partir d'informations incomplètes ou fausses.

Les formes conflictuelles

• *Le rejet :*

– déclarer une guerre ouverte au nouveau responsable.

• *Les conflits de travail :*

– être en conflit avec des collègues ou des personnes d'autres services ou des personnes extérieures : clients, fournisseurs, etc.

• *Le bouc émissaire :*

– s'en prendre à une personne (le responsable ou quelqu'un d'autre) et la discréditer en la rendant responsable de tous les dysfonctionnements.

Comment traiter les résistances ?

Voici une liste de dix façons de transformer les résistances en ressources potentielles.

1) *Encourager l'expression des résistances.* Même si ce premier conseil vous semble paradoxal, nous vous rappelons que la pire chose est que les résistances ne s'expriment pas. Il faut non seulement encourager leur expression mais également manifester de l'empathie, ou, pour le moins, une réelle écoute.

2) *Exposer ses intentions.* L'équipe a rapidement besoin d'informations sur ce que vous comptez faire. Alors, inutile de jouer au chat et à la souris.

3) *Adapter ses modes d'intervention en fonction des besoins et des capacités des individus.* On l'a vu, les résistances varient d'un individu à un autre : faites de même.

4) *Satisfaire les besoins exprimés.* Si un besoin est exprimé ouvertement, il est important d'y répondre rapidement et de façon pertinente.

5) *Tenir compte de la culture ambiante.* Il est nécessaire de bien s'imprégner du métier de base de l'entreprise pour comprendre la culture ambiante et ce qui est permis ou proscrit.

6) *Mettre en évidence les avantages du changement.* Partons du principe que, tel un missionnaire en pleine brousse, vous êtes le seul défenseur de vos idées, vendez-les sans pour autant travestir la réalité.

7) *Réduire la part d'inconnu.* Nous avons vu qu'une des racines des résistances est la peur de l'inconnu. Il faut donc réduire au maximum la part d'incertitude.

8) *Trouver des appuis crédibles.* Miser sur les porteurs du changement : les chercher, les trouver et les former en missionnaires à leur tour.

9) *Faire preuve d'ouverture.* Si l'équipe a le sentiment que tout est joué d'avance, qu'elle ne peut pas influer sur vos décisions, alors les résistances se renforcent. Si, au contraire, vous faites preuve de souplesse en vous adaptant, en négociant et en associant vos collaborateurs à la conduite du service, vous les rendez acteurs de leur propre changement et, en fin de compte, les plus ardents défenseurs de ce qui leur arrive.

10) *Donner du sens au changement.* Inclure les événements dans sa vision des choses, leur donner un sens et communiquer sur ce sens, voilà le secret d'une bonne intégration.

L'escalier du changement

Les résistances au changement vont s'exprimer de façon différente dans le temps. Le passage par ces différentes étapes – les marches de l'escalier – est nécessaire à l'intégration du changement. Il s'agit pour le nouveau manager :

1) d'identifier où en sont les membres de l'équipe dans l'intégration du changement ;

2) de définir les modalités d'accompagnement les plus adaptées pour leur faire gravir une marche supplémentaire.

1re marche : la phase « bidon »

Les collaborateurs remettent en cause le principe même du changement. Ces résistances vont s'exprimer à travers des expressions telles que « cela ne changera rien », « en x années de carrière, j'ai vu passer y patrons... eux sont passés, moi je suis toujours là... »

Mode d'accompagnement. Il s'agit de faire s'exprimer les résistances au changement. Ce sera l'un des objectifs des premières rencontres avec les nouveaux collaborateurs.

2e marche : la phase « gauche »

Ainsi appelée parce qu'elle correspond, dans un changement, à la phase de maladresse dans l'acquisition d'un nouveau savoir-faire ou d'un nouveau comportement. Ce qui est remis en cause, ici, c'est l'applicabilité du changement au contexte. Les personnes reconnaissent que le changement peut être efficace mais ailleurs. Les expressions typiques de cette phase sont : « Ça marche ailleurs, mais chez nous c'est tellement spécifique ». Dans le cas de l'arrivée d'un nouveau manager, la réaction type peut être : « Il a réussi dans telle entreprise, tel service, telle fonction, mais dans notre entreprise, service, métier... »

Mode d'accompagnement. Il s'agit de montrer aux collaborateurs que le changement peut réussir dans leur contexte. Dans le cas d'un nouveau manager, cela signifie qu'il doit mettre en évidence les avantages concrets du changement. Par ailleurs, il s'agira de mettre l'accent sur la formation, de les former au nouveau mode d'interactions manager-collaborateur, aux nouvelles règles du jeu, aux nouvelles méthodes et procédures...

3e marche : la phase « coupable »

Dénommée ainsi parce que, confrontés à un changement, les membres d'une équipe l'intègrent à des vitesses différentes. Il s'ensuit pour les plus avancés d'entre eux un sentiment de soulagement (« j'y arrive », « ça se passe plutôt bien avec le nouveau ») et de culpabilité vis-à-vis des collègues qui intègrent moins rapidement le changement. Ce qui peut se jouer, ici, dans certains changements, a trait à la perte de solidarité dans l'équipe.

Mode d'accompagnement. Dans cette phase, le mode d'accompagnement du manager est indirect. Il utilise la complémentarité des compétences. Il s'agit de faire former ; le parrainage est un mode d'intervention de cette phase. Le fait d'avoir identifié dans l'équipe des appuis crédibles prend ici tout son sens.

4ᵉ marche : la phase d'« éveil » au changement

L'élément le plus repérable de cette phase réside dans les reproches formulés par les acteurs concernés par le changement. Dans le cas d'un changement qui nous concerne, nous nous entendons dire ou penser : « pourquoi n'y ai-je pas pensé avant, pourquoi ne l'ai-je pas fait avant ? » Dans le cas d'un changement dans l'organisation, on entendra : « Pourquoi n'y ont-ils pas pensé avant, pourquoi ne l'ont-ils pas fait avant ? » Dans le cas de la prise de fonction d'un nouveau manager : « Pourquoi n'est-il pas arrivé avant ? »

Mode d'accompagnement. Les mots-clés dans cette phase sont *encourager, stimuler* pour faire basculer les collaborateurs dans l'étape suivante.

5ᵉ marche : la phase d'intégration

Ce qui illustre le mieux cette étape ce sont les phénomènes d'amnésie qui touchent les personnes : « Comment faisait-on avant, avec l'ancien patron ? » Elles sont obligées de faire un effort de mémoire pour se remémorer les pratiques antérieures. Dans le cas de changements techniques ou de technologie, les gens diront d'un ton incrédule : « Comment avons-nous pu travailler comme cela ! »

Mode d'accompagnement. Il s'agira de féliciter, de valoriser le chemin parcouru et de fêter l'intégration du changement.

Pour le nouveau manager, cet accompagnement peut prendre la forme d'un événement exceptionnel : réunion pour faire le point, repas avec ses collaborateurs. Il s'agit de marquer solennellement la conclusion d'un cycle.

L'ESCALIER DU CHANGEMENT

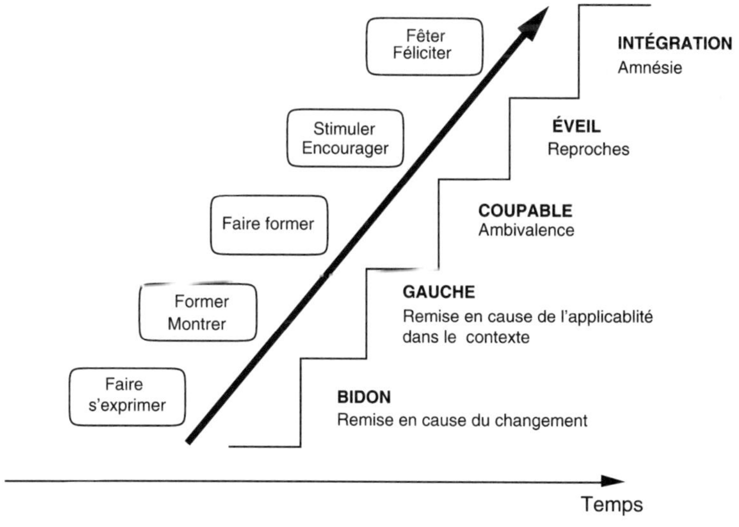

Commentaires sur l'escalier du changement [1]

Les phénomènes décrits et les modes d'accompagnement précédents s'appliquent à tous les changements introduits dans une équipe de travail. Manager, c'est faire gravir en permanence des escaliers à ses collaborateurs. En fonction de l'importance du changement, l'échelle de temps pour gravir l'escalier peut aller de quelques minutes (acquisition de connaissances) à quelques années (modification de la culture et des mentalités). Confrontés à une difficulté, les collaborateurs redescendent parfois momentanément de quelques marches : « J'avais bien dit que cela ne marcherait pas. »

Comme nous l'avons indiqué précédemment, la résistance au changement est une réaction fonctionnelle d'un système qui, confronté à un changement, tente de maintenir son homéostasie. En tant que nouveau manager, vous constituez un changement pour l'équipe que vous allez prendre en main et vous allez donc être confronté à ces réactions négatives. Comment y faire face ?

Avoir un certain regard sur les résistances pour pouvoir les traiter

Les résistances sont l'expression de rationalités et de perceptions différentes de la réalité. L'acceptation de ces différences de la part du manager constitue une première étape. La définition que nous avons donnée des résistances nous amène à dire qu'elles ne sont pas négatives, malgré leur caractère désagréable pour celui qui y est confronté. Il est souhaitable que le manager cherche à en décoder la signification et à s'en servir comme levier de changement plutôt qu'à les juger. Les résistances constituent un compagnon paradoxal du changement : l'absence de résistances est synonyme d'absence de changement. Aussi avons-nous envie de dire de ne pas vous inquiéter des résistances, mais de vous inquiéter de l'absence de résistances. En effet, cela peut signifier :

– que l'arrivée du nouveau manager est perçue comme d'un intérêt secondaire ;

– que les membres de l'équipe sont dans un processus de soumission ;

– ou encore, que le changement n'est pas perçu comme crédible.

Se servir des résistances comme leviers de changement

1. Encourager l'expression des résistances

Il est en effet plus aisé pour le manager de gérer des résistances exprimées oralement que des résistances mises en œuvre dans des comportements.

2. Exposer clairement son projet, ses objectifs

Il s'agit de réduire la part d'inconnu sur les changements qui vont intervenir : donner les informations précises sur les événements dans les jours et les semaines qui vont suivre.

3. Donner du sens aux changements

Un changement est d'autant plus facilement accepté que les acteurs concernés perçoivent clairement les raisons qui l'ont généré.

1. D'après les travaux de l'Américain Mike Burch sur le changement.

4. Tenir compte de la culture de l'équipe

Une équipe est un groupe avec ses règles, ses rituels, ses modes de fonctionnement, ses habitudes. Le manager doit se poser en permanence la question : pourquoi changer ? pour quels bénéfices ?

5. Faire preuve d'ouverture

Cela signifie que le manager a mené une réflexion préalable sur les éléments négociables et les aspects non négociables dans le changement.

6. Adapter le temps d'intégration du changement aux individus

C'est à la fois accepter les différences entre ses collaborateurs et accepter le fait que l'intégration d'un changement ne soit pas immédiate. Nous développerons ce second point dans la partie consacrée à l'escalier du changement.

7. Créer une dynamique de changement

Vous souvenez-vous des notions d'acteurs, d'enjeux et de pouvoir de l'exposé précédent ? Nous allons les réutiliser pour expliquer comment créer une dynamique de changement, c'est-à-dire pour que le changement devienne réalité.

Confrontés à un changement, votre arrivée par exemple, les acteurs vont se diviser en trois catégories :

– *Les porteurs.* Ce sont les acteurs qui sont favorables au changement parce qu'ils perçoivent un gain à changer au regard de leurs enjeux.

– *Les attentistes.* Ce sont les acteurs qui, toujours au regard de leurs enjeux, ne perçoivent pas clairement s'ils vont y perdre ou y gagner. Ils se détermineront en fonction des premiers actes du manager.

– *Les freins.* Ce sont ceux qui perçoivent qu'il vont perdre à travers le changement.

Il convient donc de repérer ces trois catégories d'acteurs. La deuxième étape consiste à diagnostiquer les pouvoirs de ces trois différentes catégories. En effet, que se passe-t-il, selon vous, si l'essentiel des pouvoirs est du côté des freins ? Le changement reste « lettre morte ». Créer une dynamique de changement suppose donc qu'il y ait suffisamment de pouvoir du côté des porteurs. Aussi, nous vous suggérons d'adopter la démarche suivante :

– prendre appui sur les porteurs qui ont du pouvoir ;

Créer une dynamique de changement

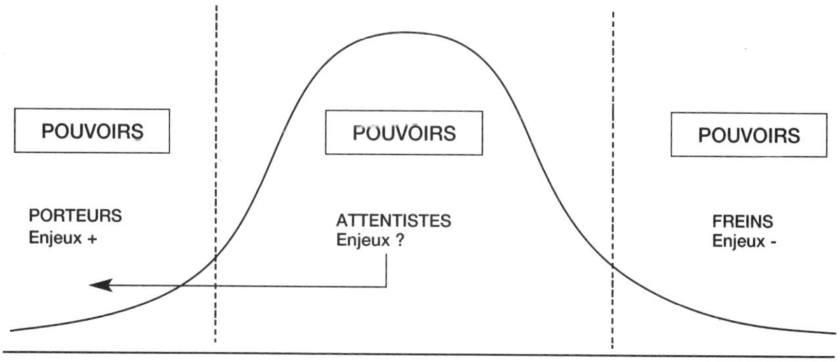

– rallier les attentistes qui ont du pouvoir en les rassurant sur leurs enjeux ;

– ne pas dépenser trop d'énergie et de temps à vouloir convaincre les freins.

2. Établir les premiers contacts

Établir les premiers contacts est un moment décisif pour le nouveau manager. En effet, l'équipe commencera à se constituer une image de son chef sur les toutes premières impressions. Loin des idées reçues et des valeurs philosophiques qui peuvent nourrir les cocktails managériaux, nous pensons que les premiers contacts se font sur la base de sensations physiques. Souvenez-vous de la façon dont deux animaux, par exemple, font connaissance. Imaginez deux chiens qui se croisent dans une rue. Dès l'instant précis où ils se voient, ils ne se lâchent pas des yeux. Puis, ils s'approchent. Plus la distance diminue, plus le pas se fait lent et précis. Là, chacun est prêt à bondir. Tout près, ils se reniflent et se tournent autour. Puis, selon les caractères des chiens ou des maîtres, cela va durer plus ou moins longtemps et sur un mode plus ou moins aimable... À l'instar du chien, voici notre manager qui arrive...

Voici une démarche qui se décline, pour lui, en quatre étapes : observer ; écouter ; s'adapter ; intervenir.

Observer

On l'a vu, le premier contact est visuel et celui qui fixe son regard sur l'autre contrôle la situation. Pensez à regarder en premier lieu les personnes. La plupart du temps, les premiers contacts se font d'une façon assez informelle : votre hiérarchique fait avec vous le tour des bureaux ou des ateliers et cite les noms des personnes. Vous n'aurez pas le temps d'enregistrer tous les noms et, de toute façon, ce n'est pas le plus important. Le plus important, à ce moment-là, c'est la première impression que vous donnez, alors, surtout, ne donnez pas de vous l'image du chien hargneux prêt à bondir... Pensez plutôt que ces gens qui vous regardent sont comme des électeurs : souriez de bon cœur et serrez les mains. Allez-y, serrez les mains, le plus possible et fermement. Mieux vaut en serrer trop que pas assez ! Ne lésinez pas ! Tôt ou tard, ils mettront leur bulletin dans l'urne : donnez-leur l'image de celui (ou de celle) qui va « sur le terrain », proche d'eux, qui leur parle et les écoute dès les premières secondes ! Surtout, ne vous extasiez pas devant une superbe machine ou un planning mural beau comme une toile ou, en tout cas, pas tout de suite. En effet, pour cette équipe, cela constitue leur univers quotidien de travail, ils sont habitués à cette machine, à ce planning, cela fait partie de leur cadre de vie habituel. Vous seul les intéressez. Faites de même ! Observez également la disposition des bureaux les uns par rapport aux autres. Comment se fait la circulation des personnes ? celle des matières ? Y a-t-il des endroits plus éclairés, plus sombres ? Les bureaux sont-ils personnalisés ? Plantes vertes, photos, posters... L'organisation : par où arrive la « matière » ? par où repart-elle ? la valeur ajoutée est-elle visible ? Le service, la salle ou l'atelier : comment est-il situé par rapport à son environnement immédiat ? quel type de service jouxte celui-ci ? Toutes ces informations sont très importantes pour l'analyse que vous ferez de la situation.

Écouter

Écouter est une activité qui se fait simultanément à l'observation. Pourtant il est essentiel de séparer les informations visuelles des informations sonores. On peut s'aider en réécoutant « dans sa tête » hors du champ d'observation. Quels sont les tons de voix ? Les personnes se coupent-elles la parole ? Le débit : plutôt lent ou plutôt rapide ? Quels sont les mots que vous entendez ? Quels sont les mots techniques ? Le ton ou le contenu changent-ils en fonction de l'interlocuteur ? Les gestes appuient-ils les mots ? Les émotions passent-elles ? Prenez des notes pendant votre première visite, le maximum de mots entendus même s'ils sont banals. En les relisant, avez-vous des surprises ?

S'adapter

Il s'agit là, pour reprendre l'analogie des animaux qui s'observent, de faire sentir sa présence, de s'affirmer dans ce premier contact. La marge de manœuvre est étroite : comment s'affirmer d'une façon sereine (ou apparemment sereine) dans un univers inconnu ? Nous pensons que, dans un premier temps, les interlocuteurs ont besoin d'être rassurés sur les intentions de l'« étranger ». Qu'est-ce qui peut le mieux les rassurer ? Tout simplement l'impression d'avoir en face d'eux quelqu'un comme eux. C'est en effet la différence qui fait peur. Il est donc important, une fois que les premiers regards et les premières paroles sont échangés, de pouvoir se mettre dans la peau de l'autre et de s'approprier sa façon de voir le monde, d'utiliser ses propres mots, d'entendre les mêmes perceptions... S'adapter, c'est aussi savoir changer de rôle et savoir s'intégrer dans un autre monde, le nouveau monde de ses nouveaux collègues. Il n'est pas rare que des personnes, vous sachant promu par exemple, viennent spontanément vous voir... S'adapter, c'est comprendre le cœur de l'activité principale de l'entreprise : est-on dans de l'informatique, de l'assurance, de la publicité ? Quelles sont les revues les plus lues dans l'entreprise ? Quels sont les groupements ou les associations auxquels l'entreprise adhère ? Comprendre les rythmes de travail, savoir distinguer les rituels des échanges vrais, repérer les indicateurs économiques fondamentaux, c'est aussi cela s'adapter.

Intervenir

À ce moment-là – et à ce moment-là seulement – le manager peut commencer à intervenir, c'est-à-dire à influencer l'activité de l'équipe, de son équipe. Cinq points de repère nous semblent indispensables à l'instant où il va donner sa première empreinte.

Avoir un objectif précis

Il est important de ne pas confondre activité et résultat. Se fixer un objectif, c'est se fixer un résultat à atteindre dans un certain délai. La tentation est grande de vouloir faire changer les comportements : en arrivant avec un œil neuf, on voit beaucoup de choses qui peuvent émerveiller ou au contraire agacer. On va donc avoir tendance à porter aux nues les attitudes qui semblent être les meilleures et vouloir casser ce qui paraît inefficace, voire nuisible. C'est oublier un peu vite les fondements et les justifications des comportements observés. Voilà pourquoi il est plus judicieux de procéder par petits pas, de construire au fur et à mesure, avec l'aide des personnes de l'équipe.

Les pièges à éviter sont de :

– mettre en exergue les comportements apparemment inefficaces,

– banaliser les performances quotidiennes,

– « vider son sac » en jetant toutes les conclusions de son observation à la figure de son équipe.

Donc, il vous faut un objectif et un seul, précis, modeste, formulé en termes de résultat et non d'activité, l'activité étant la part de prise de décision du collaborateur concerné.

Donner envie aux autres d'entrer en relation avec vous

C'est la phase où vous devez vous vendre ! Il n'y aura pas de deuxième essai. Les réflexions au début de cet exposé sur les résistances sont à relire : qui a le plus peur ? vous ou eux ? Il y a fort à parier que ce sont eux. Un grand sourire en arrivant est votre meilleur atout. Le message que vous adressez est : « Bonjour, je suis heureux de vous avoir rejoint et je suis fier de faire partie de votre équipe » Quelques questions ouvertes à ceux que vous rencontrez les premiers, par exemple : « Sur quel dossier travaillez-vous en ce moment ? » ; « Tel dossier vient d'arriver, comment allez-vous vous y prendre ? » Vous leur donnez ainsi l'occasion de vous montrer ce qu'ils savent bien faire. Mieux vaut ancrer votre apparition physique avec un sentiment positif.

Prendre les autres comme ils sont

La phase d'observation vous a permis de vous constituer des points de repère sur les performances des uns et des autres. Le risque est de modéliser sur un individu (qui, au passage, doit vous ressembler dans ses mimiques et ses attitudes) et de vouloir faire en sorte que chaque collaborateur se glisse le plus facilement et le plus rapidement possible dans ce moule. C'est oublier que, si ce modèle existe, c'est justement parce que les autres sont différents. Il ne s'agit pas non plus d'abdiquer ou de laisser tomber. Il s'agit de bien repérer les points de passage obligés pour arriver à un résultat précis. Untel a tendance à parler vraiment trop fort ? Untel a toujours des tenues extravagantes ? Un autre encore ne déjeune jamais avec ses collègues ? Et alors ? Y a-t-il des incidences sur le travail ? les clients ?

Cela nuit-il à l'efficacité de l'équipe ? à la sienne ? Manager, c'est aussi savoir être tolérant et laisser une marge de liberté où elle est possible.

Changer de méthode quand elle ne convient pas

C'est bien toujours le résultat de l'activité qui compte, pas l'activité elle-même.

Si l'intervention ne donne pas le résultat escompté, il faut s'assurer de la pertinence de l'objectif à atteindre. Si l'on reste persuadé de la pertinence de l'objectif, il faut donc revoir la façon dont on s'y est pris. Si cette méthode ne passe pas, c'est qu'elle ne convient pas. Si elle ne convient pas, c'est que le contexte ou les esprits ne collent pas. Ici, le danger est de vouloir à tout prix faire passer sa méthode ou de la ré-expliquer pour la énième fois. La question à se poser est : est-ce primordial de passer par cette méthode ? Peut-on atteindre le résultat en procédant différemment ?

Rester authentique

Dans une nouvelle fonction, il y a tant de choses à apprendre qu'il ne faut pas, en plus, se focaliser sur un rôle qui, si on n'y croit pas, sera au bout du compte plus nuisible qu'utile. Un manager est aussi un être humain qui a des doutes et des espoirs. Il a des réussites et des échecs. Lui aussi peut être fatigué et faire des erreurs. Protégez-vous en arrêtant un entretien qui tourne en rond par exemple, même si l'ordre du jour n'est pas fini. Faites des pauses, organisez votre bureau de telle sorte que vous vous y sentiez en paix. Sachez fermer de temps en temps votre porte : le chef n'est pas au travail 24h/24 (contrairement à l'idée que certains en ont). De même, le chef peut se tromper et l'admettre, ne pas connaître la réponse à une question et le dire, ce n'est pas là que se fonde sa crédibilité. Celle-ci s'appuie davantage sur la capacité du manager à avancer, à chercher, à écouter les vraies questions et les vraies réponses.

3. Préparer et mener votre première réunion

Les premiers contacts sont établis. Certains étaient très informels et spontanés, d'autres plus officiels. Il est temps pour le manager de réunir son équipe :

– qu'apporte cette première réunion ?

– quels sont les pièges à éviter ?

– comment la préparer ?

– quelles sont les recommandations pour la réussir ?

– quid de la suite ?

C'est à ces questions que nous vous proposons de réfléchir.

Qu'apporte cette première réunion ?

Sans quelquefois savoir formuler les raisons de la nécessité d'une réunion, les managers savent bien qu'il est nécessaire de se voir à plusieurs pendant un certain temps et à intervalles réguliers. Avoir tous la même information, connaître les réactions spontanées des collègues, sentir l'ambiance, renforcer la solidarité entre les membres du groupe sont quelques-uns des objectifs pertinents pour organiser une réunion. Et la première ?

Les objectifs assignés à la première réunion peuvent être les suivants :

– faire plus ample connaissance ;

– présenter son projet ou son ambition pour l'équipe ;

– formaliser les premières règles de fonctionnement ;

– travailler sur ce qui va se passer dans les jours ou les semaines à venir,

– répondre aux questions soulevées par son arrivée.

En complément de ces objectifs qui peuvent être exprimés, dans cet ordre ou dans un autre, sous forme d'ordre du jour, le manager aura à l'esprit de :

– repérer les alliances dans l'équipe,

– mieux cerner les stratégies d'acteurs : qui est porteur, attentiste ou frein ?

– mieux connaître les motivations et les centres d'intérêt des individus,

– les rassurer par rapport au changement,

– identifier les modes de fonctionnement spontanés en groupe.

Quels sont les pièges à éviter ?

Les pièges à éviter sont les pièges classiques de toute réunion : débordement du temps, inégalité du temps de parole, animation improvisée, règlements de comptes personnels et rituels nous paraissent recouvrir 90 % des pièges présents en réunion. Le fait que ce soit la première réunion simplifie certains aspects et en complexifie d'autres. Par exemple, il n'y a pas encore d'habitude, donc pas encore de mauvaises habitudes. En revanche, le manager devra convaincre rapidement ses collaborateurs pour couper court à quelques aiguillons lancés ici ou là. Les principaux écueils liés à la spécificité de cette réunion sont les suivants :

– la réunion se transforme en réunion de revendications,

– le manager monopolise le temps de parole,

– le manager veut absolument donner des réponses immédiates ou prendre des engagements sur *tous* les points abordés,

– le temps est occupé par des problèmes personnels,

– la réunion n'est qu'une réunion de travail,

– le manager n'arrive pas à asseoir sa crédibilité, il est débordé.

Comment la préparer ?

Tout d'abord, il faut bien soigner l'introduction. Les premières minutes donnent le ton de la réunion et engagent les participants sur un certain type de terrain. Préparer l'ordre du jour par écrit sur *paper-board,* par exemple, peut considérablement aider à l'animation. Bien choisir les mots à employer, les écrire et se constituer un pense bête avec les mots-clefs. Ensuite, on doit veiller au confort des participants. Avec un horaire adapté, dans un lieu connu et dans des conditions matérielles convenables, on peut accueillir ses collaborateurs avec un café et des croissants qui servira de sas entre le temps d'arrivée et le temps de réunion. On doit prévoir un temps de déroulement qui tient compte des questions et des discussions sur les différents sujets et prévoir une question précise pour conclure chaque sujet, même si on ne s'en sert pas. Si l'on envisage un tour de table pour se présenter, il est souhaitable de préparer un « canevas » de présentation : au choix, commencer ou finir le tour de table.

Pensez à préparer des supports visuels : des transparents sur quelques idées force de votre projet par exemple, ainsi que des photocopies de vos transparents. Un conseil : restez simple et sobre dans cette présentation ; le « show-laser » et les « pum-pum girls » ne sont pas à employer ! Préparez enfin plusieurs scénarios de suites possibles : autres réunions, leurs fréquences, leur caractère obligatoire ou non, le secrétaire, ce qu'il y aura à préparer, etc.

Quelles sont les recommandations pour réussir ?

– Faire une réunion courte : une demi-heure à une heure au maximum ;

– donner systématiquement des « portes de sortie » pour continuer à traiter des problèmes abordés : autres réunions, rendez-vous... Ne pas oublier son agenda !

– indiquer clairement en début de réunion ce qui sera traité et ce qui ne sera pas traité ;

– s'assurer que *tous* parlent ;

– faire (ou faire faire) un compte rendu fidèle et rapide ;

– prendre le maximum de notes en réunion en notant les mots utilisés par les membres de l'équipe ;

– juste avant la conclusion, synthétiser par un plan d'actions : qui fait quoi pour quand et fixer la date de la prochaine réunion ;

– conclure nettement : « La réunion est terminée, merci d'y avoir participé ».

Quid de la suite ?

Comme on vient de le voir, il est important de prendre le temps de peaufiner le compte rendu. Travailler avec un *paper-board* en réunion permet de faciliter l'élaboration de celui-ci. Faire ce compte rendu à deux permet de rester plus objectif face aux informations échangées et d'avoir un *feed-back* sur l'animation de cette réunion. La suite de cette réunion a normalement été débattue pendant les échanges et doit apparaître clairement dans le compte rendu. Nous suggérons au manager de favoriser des moments de contacts informels à deux ou à plusieurs pour apprécier le degré de satisfaction des participants et d'organiser par la suite des entretiens avec chaque collaborateur pour approfondir la connaissance.

4. Mener des entretiens pour connaître ses collaborateurs

De la même façon que pour la première réunion, nous nous interrogeons sur la conduite d'entretiens avec des collaborateurs. Les questions qui se posent alors sont :

– pourquoi un entretien ?
– quels sont les pièges à éviter ?
– comment le préparer ?
– quelles sont les recommandations pour le mener à bien ?
– *quid* de la suite ?

C'est à ces questions que nous vous proposons de réfléchir.

Pourquoi un entretien ?

Là également, nous savons bien de façon intuitive que nous devons avoir un entretien individuel avec chacun des membres de l'équipe. Les objectifs de ce premier entretien peuvent être :

– mieux se connaître réciproquement,
– recueillir les attentes du collaborateur par rapport au projet,
– répondre de façon personnalisée aux questions qu'il se pose,
– mieux comprendre les perceptions du collaborateur à propos de son contexte professionnel actuel.

En complément de ces objectifs disons « avouables », le manager peut suivre d'autres objectifs :

– évaluer l'implication personnelle du collaborateur par rapport à son travail, par rapport à l'entreprise ;
– mieux cerner ses motivations et ses centres d'intérêt ;
– évaluer son degré d'autonomie par rapport à ses différentes missions ;
– établir un contact relationnel personnel.

Quels sont les pièges à éviter ?

Les pièges à éviter sont les pièges classiques de tout entretien : comme en réunion, il peut y avoir un débordement du temps, une inégalité du temps de parole, une animation improvisée, des règlements de comptes personnels et rituels. La situation de face à face peut engendrer aussi les pièges suivants :

– les vrais problèmes ne sont pas abordés ;

– le temps d'entretien est utilisé pour parler d'un ou de plusieurs absents ;

– on prêche le faux pour savoir le vrai.

En revanche, le contexte de ce premier entretien est une chance pour le collaborateur d'avoir *a priori* un chef nouveau et bienveillant en face de lui. Pour le manager, l'absence de relations antérieures et de contentieux toujours possibles permet une certaine naïveté, un certain étonnement. Sous le prétexte de mieux comprendre, on peut encore poser des questions très pertinentes et judicieuses. Les principaux écueils liés à la spécificité de cet entretien sont :

– le manager monopolise le temps de parole ;

– le manager veut absolument donner des réponses immédiates ou prendre des engagements sur *tous* les points abordés ;

– l'entretien n'est qu'un entretien de surface ;

– le manager ou le collaborateur se sent piégé.

Comment le préparer ?

Il faut se documenter sur le collaborateur : obtenir son dossier personnel avec son curriculum vitae, son expérience professionnelle ; son propre responsable hiérarchique, les clients et les fournisseurs internes et externes peuvent être des sources d'informations. Lui proposer une rencontre sur son lieu de travail à lui vous permettra de mieux cerner les conditions dans lesquelles il travaille et, pour lui, un décor familier est plus propice pour l'expression. Préparez avec soin un enchaînement de questions ouvertes allant du plus large au plus particulier. Prévoyez le jour et l'heure où vous êtes, *vous*, le plus frais, le plus disponible pour écouter le mieux possible. Cherchez un sujet qui lui tient à cœur et qui vous permettra de commencer l'entretien par un rituel sympathique. Un petit tour préalable dans son service ou dans son domaine d'activité vous donnera des informations pour vous aider à ce démarrage et crédibilisera votre capacité d'écoute.

Quelles sont les recommandations pour le mener à bien ?

– Informez votre collaborateur au préalable des raisons de cet entretien ;

– prévoyez un entretien d'une heure environ et annoncez la durée dès le départ ;

– rappelez le but de l'entretien et observez un temps de rituel au début ;

– marquez le coup dès qu'une information vous permet de valoriser votre interlocuteur : « Bravo ! » ;

– énoncez clairement ce que vous pouvez apporter en termes de compétence à toutes les opportunités qui se présentent pendant l'entretien ;

– prenez le plus possible de notes ;

– écoutez attentivement, même ce qui n'est pas dit, mais vérifiez vos interprétations en les soumettant à votre collaborateur ;

– concluez nettement et positivement.

***Quid* de la suite ?**

Vous venez d'obtenir des informations capitales sur votre collaborateur ; ne les divulguez surtout pas. Restez digne de la *confiance* qu'il vous a accordée.

Gardez ces informations dans un dossier propre à chaque collaborateur, vous serez susceptible de les utiliser ultérieurement.

Pour conclure l'entretien, proposez-lui une date où vous vous rencontrerez de nouveau pour étudier ensemble l'évolution des points que vous aurez évoqués.

Veillez à bien répondre aux points sur lesquels vous vous êtes engagé. Si vous n'avez pas de réponse, dites-le, c'est mieux que le silence.

Se positionner et mener le changement

exposé 4

Ce quatrième exposé sera consacré à la façon dont vous allez induire des changements :

– dans un premier temps, nous verrons comment et pourquoi fixer *des règles de fonctionnement* ;

– ensuite, nous verrons comment mettre en place *un système de communication* ;

– puis, nous vous donnerons les point de repère pour *responsabiliser* vos collaborateurs et développer leur autonomie ;

– enfin, nous terminerons par l'analyse des situations délicates que vous pouvez rencontrer sur le plan managérial.

1. Organiser et mettre en place des règles de fonctionnement

Nous vous proposons de réfléchir ensemble aux questions suivantes :

– pourquoi fixer des règles de fonctionnement ?

– quels sont les critères que l'on doit suivre pour les élaborer ?

– que se passe-t-il s'il n'y a pas de règles ?

– quel est leur contenu ?

Pourquoi fixer des règles de fonctionnement ?

Reprenons notre fil conducteur : le nouveau manager prend ses fonctions. Il a pris contact avec son équipe en les réunissant et en les voyant un par un. Il a déjà précisé certaines de ses intentions. Maintenant, on veut le voir agir pour mieux comprendre son « mode d'emploi ». Les collaborateurs vont découvrir petit à petit ses compétences, ce qui l'enchante et ce qui l'agace, ses limites et ses talents. Il va plaire de plus en plus à certains et peut-être déplaire de plus en plus à d'autres. Toutes ces découvertes vont alimenter les conversations de « radio-cantine ». Autant leur faciliter le travail en annonçant clairement un certain nombre de choses. En effet, il est fort utile, sinon indispensable, que chacun sache à quoi s'en tenir dans son unité de travail sur les finalités, les valeurs partagées ou non, ainsi que les comportements que le manager juge indispensables pour sa réussite propre et l'efficacité de l'ensemble. Définir des règles, c'est donner des repères, des impératifs et des priorités ; c'est préciser les critères de la réussite individuelle et collective.

Clarifier les règles permet de :

– repréciser les objectifs de l'unité et les resituer dans la perspective globale de l'entreprise ;

– développer la cohésion et la solidarité de l'équipe ;

– augmenter l'implication des collaborateurs en leur précisant le cadre général dans lequel ils peuvent être acteurs ;

– servir de référence en cas de désaccord ou de conflit ;

– donner un sens à l'œuvre collective en rappelant les valeurs fondamentales à l'origine de l'activité.

Quels sont les critères que l'on doit suivre pour les élaborer ?

Pour être efficace, une règle doit correspondre aux cinq critères suivants :

• C'est une règle *applicable.*

Une règle non applicable aboutit à une anti-règle et à un blocage.

• C'est une règle *utile.*

Il faut que la règle soit une aide pour travailler plus efficacement, qu'elle soit une aide pratique pour atteindre les objectifs prévus. Elle n'est pas là pour « faire joli », elle est une véritable facilité et reste cohérente par rapport aux exigences du travail.

• C'est une règle *contractuelle.*

Au sens propre d'abord, dans la mesure où elle précise des points non formulés dans le contrat de travail. Dans un sens plus général ensuite, car elle est un engagement réciproque du hiérarchique et du collaborateur dans le cadre de leur relation professionnelle.

C'est une règle *protectrice.*

Elle aide sans faire peur. Elle apporte la dose de sécurité nécessaire à toute personne au travail. Elle répond à leurs soucis.

C'est une règle *souple.*

Elle ne décrit pas dans le détail une procédure ou un mode opératoire, elle laisse un champ de décision à chaque acteur.

Cela veut dire que les règles décrivent essentiellement ce qui se passe déjà quand ça marche bien naturellement. Elles reflètent les raisons du succès d'aujourd'hui.

TABLEAU DES DOMAINES DES RÈGLES DU JEU

	Valorisés	Attendus	Tolérés	Inadmissibles
Autonomie Disponibilité Contacts (travail d'équipe) Faire une demande Expression des désaccords Contacts directs en cas d'absence Dire non Hiérarchie des priorités .../...				

Lors de votre prise de fonction, vous avez donc intérêt à vous demander quelles sont les règles en usage dans l'entreprise et quelles sont celles que vous souhaitez développer.

Que se passe-t-il s'il n'y a pas de règle ?

L'absence de règle, dans un premier temps, permet à chacun de trouver une place et d'avoir un sentiment de liberté. L'esprit d'initiative est renforcé et les personnes peuvent se sentir stimulées par un champ d'action apparemment illimité. Que se passe-t-il après quelque temps de fonctionnement sans règle ?

Il est probable que, tôt ou tard, deux membres de l'équipe, ou plus, vont se retrouver à un moment donné dans la même situation avec, chacun, des objectifs différents ou des opinions différentes. Le risque est grand que chacun voit l'autre comme un obstacle pour avancer. Toutes les conditions sont réunies pour l'émergence d'un conflit. Sans règle, le conflit se traite « entre quatre yeux » et nous rentrons dans un jeu gagnant-perdant. Viennent ensuite les rancœurs et les revanches ; les autres s'en mêlent et les clans se fondent. Cette description est sans doute un raccourci mais elle n'est pas une preuve de pessimisme ; elle est une preuve de réalisme. Chaque groupe a besoin de structures et de règles, même si ce n'est que pour les critiquer ! Pour l'individu, toute règle, qui apparaît applicable avec un effort correspondant à ses possibilités et qui permet un dépassement à sa mesure, provoque énergie et motivation, intégration au groupe et adhésion.

L'absence de règle crée des conditions négatives perturbantes qui engendrent de l'agressivité, de la soumission ou de la manipulation, c'est-à-dire un terrain propice au mensonge et à la culpabilité. Toute règle trop difficilement applicable aboutit au même résultat que l'absence de règle.

Quel est leur contenu ?

Une règle correspond à un mode d'emploi, à une grille de lecture ou de décodage. Elle permet de répondre aux questions que se pose tout collaborateur :

Que faire dans le cas où :

– je fais une erreur,

– je m'aperçois d'une erreur commise par un autre collaborateur,

– j'ai fini avant le délai prévu,

– j'ai connaissance d'une information pouvant remettre en cause des décisions,

– j'ai une demande personnelle à formuler,

– j'ai besoin de contacter quelqu'un dans l'entreprise, ou en dehors,

– j'ai une question à poser à mon chef,

– je bute sur un problème,

– j'ai des difficultés avec telle personne,

– je souhaite faire évoluer mon poste,

– etc.

2. Mettre en place un système de communication

Les activités d'un manager consistent pour une large part à communiquer et à recevoir de l'information, à transmettre son savoir-faire et ses opinions, à aider des personnes et des équipes dans leurs méthodes, mais aussi dans leurs prises de décision. Ces activités fondamentales ne peuvent s'exercer efficacement qu'à travers un système de communication adapté, composé par :

– des entretiens individuels,

– des réunions,

– des contacts informels,

– des écrits et des autres médias utilisés dans l'entreprise.

Son efficacité repose en particulier sur :

– une utilisation pertinente des différents moyens de communication,

– une optimisation des temps de relations entre le manager et son équipe.

Qu'il s'agisse d'entretiens ou de réunions, on peut distinguer les rencontres régulières qui sont planifiées et qui impliquent un partage des connaissances et un échange d'informations. Le deuxième type de rencontres est qualifié de rencontres opérationnelles. Elles naissent de problèmes ou d'événements ponctuels, on ne peut les prévoir très longtemps à l'avance. Elles débouchent très souvent sur des décisions.

Les moyens de communication et leurs critères d'utilisation

Moyens de communication	Critères d'utilisations
Réunions	- chaque participant apporte une plus-value à la communication - recherche de synergie ou de créativité - unicité du message avec besoin d'échange - besoin de réactions immédiates
Entretiens formels	- traiter un sujet concernant un collaborateur (bilan, fixation d'objectifs...) - sujet de nature importante et non urgente - besoin de réactions immédiates
Contacts informels	- favoriser la convivialité - obtenir des informations spontanées - « prendre la température » de l'équipe - sujet de nature urgente
Écrits (notes, rapports, ...)	- garder une trace - officialiser la communication - nombre important de destinataires - pas de besoin de réactions immédiates

Les rencontres régulières

Deux types de rencontres peuvent être planifiés et correspondent à des objectifs différents. Ce sont les entretiens de face à face et les réunions de service.

Les entretiens de face à face

Rencontre régulière entre le manager et son collaborateur, elle assure une relation de travail continue. L'objectif essentiel de cet entretien est l'échange d'information, voire l'enseignement réciproque. Ces entretiens réguliers et prévus sont une pratique assez rare dans les entreprises françaises. La fréquence des entretiens doit dépendre d'une notion que nous connaissons : le degré d'autonomie de chaque collaborateur. S'il s'agit d'un débutant dans un poste, le manager pourra rencontrer son collaborateur une fois par semaine. Au contraire, s'il s'agit d'une personne expérimentée, l'entretien pourra avoir lieu une fois par mois. La fréquence doit être aussi fonction de la rapidité avec laquelle les choses évoluent dans un domaine donné. La durée de cet entretien doit être au moins d'une heure pour que le collaborateur et le manager aient le temps d'aborder des problèmes importants et de les traiter à fond. Cet entretien doit appartenir au collaborateur. C'est un point essentiel. La raison pratique est la suivante : la préparation. Un manager qui aurait huit collaborateurs devrait se préparer huit fois, alors que le collaborateur le fait une fois. Le manager doit donc lui demander de préparer un canevas de l'entretien qui sera communiqué dès le début. Chiffres, indicateurs de performance, tableaux de bord, état d'avancement des projets, problèmes importants – humains, organisation, projet – et erreurs, problèmes potentiels sont autant d'éléments qui peuvent constituer un canevas d'entretien. La date des entretiens réguliers doit être fixée au fur et à mesure des rencontres. Il est ainsi possible de tenir compte d'autres engagements existants et d'éviter de futures annulations.

La réunion de service

Elle est nécessaire quand le manager doit tirer des leçons des échanges et des confrontations qui se produisent dans son équipe. Elle l'est aussi quand chaque collaborateur travaille sur un aspect d'un problème commun à l'équipe. La discussion de groupe est plus fructueuse que l'entretien avec un seul spécialiste. Les sujets abordés sont tous ceux qui affectent plus de deux personnes présentes. La réunion est organisée et l'ordre du jour transmis suffisamment à l'avance pour permettre une préparation efficace. Il s'agit de la réunion du manager et de ses collaborateurs.

Les réunions opérationnelles

À la différence des rencontres précédentes, les réunions opérationnelles se tiennent de manière ponctuelle et avec un objectif bien défini, en général pour aboutir à la résolution d'un problème et à une prise de décision. Ce genre de réunions est provoqué par les événements. La réussite de cette réunion dépend beaucoup de la façon dont l'animateur la prépare, puis la conduit. La préparation consiste à prévoir le plan de travail, mais aussi le nombre et la qualité des participants. Dans le cas de ce type de réunion, huit personnes est un maximum absolu. La réunion terminée, le responsable de la réunion envoie aux participants le compte rendu précis, objectif des débats, des décisions prises et des actions à entreprendre (qui, quand, comment). D'après Peter Drucker, « les réunions régulières traitent 80 % des questions. Les 20 % qui restent doivent être traitées dans des réunions opérationnelles. Le fait de passer plus de 25 % de son temps en réunions opérationnelles est le signe d'une mauvaise organisation ».

3. Responsabiliser ses collaborateurs

Nous vous proposons de commencer par une image : vous êtes capitaine d'un navire et on vous annonce un récif à cent miles devant le bateau. Face à une telle situation, plusieurs solutions s'offrent à vous : vous enfermer dans votre cabine pour réfléchir à la meilleure route à suivre, réunir vos adjoints pour les consulter ou pour prendre une décision en commun, ou encore déléguer la manœuvre à l'un d'eux.

Imaginez maintenant que vous êtes le même capitaine, avec le même équipage, mais on vous annonce un récif à quelques mètres devant le bateau. Quelles solutions parmi les précédentes vous apparaissent adaptées à la situation ? Vous allez sûrement, en capitaine compétent, prendre la barre ou donner des consignes précises pour faire effectuer la manœuvre... Intuitivement, chaque manager sent bien qu'à une situation donnée, il y a un style de management adapté. Nous vous proposons d'étayer cette intuition en vous donnant les points de repère pour adopter le « bon style au bon moment ».

Développer l'autonomie

Nous entendons fréquemment les phrases suivantes : « Je souhaiterais avoir des collaborateurs autonomes », « ils ne sont pas suffisamment autonomes ». Il semblerait que l'autonomie soit un attribut dévolu à certains et pas à d'autres, voire un don du ciel... En fait, l'autonomie est la résultante du degré de compétence (le savoir-faire) et du degré de motivation (le vouloir faire) et ce degré d'autonomie n'est pas absolu mais relatif à une activité, une mission, un objectif donné.

Prenons un exemple : le vôtre.

■ Dans le cadre de vos fonctions, il existe sûrement :

- des activités que vous maîtrisez parce que vous avez été formé, vous avez l'expérience requise et, par ailleurs, elles vous passionnent. Vous êtes très autonome et vous n'avez pas besoin d'avoir constamment votre responsable derrière vous pour vous indiquer la marche à suivre ;

- des activités pour lesquelles, sans parler de maîtrise, vous possédez globalement le savoir-faire requis et vous avez des idées sur la manière de procéder ;

- des activités pour lesquelles vous avez besoin d'être formé et d'acquérir de l'expérience, en même temps qu'elles vous intéressent ;

- des activités pour lesquelles vous avez encore peu de compétence et si quelqu'un pouvait les mener à votre place...

Nous venons d'illustrer le fait qu'une même personne a des degrés d'autonomie différents en fonction des activités. Précisons maintenant ces degrés d'autonomie et la manière de les manager.

Adapter son style de management

Un management efficace est un management qui prend en compte à la fois les objectifs de l'organisation et le degré d'autonomie du collaborateur ou du groupe de collaborateurs par rapport aux missions qui leur sont confiées. Il s'agit d'un degré d'autonomie relatif à une activité précise.

Il s'agit donc d'adapter son management à la situation précise.

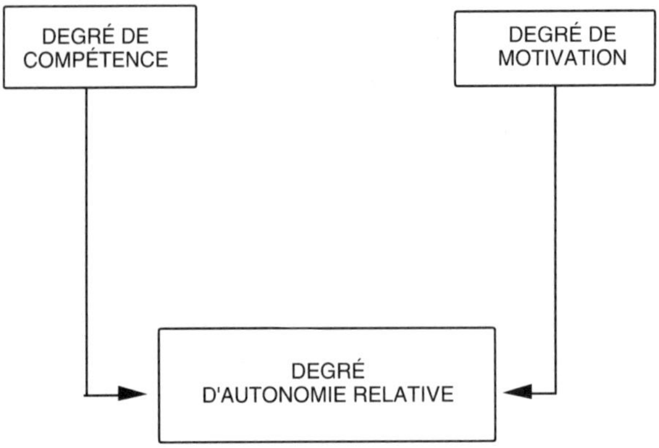

L'autonomie professionnelle se définit comme la combinaison de la compétence et de la motivation d'une personne ou d'un groupe dans le cadre d'un objectif, d'une mission, d'un projet. Nous disons donc qu'un collaborateur est autonome sur une activité donnée s'il sait la mener, d'une part, et si cette activité le motive, d'autre part. L'autonomie est relative à une situation précise, ce qui signifie qu'une même personne possède des degrés d'autonomie professionnelle variés selon les situations qu'elle rencontre. Le rôle du manager est de s'adapter en permanence à l'autonomie des individus et des groupes et de faire progresser cette autonomie vers les niveaux les plus élevés compatibles avec les contraintes de l'environnement de travail. Manager une équipe, c'est gérer des hommes à chaque instant, en fonction des missions particulières de chacun et dans un environnement changeant. Le style d'un manager dépend donc :

– du contexte spécifique,

– de la personnalité, de la fonction et du style du « managé »,

– du degré d'autonomie qu'il va laisser à chacun et qui varie selon les compétences et la motivation des personnes.

Les deux principaux leviers du manager sont donc l'activité elle-même (sa finalité, sa nature, son contexte, la mesure de ses résultats...) et le collaborateur lui-même (ses centres d'intérêt, son implication, sa personnalité, ses choix personnels...). La grille des styles de management permet de choisir le style adapté à chacun des collaborateurs en fonction de ses besoins et de son degré d'autonomie.

Les différents cas de figure

Autonomie très faible

Ce peut être le cas d'un débutant ou bien celui d'une personne désabusée qui a l'esprit ailleurs. Un des deux pans (voire les deux) manque ou est inexistant : le collaborateur ne sait pas ou ne veut pas. Nous préconisons alors un management directif centré sur les résultats à atteindre, en étant précis et exigeant en termes de délais, de qualité de la prestation ou de suivi de la procédure. Le manager s'engage ici directement. C'est un style approprié dans les cas d'urgence mais il ne doit pas durer trop longtemps. Le revers de ce style est son côté autocratique ou technocratique : « Marche ou crève ! »

Autonomie faible

Il s'agit d'une personne limitée dans son savoir-faire et dans son travail, soit parce que son travail n'offre pas de possibilité d'évolution, soit parce qu'elle est récente sur son poste, soit encore parce qu'elle est elle-même limitée. Précisons qu'il peut s'agir également d'un collaborateur plus ancien qui n'a pas été suffisamment formé et qui montre peu d'empressement à prendre en charge de façon autonome une activité. Ce peut être encore le cas d'un collaborateur qui commence à savoir faire mais qui traverse une période de découragement. C'est ce nouvel embauché qui, après quelques mois de confrontation à la réalité, voit son enthousiasme s'émousser. Il a besoin d'être stimulé, encouragé par son manager. C'est, enfin, le cas de ce collaborateur dont la motivation n'est pas en cause mais qui a besoin de comprendre dans quel cadre s'inscrit son activité. Il attend de son manager des explications sur les projets et les valeurs de l'entité (où va-t-on et pourquoi y va-t-on ?) ainsi que les points clés du métier. Il s'agit alors pour le manager de s'impliquer pour le mobiliser à la fois sur le travail et sur ce qu'il peut apporter personnellement. C'est un management persuasif. C'est un style qui laisse une marge d'initiative au collaborateur tout en restant ferme sur les objectifs à atteindre. On partage, on échange, on confronte nos idées, nos convictions. Le manager est très présent, sur le terrain. Trop utilisé, ce style est très stressant. Il demande beaucoup d'énergie et reste centré sur la persuasion. Il peut bercer le manager dans l'utopie ou l'illusion, provoquant chez le collaborateur une adhésion de surface.

Autonomie moyenne

Cette fois, le collaborateur sait faire son travail et son activité l'intéresse. C'est un collaborateur compétent, qui effectue normalement l'ensemble des tâches qui lui sont confiées. Il a une compétence suffisante pour innover sur la méthode, apporter sa contribution et être associé aux décisions. Le manager va plutôt s'intéresser à faire participer le collaborateur, il lui demande son avis, il le consulte et lui demande des idées pour améliorer son travail. C'est donc un style participatif. Ce style permet au collaborateur de contribuer activement aux décisions qui le concernent et, dans la mesure où les objectifs sont atteints, le manager peut lui proposer de décider lui-même. Le versant négatif est que ce style, s'il est trop systématique ou excessif, tourne à la démagogie ou au paternalisme. Amener un collaborateur à participer à une prise de décision entraîne une attente forte qui se transforme en déception si son avis n'est pas pris en compte.

Forte autonomie

Le collaborateur maîtrise l'activité et y porte beaucoup d'intérêt. Il est très motivé et très compétent, c'est le collaborateur idéal que chaque manager souhaite dans son équipe. Il sait prendre des décisions pertinentes, il apporte un plus important à son poste. Le manager a tout intérêt à le responsabiliser en lui laissant de l'autonomie sur les décisions à prendre en lui confiant des missions nouvelles, des conduites de projet par exemple. Le reste du temps, la pression est inutile, le manager n'assure qu'un suivi régulier et se contente d'attendre une demande d'aide pour intervenir. Des procédures de rencontre sont prévues si nécessaire. Le suivi est assuré par des tableaux de bord. C'est un style de management délégatif. L'aspect négatif réside dans le peu d'implication du manager qui peut être perçu, s'il est rigide dans ce style, comme un bureaucrate éloigné du terrain et laissant trop faire ce que les gens veulent. Le danger est alors la fuite des responsabilités et une attitude de repli avec un parapluie grand ouvert.

Autonomie instable

Un changement révèle le besoin de compétences nouvelles qui mettent à mal les compétences existantes. Les collaborateurs ne disposent pas d'une procédure, un historique auquel se référer. L'autonomie est acquise mais instable. Par exemple, dans un contexte de fusion ou d'offensive dangereuse d'un concurrent, l'incertitude et l'insécurité augmentent. Il s'agit pour le collaborateur de percevoir ce qui se passe, de modifier ses habitudes ou d'acquérir de nouvelles compétences. L'enjeu est alors pour le manager de savoir doser son intervention en fonction de besoins fluctuants. Il participe à la recherche d'options nouvelles pour gérer la situation : il accompagne en négociant de nouveaux objectifs et de nouvelles méthodes. Il veille aux objectifs à atteindre et est vigilant sur les réactions des personnes. Il accompagne de façon souple en endossant un style adaptatif à la situation et à l'environnement. Il fait ainsi progresser ses collaborateurs par petites touches en adoptant une attitude négociatrice. Trop ancré, ce style peut être vu comme un style manipulateur, car trop changeant. À force de s'adapter, le manager est considéré comme un caméléon ou un opportuniste. Lorsque la situation a été gérée, le manager revient à un accompagnement adapté avec le degré d'autonomie du collaborateur.

Le schéma ci-contre montre comment on peut réaliser cette progression à l'aide d'une série de cycles progressifs qui font appel aux différents styles de management de la typologie.

Cette grille des différents styles correspond bien aux grandes missions du management :

– structure, dirige, contrôle	– directif
– mobilise, motive et innove	– persuasif
– associe et consulte	– participatif
– prend du recul et donne de nouvelles missions	– délégatif
– accompagne et négocie	– adaptatif

Le « bon style au bon moment » c'est d'abord et avant tout une connaissance :

– des collaborateurs,

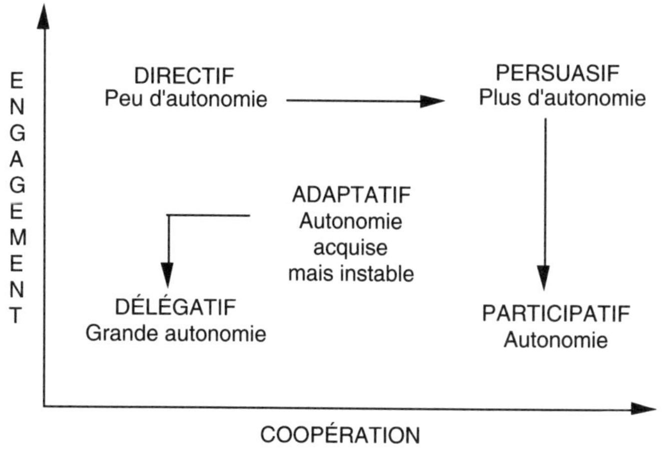

– des situations existantes,
– de l'environnement.

Développer l'autonomie de l'équipe, c'est la « tirer par le haut ». Le manager doit adopter des attitudes légèrement au-dessus des possibilités réelles de son collaborateur :

– l'encourager,
– lui fixer des objectifs un peu au-dessus de ses possibilités,
– le laisser faire sa propre expérience en l'accompagnant si nécessaire.

Pour vous aider à developper l'autonomie de chacun de vos collaborateurs, vous pouvez vous aider d'une grille de travail telle que celle qui vous est présentée ci-dessous.

Adapter son management à ses collaborateurs

Missions	Degré d'autonomie				Actions à mener
	Très faible	Faible	Moyen	Fort	

Pour utiliser cette grille, vous devez distinguer ce qui est négociable et non négociable et le faire savoir aux membres de l'équipe :

- non négociable : en général ce qui est du domaine des normes et des valeurs ;

– négociable : l'aménagement des objectifs ou des règles souples.

Avoir le « bon réflexe au bon moment » : malgré un style dominant, pratiquer un management différencié en utilisant les autres styles efficaces.

Responsabiliser ses collaborateurs revient donc à :
– communiquer régulièrement sur les objectifs de l'entreprise pour donner du sens à l'activité quotidienne ;
– développer l'autonomie des collaborateurs par rapport à des activités précises.

En cas de perte d'autonomie

Nous venons de décrire un cycle progressif d'autonomie qui se caractérise par une augmentation progressive de l'autonomie du collaborateur, et une prise de distance graduelle du manager. Que faire en cas de perte d'autonomie de la part d'un collaborateur, c'est-à-dire si le manager constate une baisse de motivation ou un problème de compétence ? Le principe consiste à accompagner cette perte d'autonomie en « reculant d'une case ». Par exemple, si le collaborateur était jusqu'à présent manager dans un style délégatif, le manager redevient plus présent en ayant un échange avec son collaborateur, c'est-à-dire en adoptant un style participatif. De même, on passera d'un style participatif à un style persuasif, d'un style persuasif à un style directif.

Il s'agit là d'un cycle régressif d'autonomie caractérisé par une présence accrue du manager.

L'écueil que nous constatons parfois réside dans le fait que, au moindre problème, le manager redevient directif quel que soit le

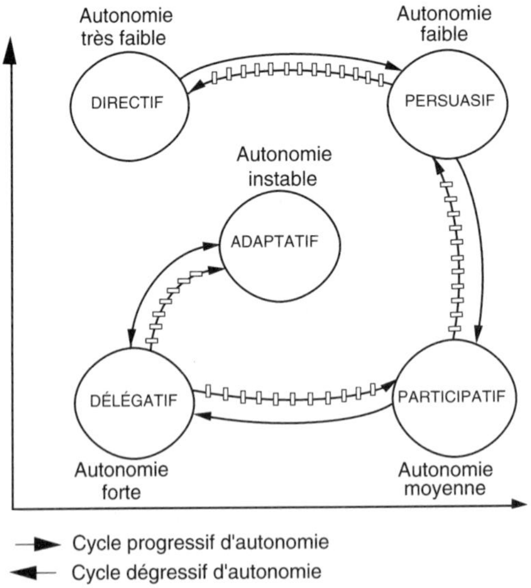

mode de management adopté précédemment. Si nous parlons d'écueil, c'est que le développement de l'autonomie des collaborateurs est un processus long qui est sous-tendu par un message : « Je vous fais confiance ». Or, le fait d'intervenir trop rapidement risque de remettre en cause ces efforts. En effet, le responsable envoie alors un message paradoxal : « Je vous fais confiance quand tout va bien mais au moindre problème... », qui sera interprété comme « Il ne nous fait pas confiance ». La directivité est justifiée par l'urgence de la situation, ce qui peut être le cas lorsque :

– les délais de réalisation sont trop courts pour que l'on entre dans un processus consultatif ou concertatif,

– la sécurité physique ou psychologique des individus est en jeu,

– on se trouve dans une situation de crise avec des résultats en chute libre, ou des pertes financières importantes.

Quelques conseils pour développer l'autonomie de ses collaborateurs

Le style de management adopté détermine le degré d'autonomie des collaborateurs

Ainsi, un manager qui adopte de manière préférentielle, sinon exclusive, un style directif/autocratique maintient de fait ses collaborateurs dans un degré d'autonomie très faible. Notre conseil : cherchez à obtenir des informations sur le mode de management de votre prédécesseur car elles vous donneront des indications sur l'autonomie de vos collaborateurs.

Manager ses collaborateurs en fonction de leur degré d'autonomie et non en fonction de principes

Manager, c'est agir en fonction de ses convictions, de sa conception du management, mais le manager doit accepter de « prendre ses collaborateurs là où ils en sont ». Vouloir manager immédiatement de manière délégative des collaborateurs qui ont été cantonnés dans des tâches d'exécution, parfois pendant des années, c'est se préparer à l'échec.

Notre conseil : cherchez à évaluer rapidement le degré d'autonomie de vos nouveaux collaborateurs pour adapter votre management à la situation.

Manager en fonction du degré d'autonomie constaté et non pas du degré d'autonomie revendiqué.

Sur la route des vacances, un enfant dit à son père : « Papa, je sais nager! » Arrivés sur la plage, le père, prudent, accompagne son fils dans l'eau et lui dit : « Fais-moi voir ». Il a vu... et s'est félicité de ne pas avoir géré la situation dans un style délégatif.

Notre conseil : au manager qui peut hésiter à déplaire à ses collaborateurs, nous soumettons la question suivante : quel est le comportement du manager qui *aidera véritablement* le collaborateur ?

4. Gérer les désaccords liés à la prise de fonction

Les problèmes posés par la situation

On a vu les phénomènes liés aux résistances : des réactions normales face à un changement. Le problème, ici, est de savoir quoi faire par rapport à des désaccords exprimés ouvertement ou des comportements manifestement à l'opposé de ceux attendus.

Il s'agit donc de traiter les défis.

Les écueils à éviter

• *Les prendre « bille en tête ».* Je me lance « à corps perdu » dans un affrontement d'où en sortira un vainqueur et un vaincu. « Ils verront bien qui est le chef ici ! »

• *La démagogie.* Vouloir nier les désaccords, aplanir à tout prix les oppositions, faire comme si de rien n'était ne sont pas des comportements efficaces. Faire comme si on était tous d'accord provoque le sentiment de ne pas être entendu et compris. Cela renforce alors l'opposition ouverte ou le conflit.

Les pistes d'action

– Avant de répondre à un désaccord, commencer d'abord par le reformuler ; le désaccord, dans votre bouche, prendra une autre signification ;

– prendre le temps de bien écouter jusqu'au bout avant de répondre ;

– dissocier les faits et les personnes : ce n'est pas vous qui êtes en cause, c'est l'organisation, la fonction, votre hiérarchie ;

– traiter les désaccords en entretien plutôt qu'en réunion ;

– changer le mode de communication : il est plus difficile d'écrire une opposition que de la dire ;

– inviter son interlocuteur à émettre une suggestion pour remédier à l'objet du désaccord.

Manager des collaborateurs plus âgés

Les problèmes posés par la situation

Une conception du management repose sur des images parentales : le père représente la loi et la protection. Comment représenter cette image parentale vis-à-vis de collaborateurs plus âgés ? Des collaborateurs possédant plus d'expérience, une compétence plus élevée et une meilleure connaissance de l'entreprise ?

Les deux écueils à éviter

• *Le piège de l'« autoritarisme ».* Comme ils ont plus d'expérience que moi, qu'ils connaissent mieux l'entreprise, leur métier, si je veux être reconnu en tant que responsable, je dois faire preuve d'autorité : j'impose des changements sans tenir compte de l'existant.

• *Le piège du « laisser faire »*. Comme je ne peux pas m'affirmer parce qu'ils en savent plus que moi, je les laisse faire et je n'interviens pas.

Les pistes d'action

– Identifier les images parentales associées pour prendre du recul et gérer la situation dans l'« ici et maintenant ».

■ Exemple : une stagiaire qui ne pouvait pas faire un reproche et plus généralement s'affirmer vis-à-vis d'un collaborateur qui, par divers aspects (apparence physique, mode de pensée) évoquait pour elle l'image de son propre père ;

- accepter un cadre de référence différent du sien ;
- adopter le langage de l'autre ;
- éviter les attitudes de remise en cause de l'identité professionnelle des collaborateurs ;
- commencer par donner de la reconnaissance positive plutôt que de chercher à en obtenir à tout prix.

Manager d'anciens collègues

Les problèmes posés par la situation

Comment avoir de l'autorité sur d'anciens collègues et obtenir qu'ils respectent les consignes ?

Comment résister aux appels des collaborateurs à maintenir le système de relation antérieur : « Tu ne vas pas jouer les petits chefs, maintenant que tu es responsable ».

Comment résister aux petites manipulations des ex-collègues les plus proches : « Avec les autres, que tu joues au chef, d'accord, mais avec moi ! »

Comment gérer la frustration liée au fait que les collaborateurs ex-collègues prennent eux-mêmes de la distance relationnelle vis-à-vis de leur nouveau manager ?

Les deux écueil à éviter

• *Faire comme avant.* Faire comme si la relation hiérarchique n'existait pas : laisser faire et sombrer dans le paternalisme.

• *Couper la relation.* Mettre une grande distance avec les collaborateurs en passant, par exemple, du tutoiement au vouvoiement, en s'interdisant de partager des moments informels et de stricte convivialité avec ses ex-collègues. C'est l'autoritarisme qui vous guette.

Les pistes d'action

– Ne pas opérer de changements brutaux dans ses comportements ;

– négocier et faire respecter des règles du jeu avec ses collaborateurs ;

– fonder son autorité sur le fait de répondre aux besoins des collaborateurs vis-à-vis de leur manager ;

– faire le deuil de la relation antérieure et accepter que les collaborateurs passent par les différentes étapes du deuil ;

– « métacommuniquer » (communiquer sur la façon de communiquer) avec les collaborateurs qui ont changé de comportement à votre égard ;

– chercher à être estimé par ses collaborateurs plutôt qu'aimé à tout prix.

Manager une équipe hétérogène

Les problèmes posés par la situation

Les personnes qui constituent l'équipe sont très différentes, selon plusieurs angles :

– l'âge,

– le niveau de formation,

– l'ancienneté,

– les métiers,

– le mode de travail,

– les attentes vis-à-vis du responsable.

Comment s'y prendre ? Faut-il instaurer un esprit d'équipe ou, au contraire, laisser les différences individuelles s'exprimer ?

Devant cette peur de ne pas pouvoir tout maîtriser, dois-je faire preuve d'égalitarisme ou d'individualisme ?

Les écueils à éviter

• *Faire comme si les différences n'existaient pas.* Je traite tout le monde de la même façon. Tant pis si personne n'y trouve son compte. J'impose un modèle unique du collaborateur modèle. Le danger est que chacun va se focaliser sur l'écart entre son comportement et celui du collaborateur « idéal », en l'accentuant, en réaction, ou en s'y soumettant en se déresponsabilisant.

• *Tout miser sur les individus.* Ici, je « gère » individu par individu. Je papillonne donc en passant d'un collaborateur à un autre. À force de m'adapter ainsi à chacun, mes actes et mes paroles perdent leur consistance et leur force. Cela donne l'impression que la raison est donnée au dernier qui parle et que je manipule. Idéal pour les rumeurs et la méfiance...

Les pistes d'action

– Reconnaître les différences à leur juste valeur, sans les surestimer ni les sous-estimer. Les valoriser en leur donnant un sens collectif : en quoi cette particularité peut-elle apporter quelque chose à l'équipe ?

– veiller à alterner les réunions et les entretiens ;

– avoir une fiche de suivi pour chaque collaborateur en y notant les dates d'entretien et les propos échangés ;

– clarifier les points essentiels pour votre management sur lesquels il doit y avoir consensus ou règle collective et les zones de liberté où chacun pourra décider de son propre chef ;

– accepter les différences de rythme, de méthode, de langage s'il n'y a pas de répercussion nuisible sur le travail.

Manager une personne ayant une expertise pointue

Les problèmes posés par la situation

Le collaborateur excelle dans son expertise. Cela est très positif *a priori*. Cela devient un problème s'il n'y a plus de transparence dans les méthodes ou les résultats. On aboutit à une absence de contrôle.

C'est alors d'autant plus gênant que cette situation peut renvoyer le responsable à ses propres peurs. Peur de « ne plus tout savoir » et peur de faire face à sa propre (in)compétence. Que faire alors de celui qui symbolise ce qu'on rejette pour soi ?

Les écueils à éviter

• *Le contrôle tatillon.* Le risque est de se montrer trop pressant pour obtenir le maximum d'informations. Le collaborateur peut donner de la fausse information ou de la surinformation : « Tout est là ; débrouillez-vous avec ».

Cela conduit à une démotivation certaine.

• *L'éloignement.* L'écart peut se creuser entre les deux collaborateurs. Chacun vit dans son monde. Le responsable devient incapable de savoir ce que le collaborateur fait et, donc, de défendre son travail à l'extérieur de l'équipe. D'où la nécessité pour celui-ci d'aller défendre lui-même ses projets. Et voilà le court-circuitage...

Les pistes d'action

– Rester ferme sur la transparence des méthodes employées et sur les règles du jeu. Penser à l'arbitre : il est vigilant sur les règles ; il ne tape pas lui-même dans le ballon ;

– en devenant manager, on prend du recul sur la technique. Ce n'est plus sur ce terrain (ou plus seulement) qu'on acquiert sa crédibilité. Un chef n'a pas pour rôle d'être expert, il a pour rôle de rendre experts ses collaborateurs !

– se servir du levier de la formation : rendre les experts formateurs pour les plus jeunes de l'équipe par exemple ;

– utiliser un mode de communication régulier pour rester « dans le coup », par exemple des réunions de service hebdomadaires ;

– faire valider les expertises en intégrant les collaborateurs concernés dans des associations professionnelles.

Piloter son équipe

exposé 5

Ce cinquième exposé sera consacré au *pilotage* de votre équipe.

– Dans un premier temps, nous verrons ce qu'est la motivation et comment l'entretenir chez les membres de votre équipe.

– Nous vous donnerons ensuite les points de repère pour fixer des objectifs, puis pour déléguer.

– Enfin, nous terminerons par les méthodes que vous mettrez en œuvre pour évaluer les performances de votre équipe.

1. Repérer les motivations

La première question à laquelle un nouveau manager cherche souvent à répondre est la suivante : qu'est-ce qui motive les membres de mon équipe, qu'est-ce qui les pousse à agir ?

La situation serait très simple s'il y avait une seule réponse à cette question. Pour vous permettre de trouver votre propre réponse, nous allons fonctionner comme un randonneur qui prépare une marche en montagne : il étudie sa carte, il envisage les différents passages possibles et, enfin, il sélectionne ses étapes en fonction de points d'eau adaptés à son périple. Nous allons donc, d'abord, voir ce que l'on entend par motivation, puis nous ferons le tour, de façon pratique, des théories sur la motivation. Enfin, nous déterminerons les points d'eau qui permettront d'étancher la soif de motivation de votre équipe.

La motivation... de quoi parle-t-on ? Être motivé, c'est faire un effort et soutenir cet effort jusqu'à ce que l'objectif soit atteint, y consacrer l'énergie nécessaire. En d'autres termes, par motivation, on désigne à la fois la vigueur et l'intensité des comportements adoptés par la personne. La motivation est donc un processus personnel qui dépend de la personne, mais aussi de l'environnement dans lequel elle se trouve. Cet environnement suscite plus ou moins la motivation, la maintient à un certain niveau d'intensité, ou bien la freine.

En ce sens, on peut parler de la motivation comme d'une réaction à l'environnement. En effet, une même personne, dans la même entreprise, sera démotivée dans un poste, puis retrouvera une motivation élevée dans un autre poste, à l'occasion d'une mutation qui ne correspond ni à une promotion, ni à une augmentation de salaire. Quelque chose dans l'environnement a changé, qui permet à cette personne de se motiver. De même, deux individus dans un même contexte ne réagissent pas nécessairement de la même façon : l'un sera motivé, l'autre pas, selon leur personnalité.

Les théories de la motivation

Pendant longtemps, on a parlé de motifs et de mobiles pour évoquer ce qui pousse les individus à agir. Puis, on a désigné sous le terme « motivation » l'ensemble des facteurs qui déterminent le comportement des individus.

La théorie des besoins, de Maslow à Herzberg

Qu'est-ce qui les pousse à agir ?

À cette question, un premier courant, influencé par les travaux des physiologistes, répond par le concept de besoin : c'est parce que les individus ont des besoins et qu'ils veulent les assouvir qu'ils déclenchent des comportements motivés. Justement célèbre, Maslow propose une conception systématique des besoins de l'homme au travail. Il voit la hiérarchisation des différents niveaux selon une pyramide. À l'origine, Maslow développe deux idées fondamentales : d'une part, que les besoins de l'homme au travail peuvent être hiérarchisés en cinq niveaux et, d'autre part, que tant qu'un besoin n'est pas satisfait, il constitue une source de motivation. Lorsqu'il est satisfait, c'est le besoin du niveau supérieur qui apparaîtra comme une nouvelle source de motivation.

La pyramide de Maslow

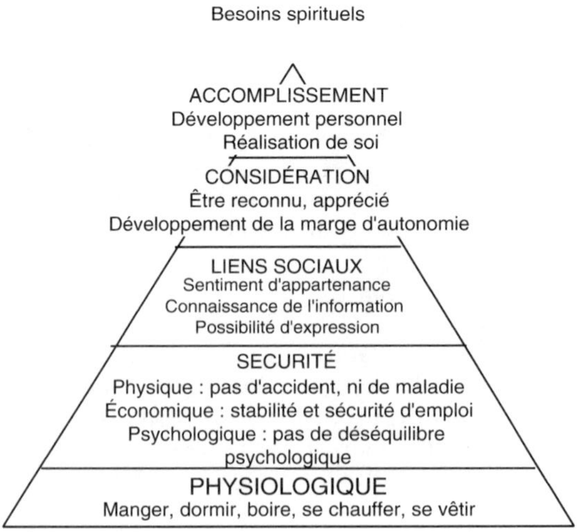

Cette représentation séduisante rend compte d'un certain nombre de faits intéressant tout nouveau manager :

– il ne sert à rien de responsabiliser ou de former des gens qui sont insatisfaits par de mauvaises conditions de travail (par exemple, plusieurs grèves des roulants de la SNCF furent, en partie, alimentées par de mauvaises conditions d'hébergement) ;

– de nombreuses personnes, dont les besoins de niveau inférieur sont satisfaits, sont plus portés à rechercher un développement de leurs compétences.

Cette carte reste cependant limitée par la relation trop simple qu'elle établit entre un niveau de besoin et un comportement. En étant universelle, elle devient simpliste. Elle ne peut pas rendre compte de nouveaux faits particuliers.

■ Par exemple, une jeune femme, secrétaire de son état, vient d'être licenciée pour cause économique. Peu après, on lui propose un poste du même type avec les mêmes avantages. Elle refuse et préfère rester sans travail et vivre avec les indemnités de chômage qui lui sont versées. Pourquoi cette démotivation par rapport à son travail ?

Une réponse à ce type de question apparaît au travers des travaux de Herzberg. Frederick Herzberg complète l'approche de Maslow en cherchant à repérer quels sont les facteurs qui sont source de satisfaction et ceux qui sont source d'insatisfaction. Il s'appuie sur la théorie des incidents critiques, qui consiste à demander aux salariés de se remémorer les événements professionnels au cours desquels ils avaient ressenti de la satisfaction ou de l'insatisfaction, puis de décrire l'impact de ce sentiment de satisfaction ou d'insatisfaction sur leur efficience et leurs relations avec autrui.

Par une enquête auprès de deux cents personnes, il met en évidence que certains facteurs sont source d'insatisfaction : il s'agit de la politique du personnel émanant de la direction et se traduisant par le règlement intérieur et les notes de service, de la surveillance et des contrôles exercés par les chefs, de la relation avec les supérieurs – en particulier leur degré de compétence et la dose de justice –, des conditions physiques de travail, des relations avec les collègues. Il constate que ces éléments peuvent susciter des insatisfactions mais ne sont pas capables de susciter des satisfactions. Il y a simplement absence d'insatisfaction. Il les nomme « facteurs d'hygiène » ou encore « facteurs d'ambiance ». Par opposition, il détermine d'autres éléments qui apparaissent comme des facteurs de motivation et qui sont susceptibles de déclencher des actes motivés. Ils ne provoquent pas d'insatisfaction quand on ne les prend pas en compte, mais en jouant sur eux, on déclenche de la satisfaction. Il les nomme les « facteurs moteurs » : ce sont les possibilités de carrière, d'avancement, les responsabilités, la bonne évaluation des performances et la reconnaissance des capacités, le sentiment de pouvoir se réaliser, la nature du travail et le contenu de la tâche. Il détermine alors sept mesures à prendre afin de restructurer le travail en vue d'augmenter la motivation.

Les sept préconisations d'Herzberg pour développer les motivations

1. Retirer certains mécanismes de contrôle sans détruire les possibilités de vérification, voire permettre des autocontrôles par l'exécutant lui-même.

C'est la base du contrôle intégré, de plus en plus fréquent en fabrication. C'est aussi privilégier la multiplication des retours d'information venant des utilisateurs, les clients le plus souvent. Par exemple, l'adjonction à un produit manufacturé du numéro de l'ouvrier responsable du montage final lui permet d'avoir des informations en direct de la clientèle.

2. Augmenter l'initiative de chacun dans son travail en lui confiant en amont une part de prévision et de planification et en lui permettant de déterminer lui-même le rythme de déroulement de son travail.

Dans une usine de pièces en zinc, un chef d'atelier détermine avec les ouvriers un objectif hebdomadaire de pièces à effectuer et pose une contrainte, celle de faire tourner les machines en continu. Ce contrat négocié augmente l'autonomie des ouvriers qui s'organisent pour répartir les pauses et les déplacements. Les deux parties sont gagnantes et cela supprime les contrôles tâtillons du chef d'atelier.

3. Faire réaliser un ensemble plutôt qu'une partie, c'est donner à l'individu une unité naturelle et complète de travail.

Les applications dans le domaine administratif permettent de confier à un agent l'ensemble du dossier d'un client et de personnaliser ainsi le rapport. Autre exemple, dans le domaine du conseil : un consultant sera davantage impliqué s'il intervient dès le démarrage du contact avec le client pour définir le projet d'intervention. Cela enrichit une action limitée à une phase de mise en œuvre.

4. Accorder plus de pouvoirs aux employés ainsi que plus de liberté dans la manière d'accomplir leur travail.

Plutôt que de faire déterminer strictement par des spécialistes de l'organisation la méthode idéale, il s'agit de laisser la personne déterminer sa propre progression. Une autre application consiste à accorder aux encadrants de proximité un rôle important dans la détermination des augmentations des ouvriers.

5. Faire des rapports périodiques au travailleur lui-même.

Faire le point avec le collaborateur, lui donner de l'information, c'est lui dire qu'il existe et que son travail a une importance !

6. Introduire des tâches nouvelles et des tâches plus difficiles.

Dans le secteur bancaire, plutôt que de laisser un agent en permanence au guichet, on peut lui confier également l'ouverture de dossiers de crédit.

7. Proposer des tâches qui permettent aux employés de devenir des experts.

Cette responsabilisation peut intervenir à tous les niveaux. Par exemple, un technicien fouineur devient le responsable de la rédaction d'une gazette d'informations « Spécial aéro » dans une société nationale de l'aéronautique. Ailleurs, un cadre devient l'expert des « nouvelles technologies éducatives » dans un groupe d'assurance. Il affirmera sa compétence à l'occasion de réunions, d'articles, de documents et de conseils aux cadres ou formateurs concernés.

Le développement de la théorie de Herzberg et l'enrichissement des tâches

Herzberg considère donc que le *contenu* de la tâche est un facteur motivant. C'est ainsi que se développe un vaste courant d'enrichissement des tâches, qui propose de donner aux salariés plus de responsabilité, plus d'autonomie et une logistique efficace. D'autres psychologues, tels que Porter, Lawler et Hackman ont analysé ce qui dans la tâche elle-même était une source de motivation. Ils citent l'autonomie de la tâche, la variété, l'intérêt, les informations opératoires (liées à l'exécution) et optionnelles (les relations autour de la tâche), le *feed-back* sur la tâche (informations données en retour sur la réalisation et le rôle de la tâche dans l'organisation). L'intérêt de cette approche et ses répercussions pratiques peuvent maintenant être remis en perspective. Les facteurs d'hygiène et les facteurs de motivation ne sont pas universels et invariables. Ils doivent être relativisés et actualisés à chaque période et en fonction de la catégorie socioprofessionnelle concernée. D'autres enquêtes montrent aujourd'hui que les employés placent le salaire et la sécurité de l'emploi parmi les facteurs de motivation. Par ailleurs, le résultat économique global d'usines conçues selon les principes de l'enrichissement des tâches est décevant. Les performances financières sont apparues moins élevées que celles d'usines classiques. Notons, enfin, que l'introduction de formes enrichies du travail a suscité la résistance des autres acteurs. Dans l'industrie, par exemple, les contrôleurs voyaient à la fois un appauvrissement de leur travail et une perte de pouvoir et de statut social. Enfin, interviennent le milieu culturel lié aux besoins du salarié, ainsi que la nature de la technologie.

La théorie des attentes

Les critiques adressées aux théories des besoins ont conduit certains chercheurs à se détourner du contenu de la motivation pour s'interroger sur le processus même de la motivation. La question est alors de comprendre comment elle fonctionne, comment elle se déroule et provoque des comportements motivés. Victor Vroom considère que la motivation est la résultante d'une *série d'attentes*. Les facteurs qui déterminent ces attentes sont au nombre de trois :

– *le niveau d'expectation.* Il concerne ses attentes par rapport à ses propres efforts (suis-je capable de...). Il est basé sur ce qu'on pense de ses propres capacités et de ses chances de réussite par rapport à une situation précise ;

– *l'instrumentalité.* C'est la probabilité que tel comportement permettra bien d'obtenir tel résultat ;

– *la valence.* C'est la valeur attribuée par l'individu à la récompense.

À partir de ces trois concepts, Vroom définit les composantes du processus motivationnel. La motivation d'un individu pour entreprendre une action passerait ainsi par l'évaluation plus ou moins consciente de ces trois probabilités en fonction du résultat escompté. C'est en fonction des réponses qu'on apporte à ces trois questions que se décide l'action motivée. Deux chercheurs, Porter et Lawler, développent la théorie des attentes en insistant sur la notion d'effort fourni, d'aptitudes et de traits de personnalité nécessaires à la réussite ; de perception des rôles dans l'organisation. L'apport essentiel repose sur la théorie d'équité, qui démontre que le niveau de satisfaction des salariés est lié à la comparaison qu'ils font entre :

– ce qu'ils estiment apporter à l'entreprise et ce qu'ils en retirent,
– ce qu'ils reçoivent et ce que reçoivent les autres.

Tout nouveau manager peut exploiter concrètement la théorie des attentes, en utilisant trois idées de base :

– il ne suffit pas de connaître les besoins, il faut aider les salariés à connaître leurs attentes qui seront à la source de la motivation. À partir de ces attentes, le manager pourra proposer des récompenses et communiquer sur ces valeurs ;

– puisque l'on ne peut pas combler les besoins, il convient de savoir proposer des occasions de travail intrinsèquement satisfaisantes. Le développement de la direction par objectifs (DPO) consiste donc à amener le salarié à fixer des objectifs assez élevés pour le motiver et satisfaire les besoins de l'entreprise. La DPO débouche sur un engagement formel et négocié sur les objectifs annuels et donne lieu à un entretien d'évaluation des performances réalisées ;

– les trois caractéristiques d'un climat motivant sont : les salariés sont informés sur le travail qu'ils ont accomplis ; les aptitudes sont décelées et utilisées au mieux; les salariés participent à la fixation des objectifs et des moyens de réalisation.

Les théories interactionnistes

Si la théorie des attentes intègre mieux le contexte que la théorie des besoins, il n'en reste pas moins que l'environnement ne fait pas partie intégrante de cette théorie. Lewin et, plus récemment, Nuttin font de la *motivation* la rencontre de l'individu et de son environnement. Ces travaux donnent une place particulière à la notion de projet individuel. La rencontre de l'individu et de son environnement détermine ce que Lewin appelle un champ de vie qui se structure à partir d'une série d'attractions et de répulsions. À partir de ses besoins, l'individu donne des valeurs aux différents éléments de l'environnement. La motivation peut donc se comprendre à un instant T en « mesurant » la force des barrières et des attractions présentes dans le champ. En fonction des forces respectives, il y aura ou il n'y aura pas un comportement motivé. Nuttin considère que l'unité de base à étudier n'est ni l'individu ni l'environnement, mais le *système individu-environnement* qui est uni par une relation dynamique : le *comportement*. C'est dans ce contexte qu'il place la motivation comme étant un processus qui transforme les besoins en buts, plans et projets d'action. Les besoins sont des relations requises pour l'adaptation réussie de l'individu, adaptation qui s'évalue en fonction de critères innés ou construits par le sujet : les *standards*. Le dynamisme de base est le besoin de relation avec les autres d'où découlent tous les autres besoins. Nuttin met au centre de sa théorie non pas les besoins, ni les contraintes de l'environnement, mais les interactions spécifiques individu-monde extérieur.

Trois soifs à satisfaire pour développer la motivation

Un guide qui emmène un groupe de randonneurs en montagne doit prévoir de s'approvisionner régulièrement en eau pour étancher la soif et refaire des réserves. De la même manière, un nouveau manager, qui souhaite contribuer au développement de son équipe, peut veiller à satisfaire trois types d'attentes de l'équipe, qui sont autant de soif à étancher.

La soif de stimulation

C'est le besoin de tout un chacun d'être reconnu mais aussi de trouver une dose suffisante d'excitations diverses. C'est un besoin humain fondamental qui est continu et qui est particulièrement mis en relief lorsqu'il n'est plus satisfait quotidiennement. La presse s'est fait l'écho de « mises au placard », de situations extrêmes de personnes privées de tout travail et de toute responsabilité. Rapidement, la situation devient intolérable car les personnes sont privées de stimulations sociales. Cela est confirmé dans les situations expérimentales d'isolation sensorielle. Un volontaire est plongé dans le noir complet, il n'entend rien et ne sent guère le milieu en raison d'une combinaison spéciale qui neutralise son sens du toucher. Cet adulte en bonne santé au départ va progressivement présenter différents troubles physiques et psychiques. Cette privation extrême coupe toute possibilité de satisfaire la soif de stimulation de la personne. En entreprise, ce besoin conduit à se dépasser pour obtenir des récompenses matérielles (salaires, primes, responsabilités qui permettent de prouver sa valeur) et symboliques ou sociales (médailles, promotion et statut). En l'absence de reconnaissances positives, la personne, involontairement, recherche des reconnaissances négatives en multipliant les erreurs et les maladresses.

Motiver par les stimulations consiste à reconnaître les personnes, leurs finalités, leurs performances mais aussi leurs erreurs pour les réorienter. Cette démarche consistant à donner des signes de reconnaissance a été systématisée par Éric Berne [1]. Rappelons quelques caractéristiques :

– reconnaître même un résultat partiel et incomplet,

– voir le côté positif plutôt que négatif,

– oser reconnaître, même maladroitement mais sincèrement,

– écouter est toujours un signe de reconnaissance,

– demander à la personne de dire du bien de son travail, c'est favoriser l'auto-reconnaissance.

Rappelons que le déséquilibre entre les signes de reconnaissance positifs et négatifs reste trop souvent dans le sens du négatif et suscite une dose élevée de stress du fait du poids des critiques.

La soif du besoin de structurer

Elle présente deux formes :

– la soif de structure de son temps, de savoir ce qu'on va faire durant cette réunion, cet entretien, cette semaine, cette année. La peur du vide est vite ressentie si cette soif n'est pas satisfaite ;

---

1. Éric Berne est le fondateur de l'analyse transactionnelle. Il a développé la notion de signe de reconnaissance dans les relations humaines. Voir son ouvrage, *Que dites-vous après avoir dit bonjour ?*, Tchou, Paris, 1972.

– la soif de structure pour son activité ; c'est l'optimum d'organisation nécessaire pour agir. Elle est évidente pour un nouveau venu dans une équipe, il a besoin de savoir qui fait quoi, de qui il dépend, jusqu'où vont ses responsabilités et quelles sont les limites des territoires de chaque service.

■ Le directeur général d'une entreprise d'informatique était satisfait d'une « structure molle » qu'il avait instaurée dans la société. La réalité vécue par les acteurs était autrement insatisfaisante : un flou généralisé des attributions, des conflits intenses de territoire et de personnes, des occasions de manipulation qu'ils saisissaient. L'insuffisance de structure était coûteuse.

• *Motiver par la structuration du temps*

L'indication essentielle consiste à respecter la dominante du moment et de savoir passer souplement d'un mode de structuration du temps à un autre.

1) *Le retrait* : respecter le besoin de pause durant les réunions et la minute de détente durant la pause café.

2) *Le rituel* : chaque groupe a sa façon de démarrer un travail ; serrer la main peut être indispensable pour établir le contact.

3) *Le passe-temps* : Il s'agit de toutes les discussions générales qui sont dans l'air du temps. Parfois parenthèse de détente avant de passer à plus d'implication, il est à utiliser à dose modérée.

4) *L'activité* : Ce sont toutes les phases centrées sur des objectifs. Elle est censée occuper le temps du travail. Ce mode est souvent grignoté par le suivant.

5) *Les jeux conflictuels*, qu'ils soient larvés ou manifestes, les attaques et sous-entendus tentent de fournir aux personnes engagées des émotions fortes.

6) *Les jeux positifs*, sous forme d'humour, de fantaisie, d'associations créatives sont un antidote aux jeux conflictuels et un mode évolué de satisfaire la soif de structuration du temps. La complicité est alors élevée.

7) *L'intimité* comme relation de personne à personne, sans masque, en contact authentique dans le présent. Elle est une forme à la fois très riche et donc stimulante mais aussi rare, car risquée.

Le contre-exemple suivant montre la démotivation qui s'ensuit si on ne respecte pas le code annoncé de la structuration du temps.

Dans une réunion de fin de trimestre chargée de fêter les succès et de permettre de se rencontrer de façon détendue, le directeur commercial arrive, en coup de vent ; il accroche le responsable du secteur et lui demande : « Quel est le chiffre (d'affaires) de la semaine ? Surprise et consternation : tout se passe comme si les règles du jeu implicites étaient faussées... et adieu, la coopération !

• *Motiver par une structuration positive du service*

En remplissant ses responsabilités normatives, le manager définit un *cadre régulateur*. Il s'agit, par exemple, de :

– faire connaître et respecter les valeurs et le projet de l'entreprise,

– faire appliquer la politique et les stratégies de l'entreprise en donnant les informations nécessaires,

– définir l'objectif commun de l'équipe,
– définir les rôles de chacun,
– définir et faire respecter les règles du jeu,
– faire respecter les procédures,
– traduire les stratégies en objectifs personnels et spécifiques,
– veiller à l'interaction des différents objectifs et des différents rôles au sein de l'équipe,
– déterminer les critères de mesure et d'appréciation,
– suivre et contrôler les objectifs,
– traiter les erreurs, trouver les actions correctives,
– évaluer les performances et les résultats.

Arrêtons-nous à un seul exemple, celui des critères de mesure. Une fois définis et acceptés par les collaborateurs, ces critères (qualité du service ou taux de rebut ou d'accident) deviennent directement incitatifs d'actions spécifiques ; ils orientent l'énergie.

La soif d'une position de vie de gagnant

Chacun a vécu et vit plus ou moins fréquemment une position de vie de gagnant. Durant cette expérience, il est en accord avec lui-même, avec ses interlocuteurs et la relation aboutie de façon réaliste. C'est la description par l'analyse transactionnelle de la position de vie « Je suis OK, tu es OK ». Dans cette position de vie, les personnes se montrent décidées, convaincues, enthousiastes, percevant les situations vécues comme des occasions d'apprentissage, comme des défis à relever ; les personnes motivées par un objectif et dans une société donnée mobilisent leur énergie. La facilitation et l'entretien de cet « état ressource » sont stratégiques pour le manager. Dans le cas contraire, la démotivation va se traduire par la cristallisation pour l'équipe et pour la personne d'un état qui peut revêtir trois formes :

– « Je ne suis pas OK, tu es OK. » Je suis démotivé, incapable d'atteindre le résultat, lui peut le faire mais pas moi ;

– « Je suis OK, tu n'es pas OK. » Je suis motivé pour arriver au résultat, mais surtout sans toi et contre toi, car tu n'as pas de valeur ;

– « Je ne suis pas OK, tu n'es pas OK. » Je suis démotivé et je vais te démotiver car on ne peut y arriver, rien n'est possible.

L'observation quotidienne montre que ces trois processus de démotivation sont solides, consistants comme si la personne avait besoin de prouver aux autres qu'il est vital de conserver cet état.

La position de vie de gagnant est un état ressource de la personne. Elle est donc la seule à pouvoir, en tant qu'acteur autonome, le mobiliser. Quant au manager, il peut créer des conditions facilitant cette *mobilisation*. Par exemple, il va jouer gagnant son collaborateur et, donc, tourner à l'avantage des deux parties le mécanisme de la « prophétie qui se réalise ». En effet, si vous abordez la situation dans un état de confiance par rapport à son déroulement, vous allez développer une attitude positive qui va générer ce bon déroulement. À l'inverse, si vous abordez la situation avec un préjugé négatif, à propos d'une personne par exemple (« elle veut tout faire pour faire échouer »), vous risquez d'agir de façon à confirmer votre préjugé…

et à le rendre réel. C'est la « prédiction inductrice », c'est-à-dire que j'induis ce que je prédis.

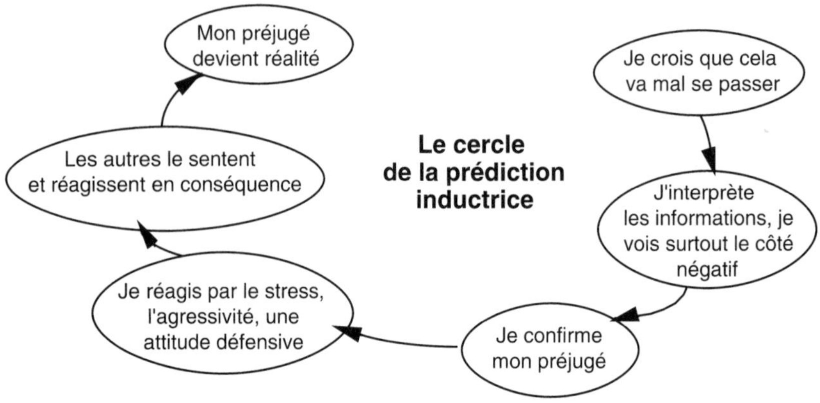

En revanche, si le manager peut injecter une bonne dose de confiance dans la relation, négocier des objectifs ambitieux et réalistes, il peut aider à considérer les difficultés comme des opportunités. Il aura alors réuni quelques bonnes conditions permettant à son subordonné de devenir le gagnant qu'il est destiné à être.

Repérer et favoriser le développement des motivations est un travail quotidien. Toutefois, il est un point que nous n'avons pas abordé : votre propre motivation. En effet, pour insuffler du dynamisme à son équipe, il est préférable, sinon nécessaire, d'être soi-même motivé. Sinon, nous retrouverons le cercle de la prédiction inductrice...

2. Fixer des objectifs aux collaborateurs

Nous l'avons vu, la structuration du travail entre dans la motivation des équipes. Par ailleurs, le développement d'un terrain fertile à la motivation des équipes dépend pour une large part de l'adéquation entre les comportements du manager et la situation. Il faut dire qu'il existe toute une palette de comportements de manager entre les données d'ordres et la délégation totale. Les variables en œuvre sont, d'une part, le caractère plus ou moins nouveau (pour le collaborateur) du travail à accomplir et, d'autre part, la marge de manœuvre plus ou moins grande dont il dispose.

Ainsi, donner un ordre est adapté quand il s'agit d'un travail routinier et pour lequel le collaborateur a peu de marge de manœuvre. On parle alors de simple exécution. Dans le cas d'un travail habituel à faire mais pour lequel le collaborateur dispose d'une bonne marge

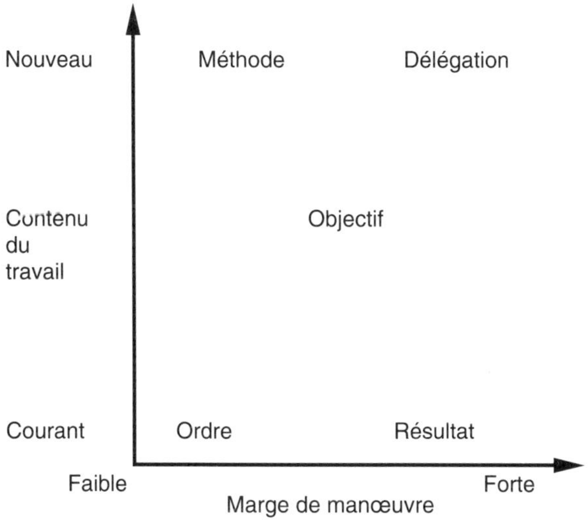

de manœuvre, on sera davantage centré sur les résultats. Cette pratique est courante par exemple dans les professions « à distance », comme les commerciaux « régionalisés ». Ils s'organisent comme ils veulent. On devient vigilant sur la concrétisation en termes de chiffre d'affaires. À l'inverse, pour un travail nouveau mais pour lequel le collaborateur n'a que peu de marge de manœuvre, on sera attentif à la méthode utilisée.

■ Par exemple, on confie l'organisation d'un séjour dans l'entreprise pour un groupe de clients étrangers. C'est la première fois que l'entreprise fait ce type de manifestation et elle l'inscrit dans un cadre bien délimité. Dans le cas d'un travail nouveau et assorti d'une importante marge de manœuvre, on parle de délégation. Il y a là deux caractéristiques importantes : celle de *potentiel*, liée au caractère nouveau du travail et celle de *volontariat*, liée à la grande marge de manœuvre.

Il nous reste la fixation d'objectif qui représente un acte de management relativement courant avec un aspect touchant à la motivation et un autre touchant à la négociation. Approfondissons d'abord la *fixation d'objectif* avant de revenir à la *délégation*.

Commençons par les critères d'un objectif. Un objectif doit être *spécifique*, c'est-à-dire adapté au mieux au contexte professionnel et personnel de l'entreprise, du responsable et du collaborateur concerné. L'objectif doit répondre à un besoin de l'entreprise, à un besoin ou à un intérêt pour le responsable et doit être une occasion de progrès pour le collaborateur.

Il doit également être *mesurable*. Il faut pouvoir clarifier les indicateurs pertinents qui seront le signe que l'objectif est atteint. On ne peut pas, par exemple, fixer l'objectif d'être plus aimable au téléphone à une standardiste. Sinon, on reste sur des intentions... En revanche, on pourra lui fixer l'objectif de dire le nom de l'entreprise, le sien et « bonjour » ou bien encore d'avoir « zéro réclamation des clients sur l'accueil au téléphone ». Mesurable peut donc se comprendre comme vérifiable ou observable.

Un objectif affiché, c'est un objectif *clair, univoque, simple et compréhensible.* Cela veut dire aussi que les personnes concernées sont tenues informées (clients, collègues...).

Réaliste est le quatrième critère. Le collaborateur a 80 % de chances de réaliser son objectif. Il sent que l'objectif est à sa portée et, en même temps, cela lui demande un effort supplémentaire. Il s'agit bien de motivation et de négociation sur les moyens et les ressources nécessaires.

Enfin, l'objectif doit être temporel, c'est-à-dire assorti de délais et de procédures négociées de contrôle. Quelles sont les échéances ? Comment serons-nous certains d'être sur la bonne voie ?

En résumé, votre objectif doit être SMART :

- Spécifique
- Mesurable
- Affiché
- Réaliste et
- Temporel

3. Oser déléguer

Dans toutes les entreprises, on s'accorde sur l'idée qu'il faut déléguer. C'est presque devenu une expression magique. Il faut déléguer ! Chacun le sait ; tout le monde le dit ; et pourtant... ! Si le principe de la délégation s'impose à tous ceux qui veulent mieux gérer leur temps, à tous ceux qui veulent élargir le champ de responsabilités de leurs collaborateurs, ce n'est pas si facile. Il y a toujours de bonnes raisons pour ne pas déléguer, car les freins à la délégation sont nombreux, qu'ils viennent de l'organisation et des méthodes ou des intéressés eux-mêmes (délégateur et délégataire). Les principaux obstacles à la délégation sont les suivants :

- l'hypercentralisation des décisions,
- l'abdication qui consiste à se débarrasser des problèmes et des responsabilités qui y sont liées,
- la méfiance du responsable par rapport à son délégataire,
- la quête du « sosie » qui procéderait à son image,
- le droit à l'erreur qui reste le plus souvent théorique,
- le contrôle qui s'avère généralement tatillon,
- le responsable qui a peur de perdre son pouvoir,
- la peur d'un collaborateur qui deviendrait un rival.

Si les freins à la délégation sont nombreux, les raisons qui poussent à déléguer sont en nombre aussi important. Ainsi, le manager peut déléguer pour :

- faire face à une surcharge de travail,
- gérer une urgence,

– ne pas porter préjudice à la bonne marche de l'unité ou du service en cas d'absence,

– augmenter le sens des responsabilités,

– développer les compétences,

– développer la motivation au travail,

– développer la confiance.

Qui plus est, les avantages sont équitablement répartis.

• *Pour le responsable :*

– il peut se consacrer plus aisément aux priorités de sa fonction,

– il établit avec ses collaborateurs une relation fondée sur la confiance,

– il assure une meilleure utilisation des ressources humaines de son unité,

– il assume plus efficacement son rôle d'animateur d'équipe.

• *Pour le délégataire :*

– la délégation lui permet d'acquérir des compétences nouvelles,

– lui offre l'opportunité de faire ses « preuves »,

– développe l'autonomie et l'épanouissement,

– augmente sa satisfaction au travail.

• *Pour l'entreprise :*

– l'abaissement des points de décision permet une plus grande souplesse de l'entreprise,

– accroît le dynamisme des différentes structures de l'entreprise,

– objectifs individuels et objectifs de l'entreprise ne sont plus nécessairement contradictoires,

– la communication interne et les relations interindividuelles sont considérablement améliorées.

Malgré tout, la difficulté majeure à laquelle les managers sont confrontés réside dans la façon de déléguer, c'est-à-dire dans « *le comment faire et comment le dire* ».

Préparer une délégation

Mettre en place une délégation réaliste et efficace nécessite que, avant même l'entretien, le responsable ait mené une réflexion précise.

Quoi déléguer ?

Tout ne se délègue pas. Le hiérarchique doit distinguer parmi ses activités :

– celles qu'il doit conserver (ex : confidentialité, activités à haut risque),

– celles qu'il peut déléguer.

À qui déléguer ?

Déléguer, c'est accepter une prise de risque de part et d'autre. Les principaux risques sont les suivants :

– être prêt à assumer des erreurs commises par un tiers,

– accepter de ne plus tout savoir sur tout,

– accepter de ne plus être le seul « expert » dans tel ou tel domaine,

– être prêt à vivre une certaine « incertitude » et à reconnaître la compétence de l'autre.

C'est pourquoi il importe de minimiser ces risques en effectuant le « bon choix » quant au délégataire (celui qui reçoit la délégation).

Il s'agit pour déléguer de vérifier :

– son niveau de confiance conditionnelle et inconditionnelle et son délégataire,

– que l'objet de la délégation est bien en rapport avec les domaines d'activité ou avec les expériences antérieures de l'intéressé,

– que le délégataire est motivé par l'objectif à atteindre,

– qu'il sera en mesure de fournir les ressources nécessaires (information, formation, etc.) au délégataire pour mener à bien cette mission.

Une réponse positive à chacune de ces questions permet au responsable :

– de se consacrer, l'esprit libre, à d'autres activités,

– de mettre en place un contrôle adapté (ni trop rigide, ni trop flou).

Comment déléguer ou les phases clés de l'entretien de délégation

Nous vous suggérons ici d'adopter une méthode de délégation en six phases.

Accueil

Comme dans tout entretien, mettre à l'aise son interlocuteur est impératif. Rappelons qu'il incombe au demandeur de tout entretien (ici au responsable) de prendre en charge le déroulement de celui-ci. À lui donc de créer les conditions d'un accueil efficace.

Proposer la délégation

Une délégation ne s'impose pas. C'est pourquoi il importe, à ce stade de l'entretien, de vérifier l'intérêt, la motivation que porte le délégataire à cette mission :

– *Définir le champ de la délégation,* c'est-à-dire préciser au délégataire les limites de la délégation. Quelles sont les responsabilités qui lui sont confiées ? Jusqu'où peut-il aller ? Que peut-il faire ? À partir d'où doit-il en référer ? etc. En d'autres termes, le responsable précise les « règles du jeu ». Ces « règles du jeu » sont importantes car elles sont « protectrices » pour le délégataire et participent donc, d'une certaine façon, à le mettre en confiance. Cette phase permet également, on l'a compris, de préciser le niveau d'autonomie du délégataire pour mener à bien sa mission.

– *Définir l'objectif.* Un objectif clairement exprimé comporte les qualité suivantes :

- il est exprimé en verbe d'action,
- il est réaliste,
- il est réalisable,
- il est mesurable en termes quantitatif ou qualitatif,
- il est échéancé dans le temps,
- on a au moins 60 % de chance de l'atteindre.

Ce dernier critère est important. En effet, un objectif trop facile ou, au contraire, trop ambitieux est par nature démotivant. En matière de délégation, il est souhaitable de définir *ensemble* l'objectif, plutôt que de l'imposer du haut de son statut de « chef ».

Négocier les moyens

Une fois l'adhésion du délégataire obtenue sur l'objectif à atteindre, il convient de négocier, *avec lui*, les moyens dont il a besoin pour mener à bien sa mission. Ces besoins peuvent être de natures différentes :

– besoins financiers,
– besoins en équipement,
– besoins personnels,
– besoins d'informations,
– besoins d'une formation dans un domaine précis.

Trop souvent encore, les délégateurs négligent cette phase pourtant essentielle. Comment réussir une mission si l'on ne dispose pas des moyens nécessaires et suffisants pour être efficace ?

Définir le rôle de chacun

Il est essentiel que, au cours de l'entretien de délégation, le rôle du délégateur comme celui du délégataire soient bien définis. Le responsable exprime clairement que la délégation suppose l'application du principe de *coresponsabilité.* Le délégataire sait ainsi qu'il n'est pas seul dans cette mission. Le responsable s'engage à :

– aider le délégataire en cas de difficultés, c'est-à-dire qu'il s'engage à s'organiser pour être disponible en termes de temps (porte ouverte en cas de difficultés) ;

– appliquer concrètement le « droit à l'erreur ». Il importe que le hiérarchique exprime très clairement au délégataire qu'aucune sanction matérielle ou affective ne sera prise à son encontre qu'en cas d'échec ;

– laisser toute l'autonomie nécessaire au délégataire en termes de :

  - démarche à suivre,
  - méthode à mettre en œuvre,
  - initiatives à prendre.

Le délégataire s'engage à :

– mener à bien cette mission dans le temps imparti (négocié précédemment),

– faire remonter en temps et en heure les difficultés importantes,

– accepter les formes du suivi (qui seront négociées dans la phase suivante de l'entretien). Cette clarification du rôle respectif des protagonistes est, sans conteste, le gage majeur de la réussite d'une délégation. Le responsable peut vaquer l'esprit libre à ses autres activités. Le subordonné se sent « protégé » et vit le suivi comme une occasion motivante d'aide et d'échange d'expérience plutôt que comme un contrôle rigoureux et tatillon.

Contrôler

– *Négocier les formes du suivi.* Déléguer, c'est rester responsable. Le supérieur va donc devoir négocier les formes du suivi. Pour ce faire, il doit, au préalable, s'être posé la question suivante : de quelles informations ai-je besoin pour suivre le déroulement de l'action, sans intervenir sur le processus ?

Une réponse claire à cette question lui permettra de négocier une forme de suivi adaptée à l'importance de la mission ainsi qu'au besoin du collaborateur.

Exemple : *debriefing* tous les lundis de 9 h à 10 h.

Le suivi permet au responsable de faire le point par rapport à l'objectif, de constater, le cas échéant, les écarts par rapport à l'objectif et de remettre le collaborateur sur la bonne « trajectoire » en proposant des actions correctrices.

– *Définir des critères d'appréciation.* Répondre ensemble à cette question : « Qu'est-ce qui nous permettra de dire que nous avons réussi dans cette mission ? » permettra aux deux interlocuteurs de trouver un accord sur les critères d'appréciation de la réussite.

Ces critères doivent tenir compte :

- de l'objectif bien sûr,
- du niveau de qualité souhaitée,
- de la plus ou moins grande expérience du délégataire dans le domaine au début de la mission.

Le délégataire connaît ainsi dès le début de la délégation les critères à partir desquels sa « performance » sera évaluée.

Évaluer

Quand la mission du délégataire est terminée, le responsable et son collaborateur établissent le bilan de l'expérience de délégation. Cette tâche est facilitée par l'existence des critères d'appréciation, définis au préalable. Chacun sait déjà ce qu'il en est. L'objectif de cette étape est d'aboutir à un accord sur les points suivants :

– quelles sanctions positives sont possibles ?

– quelle suite donner à cette expérience positive ?

– faut-il passer d'une délégation temporaire à une délégation permanente ?

Il est impératif que le responsable sache, à cette phase de l'entretien, reconnaître la « paternité » de la réussite de la délégation à son collaborateur.

Mettre en œuvre cette démarche c'est :

– se donner les moyens de l'efficacité et de la réussite,

– établir entre le hiérarchique et son collaborateur une relation de confiance irremplaçable, gage d'une collaboration future, simple, ouverte et fructueuse pour les deux interlocuteurs.

Nous pouvons donc adopter la définition suivante et dire que déléguer c'est :

– confier à un subordonné,

– la réalisation d'objectifs négociés,

– en lui laissant une autonomie réelle quand aux moyens et aux méthodes,

– à l'intérieur d'un cadre défini,

– en l'assistant dans les difficultés rencontrées,

– et en faisant le point sur les résultats,

– dans le cadre de procédures de contrôle,

– dont les modalités et la fréquence sont définies à l'avance ».

Les règles du jeu de la délégation

Une délégation réussie suppose des règles du jeu explicitées lors de l'entretien de délégation et appliquées de part et d'autre :

– *Le droit de dire « non ».* Une délégation n'est pas imposée mais proposée. Elle peut être acceptée ou refusée ;

– *Le droit à l'erreur.* Si un tel droit n'existe pas, le collaborateur est réticent vis-à-vis de la prise de risque. Il cherche donc à se protéger, par exemple, en sollicitant en permanence l'accord du hiérarchique avant d'agir, ce qui fait perdre beaucoup de temps. D'autre part, l'erreur peut être conçue comme un acte éducatif, une occasion d'apprentissage, un moyen de rendre le subordonné plus compétent et donc plus autonome ;

– *L'irréversibilité de la délégation.* La mission n'est retirée, avant son terme, qu'en cas de faute grave ;

– *Le droit à l'information des deux parties :*

- pour le collaborateur, le droit et le devoir de dire « je ne sais pas », de faire remonter les difficultés impliquant le supérieur et de demander conseil sur la conduite à tenir en cas d'hésitation,

- pour le hiérarchique, le devoir de fournir toutes les informations nécessaires et utiles à la conduite de l'action ;

– *La double responsabilité.* Le supérieur garde la responsabilité bien qu'il ne mène pas lui-même l'action, le subordonné est responsable vis-à-vis de son hiérarchique.

Faire face aux erreurs

Une erreur est une chose inadéquate par rapport à une norme, une procédure, un engagement. Initiatives et délégation présupposent le droit à l'erreur. Reconnaître le droit à l'erreur de ses collaborateurs signifie qu'ils savent qu'ils n'encourent pas de sanction s'ils signalent une erreur dont ils sont l'auteur. Si ce droit n'existe pas, pour se protéger, le collaborateur ne prend pas de responsabilités, d'initiatives. Par peur de la sanction, en cas d'erreur, il peut même chercher à cacher, à tricher. Bien sûr, le droit à l'erreur n'est pas le droit aux erreurs nombreuses et répétées. Le droit à l'erreur, c'est ne faire aucun commentaire négatif lorsqu'elle se produit mais c'est le devoir de la traiter pour qu'elle ne se reproduise pas.

Prenons un exemple. Le directeur des ressources humaines d'une entreprise fabriquant des moteurs d'avion nous racontait l'incident suivant : « L'autre jour, un opérateur vient signaler à son responsable qu'il a oublié de mettre une clavette dans un moteur. Son responsable l'a remercié de l'avoir signalé. Le moteur a été démonté et a dû être remonté, ce qui a provoqué trois semaines de retard. En revanche, un autre opérateur a été surpris à camoufler une erreur beaucoup moins conséquente ; celui-ci se retrouve au balayage. La perte de confiance est trop grave dans ce métier. »

Donner l'exemple = reconnaître ses propres erreurs

Pour que le collaborateur signale sans crainte ses erreurs, il est indispensable qu'il se sente suffisamment en confiance pour le faire. Pour créer cet état d'esprit au sein de son équipe, le comportement du responsable est déterminant :

– lorsqu'un membre de votre équipe signale son erreur, lui en savoir gré,
– donnez l'exemple, reconnaissez vos propres erreurs, vous n'en serez que plus crédible et vous gagnerez l'estime de vos collaborateurs. Nier ses erreurs discrédite.

Erreur ou faute

La frontière entre l'erreur et la faute est floue. Il n'y a pas d'erreur ni de faute en soi, mais toujours par rapport à des valeurs, à des normes ou des règles propres à l'entreprise. Dans beaucoup de cas, ce code n'est pas formalisé. La faute renvoie à l'idée de responsabilité morale, de culpabilité. La faute se sanctionne. Elle fait référence à un code moral (notion de péché) ou à un code social (notion de délit) qui justifie de punir son auteur. Souvent est considérée comme faute, l'erreur répétée, ou occasionnant (ou qui peut occasionner) des préjudices importants pour l'entreprise, ses biens ou ses salariés, ou commise volontairement pour nuire. Cette frontière floue, entre erreur et faute, complique l'application du droit à l'erreur.

Les comportements inefficaces

La chasse au coupable. « Qui a fait cela ? « , « Pourquoi tu as fait cela ? », « Tu n'aurais pas dû faire cela ! », « Je t'avais pourtant bien expliqué ce qu'il fallait faire... ». L'index pointé, accusateur, agressif induit souvent chez le collaborateur des justifications, le camouflage de la réalité ou la soumission stratégique.

La fuite du problème. Fermer les yeux, ne rien dire, rectifier soi-même l'erreur ne règle rien et amène souvent le collaborateur à ne pas s'améliorer et à commettre les mêmes erreurs.

Un exemple de démarche possible

Quand une erreur est détectée, nous vous proposons une démarche en quatre étapes :

1) écouter la personne jusqu'au bout ;

2) chercher avec elle les mesures à mettre en place pour limiter les conséquences de l'erreur (en premier lieu, il s'agit de rattraper l'erreur). Ces mesures doivent être appliquées le plus rapidement possible ;

3) en analyser les causes profondes avec la personne :

– *techniques* : matériel, machine (vétuste, réglage, inadaptation, etc.) ;
– *structurelles :* organisation inadaptée (surcharge de travail, fonctions et responsabilités mal définies, règles floues, moyens insuffisants pour réaliser la tâche, etc.) ou information inadéquate (tâche mal précisée, mal comprise, information incomplète, trop rapide, etc.) ;
– *humaines* : problème de compétence (l'individu manque de compétence pour réaliser le travail ou pour réagir face à des incidents), d'engagement (démotivation générale, démotivation par rapport à la tâche) ou manque d'attention, de vigilance, de soins ponctuels ;

4) traiter les causes pour éviter que le problème ne se reproduise. Il s'agit d'une démarche préventive. La validité des solutions doit être vérifiée au moyen de tests.

Les deux étapes sont à réaliser en collaboration avec la personne responsable de l'erreur : cela lui permet de s'« amender » et de sortir ainsi du sentiment douloureux dans lequel elle se trouve.

4. L'entretien d'appréciation

L'entretien d'appréciation est, pour certains, synonyme de perte de temps ou d'amical bavardage. Pourtant, si nous nous interrogeons sur le nombre d'occasions qu'un manager a de faire le point avec ses collaborateurs, nous constatons que ces moments sont rares, voire exceptionnels. En fait, l'entretien d'appréciation est un outil irremplaçable de management et de développement. Il permet de savoir, à partir de critères suffisamment objectifs, ce qu'on pense de chacun, de son travail, de ses performances et de ses compétences. Cela permet de clarifier le jeu, en supprimant l'aspect arbitraire d'un jugement subjectif. C'est donc un excellent moyen de régulation de la relation entre un manager et les membres de son équipe. Il s'agit d'une appréciation à la fois quantitative et qualitative des objectifs fixés, et non pas un simple entretien hiérarchique souvent vécu sur le mode répressif. Sa particularité est qu'il implique au final une formalisation et, donc, représente un engagement pour le manager et le collaborateur.

Les différents enjeux liés à la relation d'appréciation

Nos habitudes culturelles nous font généralement redouter et appréhender comme difficiles les situations de face à face. L'entretien d'appréciation est certainement l'un des actes de management les plus délicats. Cela tient en fait à quatre raisons :

– l'entretien d'appréciation constitue avant tout une double relation d'influence : ce qui est en jeu pour le manager est sa capacité à affirmer son pouvoir statutaire et à se faire reconnaître par l'autre dans son rôle de chef. Ce qui est en jeu pour le collaborateur est la possibilité de formuler ses demandes et d'affirmer ses intérêts et projets personnels ;

– la peur d'avoir à exprimer ou à entendre des messages difficiles à accepter psychologiquement ;

– la perception des enjeux immédiats ou futurs : obtention d'une formation, incidence sur le salaire, mutation, promotion, délégation, développement de carrière…

– les retombées en termes d'image de marque. En d'autres termes, « quelles seront les incidences de l'entretien d'appréciation par rapport à l'idée que je me fais de moi-même ». Cette remarque vaut tant pour le collaborateur que pour le manager.

Par rapport à ces différents aspects, certains managers optent délibérément pour une forme de communication familière. D'autres préfèrent maintenir une distance sociale forte. Il est possible de réussir ses entretiens d'appréciation avec des styles très différents. Ce qui importe est de considérer de façon stratégique cette relation : les intérêts du collaborateur ne sont pas forcément ceux de son manager et réciproquement. Cela n'interdit pas de faire de l'entretien d'appréciation une relation de coopération gagnante pour les deux acteurs.

Les préjugés en matière d'appréciation

Les préjugés sont en relation directe avec la représentation plus ou moins claire que se fait le manager de ses rôles et fonctions.

Ne pas se sentir concerné

Le manager, dans ce cas, ne voit pas l'intérêt pour lui et son collaborateur d'une telle pratique. Parmi les propos entendus, nous pouvons citer :

– « *Vous savez, on se voit toute l'année et mes collaborateurs savent bien ce que je pense d'eux !* »

– « *Entre les réunions et les entretiens d'appréciation, je me demande quand je pourrai effectuer mon travail* ».

Il est fréquent, dans ces conditions, d'entendre le manager demander que ce soit son propre hiérarchique qui assume cette fonction.

Se soumettre à une obligation sans en percevoir les enjeux

Voici un exemple :

« La direction du personnel m'a demandé d'avoir un entretien avec chacun de mes subordonnés. Je ne suis qu'un exécutant ».

La personne n'identifie pas clairement les enjeux pour son collaborateur... :

– faire le point,
– recevoir des encouragements,
– se voir attribuer une prime ou une augmentation de salaire,
– orienter sa carrière professionnelle,
– être reconnu pour ses mérites professionnels.

... Et pour lui-même :

– renforcer les liens avec ses collaborateurs,
– asseoir son pouvoir.

Il se soumet alors à une obligation qui consiste simplement à formaliser un certain nombre de propos sans percevoir le rôle stratégique qu'il peut jouer. Il ne fait que transmettre les demandes de ses collaborateurs ou sa propre évaluation en ignorant les retombées que cela pourra avoir.

Ne pas se reconnaître le droit de juger les autres

Cette forme de préjugé se manifeste principalement chez des personnes qui se posent des problèmes d'ordre moral. La résistance à la conduite de l'entretien d'appréciation se situe au niveau des valeurs personnelles.

Réduire son pouvoir à l'attribution de primes et d'augmentation de salaires

Voici quelques jugements qui illustrent cette forme de préjugé :

« On me demande de faire des entretiens et je ne peux rien lui promettre en fin d'année. »

« Après tout, croyez-vous que ça les intéresse ce que je pense d'eux ? »

Le manager dévalorise alors sa fonction et peut aller jusqu'à se discréditer ou à avouer son impuissance (ou pour le moins celle qu'il perçoit). Dans son esprit, évaluer est synonyme exclusivement de récompenser financièrement son collaborateur.

Évaluer la personne et non ses performances

Cette forme de méconnaissance relève de la maladresse, d'un manque d'expérience ou d'une sous-information. Elle engendre généralement chez le collaborateur :

– l'accumulation des griefs,
– le scepticisme,

– la non-acceptation des critiques et des remarques venant de son supérieur.

Ne pas savoir comment s'y prendre dans certaines situations difficiles

« J'hésite à leur faire un reproche, car je ne sais pas comment cela sera ressenti ! »

« À quoi bon leur faire un compliment, ils sont étonnés ou ne nous prennent pas au sérieux. »

Le manager se montre hésitant à mettre en œuvre certaines questions de crainte de mal faire. La cause est à rechercher essentiellement dans un manque de pratique.

Les points clés à respecter avant l'entretien

– Informez suffisamment tôt à l'avance votre subordonné de la date du prochain entretien d'appréciation pour qu'il puisse lui aussi le préparer ;

– fixez l'heure pratique (début ou fin de journée) ;

– choisissez un lieu calme et confortable ;

– mettez-vous aux « abonnés absents » ;

– préparez ce que vous allez dire et comment vous allez le dire ;

– réfléchissez aux questions et réactions possibles de votre subordonné et à vos propres réponses ;

– et surtout, faites en sorte que cet entretien soit vécu comme une situation normale et non exceptionnelle ;

– vous êtes prêts à conduire l'entretien.

Il est primordial que chacun prépare l'entretien avec soin, ce qui permettra :

– *une modification positive de l'état d'esprit dans lequel va se dérouler l'entretien.* La situation d'entretien est alors vécue comme une occasion d'échanges, d'apports réciproques ;

– *l'établissement d'une relation de coopération.* Le subordonné arrive nettement plus détendu. Il sait ce qu'il va dire et comment il va le dire. Cela lui permet d'adopter un comportement « actif » tout au long de l'entretien ;

– *un gain de temps.* Chacun sait ce qu'il a à dire, ce qui permet de diminuer les temps morts, les silences ;

– *une prise de responsabilités et d'initiatives plus aisée pour le subordonné.* De la même façon qu'il adopte un comportement plus actif au cours de l'entretien, il va hésiter moins à en faire de même dans sa fonction.

Les phases de l'entretien d'appréciation

L'accueil

Les enjeux de ce type d'entretien étant importants, le collaborateur arrive souvent « tendu », « inquiet » quant au déroulement de l'entretien. Le responsable doit donc tout d'abord chercher à rassurer son collaborateur :

– détendre l'atmosphère,

– l'installer confortablement,

– se montrer soi-même détendu.

Il le rassurera également en lui représentant la structure de l'entretien :

– rappel des objectifs,

– rappel des enjeux,

– précision de la durée de l'entretien,

– définition des différentes phases de l'entretien.

Le collaborateur sait ainsi :

– où l'on va,

– comment on y va,

– le rôle qu'il a à tenir dans cette action.

■ *Exemple :*

Le responsable : « M. Dupont, je vous rappelle que l'objectif de cet entretien consiste à :

- faire le bilan de vos actions durant l'année écoulée, en dégager les points forts et les points faibles, définir ensemble ce qu'il est possible de faire pour améliorer vos points faibles. Puis, ensemble, nous définirons pour l'année à venir vos objectifs et leurs critères d'évaluation, l'impact de vos résultats par rapport au salaire, votre évolution de carrière. Tout cela sera formalisé dans un formulaire que nous cosignerons tous les deux. »

Auto-évaluation

Le responsable propose ensuite à son collaborateur de faire lui-même l'évaluation de ses résultats. Il est important de laisser le collaborateur effectuer lui-même sa propre évaluation. En effet, chacun connaît ses points forts, ses points faibles, sait où il a été efficace, moins efficace, voire inefficace. De plus, on accepte plus aisément les critiques venant de soi que des autres. Durant cette phase de l'entretien, le rôle du responsable consiste à adopter une attitude d'écoute active, à noter les faits saillants qui avaient pu lui échapper, à comprendre pourquoi cela s'est passé de telle ou telle manière. Il doit être vigilant :

– recentrer si le collaborateur s'éloigne du sujet ;

– lui demander d'être plus précis, plus factuel, plus concis par rapport à telle ou telle situation ;

explorer la situation par des questions ouvertes s'il lui semble ne pas obtenir suffisamment d'informations pour porter un avis objectif.

Apprécier, c'est donc évaluer les résultats ainsi que les conditions qui ont permis l'atteinte ou non des objectifs. C'est aller au-delà du pur et simple constat pour analyser :

– ce qui s'est passé,

– et dans quelles conditions.

À l'issue de cette autoévaluation, le supérieur hiérarchique fait une synthèse des points exprimés par son collaborateur et lui donne en retour sa propre évaluation sur la performance réalisée.

Trouver un accord et jouer « cartes sur table »

C'est la phase la plus délicate de l'entretien. Une communication pleine et entière, dans le respect de l'Individu, est la garantie de son efficacité. À cet instant de l'entretien, le responsable doit livrer son appréciation au subordonné. Il donne son propre jugement, fait ressortir les points forts et les points faibles et donne les raisons qui l'amènent à porter cette évaluation. Le responsable hiérarchique est ici impliqué au maximum. C'est son rôle. Il doit le faire, même si cette situation peut lui sembler difficile. À lui de savoir exprimer les compliments mais aussi les critiques qui s'imposent. À lui aussi de savoir recevoir les critiques et d'en tenir compte. Rappelons, une fois encore, que l'évaluation se porte sur les résultats et non sur la personne. Il s'agit ensuite de trouver un « ajustement » quant à l'appréciation à formaliser. Cet ajustement se fait sur la base des critères d'évaluation négociés lors de l'entretien d'appréciation précédent. Une phase de synthèse partielle ponctuera cette partie de l'entretien.

Rechercher les moyens à mettre en œuvre pour améliorer les points faibles

Il s'agit ici, pour le responsable, non pas de décider autoritairement de ce qu'il faut faire, mais d'adopter, partant de l'opinion du collaborateur, une attitude de coopération. L'objectif consiste à définir, ensemble, des actions correctrices, afin :

– d'améliorer la performance du subordonné dans son poste actuel,
– de développer ses points forts et d'améliorer les points faibles.

Cela peut se concrétiser par :

– une enveloppe budgétaire plus importante,
– un apport en personnel,
– un investissement en équipements,
– une formation adaptée à ses difficultés.

Le rôle du responsable consiste à élargir l'horizon de son collaborateur en lui soumettant des propositions auxquelles il n'aurait pas songé. À l'issue de cette phase de l'entretien, le responsable vérifie que son collaborateur adhère bien aux décisions prises. Les actions correctrices décidées sont formalisées sous forme d'objectifs sur le formulaire d'appréciation.

L'engagement réciproque

Partant des résultats atteints et des moyens définis au préalable pour améliorer les points faibles, les deux interlocuteurs négocient les objectifs standards de performance ainsi que leurs critères d'appréciation pour l'année à venir. Rappelons que ces objectifs doivent respecter les intérêts de chacun. Ces objectifs sont formalisés dans le formulaire prévu à cet effet qui sera signé par les deux interlocuteurs en fin d'entretien. Cet engagement réciproque, cette coresponsabilité (le responsable est partie prenante dans la réussite de son collaborateur) sont le gage d'une efficacité accrue. Une tradition bien ancrée dans la culture française consiste à analyser minutieusement des résultats ou des situations sans pour autant en tirer des enseignements concrets. Il faut, à ce moment-là du déroulement de l'entretien, choisir entre s'interroger longuement et avec profondeur ou s'engager sur un plan d'action précis. La phase d'engagement remplit une double finalité :

– fixer avec l'intéressé les objectifs ou les résultats à atteindre pour l'année suivante,

– inviter le collaborateur à s'engager sur des contrats de progrès.

Une question revient régulièrement concernant la détermination des objectifs : « Sont-ils imposés ou négociés ? » Pour nous, ils peuvent être l'un ou l'autre. La fixation des objectifs devra faire l'objet d'une relation claire. Le collaborateur saura alors à quoi s'en tenir. Trois cas de figures peuvent se présenter :

– les objectifs sont imposés par le niveau hiérarchique supérieur. Le manager effectue certains commentaires mais veillera à ne pas susciter un sentiment de « négociable » ;

– le manager sollicite l'avis de son collaborateur car il sait pouvoir en tenir compte le cas échéant ;

– le manager accepte de négocier l'objectif avec toute la part d'incertitude inhérente à cette situation.

La seconde finalité aboutit à faire s'engager le collaborateur sur un contrat de progrès. Cette notion est sous-tendue par l'idée que si une personne maintient le même niveau de performance par rapport à l'année précédente cela équivaut à une régression de son professionnalisme. L'acceptation d'un contrat de progrès se fonde sur le respect d'une série de critères :

– le collaborateur choisit lui-même le point à améliorer,

– il sait que cela lui apportera quelque chose,

– le point est très précis et concret,

– il a envie de le faire,

– il se donne un critère de réussite,

– il fixe un délai pour faire le point.

Et demain ?

À ce stade de l'entretien, le responsable doit recueillir les sentiments et les opinions de son collaborateur concernant la façon dont celui-ci envisage son poste et son à-venir à moyen terme dans l'entreprise : quelles sont ses perspectives de carrière ? vers quels types de fonctions aimerait-il évoluer ? C'est un moment délicat pour le responsable qui doit s'attendre à faire face à des demandes de promotion, de mutation, etc. Le responsable doit donner son avis quant à ses souhaits et surtout faire des promesses réalistes (qu'il est sûr de pouvoir tenir au risque de démotiver son collaborateur). L'entretien d'appréciation est un outil de gestion du personnel. Il doit vous permettre de prévoir l'organigramme prévisionnel de votre unité, de votre service et de préparer les évolutions et les mutations.

La conclusion de l'entretien

L'entretien doit se terminer de façon positive, car il constitue la base des relations futures :

– inviter le collaborateur à donner son sentiment sur la façon dont s'est déroulé l'entretien :

– rappeler l'essentiel des constats et des décisions prises en commun ;

– réaffirmer votre disponibilité en cas de besoin ;

– définir la date de votre prochaine rencontre.

L'entretien d'appréciation est un acte de management qu'il importe de considérer de façon stratégique (les intérêts de l'un n'étant pas nécessairement les intérêts de l'autre). C'est aussi, on l'a vu, un acte de communication qui implique le manager et le collaborateur par l'intermédiaire de l'engagement réciproque formalisé en fin d'entretien. L'attitude gagnant-gagnant y est la plus efficace.

Les effets de l'entretien d'appréciation

Pour le collaborateur

– À l'issue de l'entretien, il sait ce que son supérieur pense de lui.

– Il sait ce que l'avenir lui réserve.

– Il connaît mieux son responsable.

– Il est motivé.

– L'efficacité et la qualité de son travail sont accrues.

– Il développe sa capacité d'initiatives et sa zone d'autonomie.

Pour le responsable

– Il connaît mieux son collaborateur.

– La communication sera plus aisée à l'avenir.

– Il peut prévoir l'évolution de son unité.

Partir sur une gestion saine

Pourquoi s'intéresser à la gestion au moment où l'on prend ses fonctions, surtout si l'on n'est pas soi-même gestionnaire ou financier ? Cela pourrait surprendre. Pourtant, imagineriez-vous un navigateur, même plaisancier, qui prenne la mer sur un nouveau bateau... alors qu'il ne sait pas décrypter une carte marine ! Au même titre, dans les entreprises d'aujourd'hui, chacun doit être à même de comprendre la logique et les techniques de gestion, d'en utiliser le langage et d'en mesurer les objectifs pour contribuer au développement de l'entreprise, d'autant plus lorsqu'on démarre une activité avec une nouvelle équipe. Nous aborderons successivement les différents points pratiques auxquels un nouveau manager est confronté :

- le suivi des coûts,
- le suivi des temps,
- la conception de tableaux de bord,
- l'élaboration de budgets.

... avec un postulat : la gestion *la plus efficace* est souvent *la plus simple.*

Pourquoi s'intéresser à la gestion ?

Quelle que soit leur taille, les entreprises ont aujourd'hui un point commun : la nécessité de répondre à un niveau d'exigence sans cesse accru, et ce parce qu'aujourd'hui la concurrence s'accroît à tous les niveaux. En pratique, gérer c'est choisir : choisir d'optimiser la consommation de ressources rares, en hommes, en temps, en argent, en machines, en matériaux. Gérer c'est prendre les moyens d'utiliser ses points forts. C'est, notamment, mettre en œuvre des outils de mesure pour savoir anticiper, c'est-à-dire fixer des objectifs et décider des actions à mettre en œuvre pour atteindre ses buts avec un maximum de chance de réussite. Pour cela, la démarche de gestion passe par trois phases récurrentes : observer, analyser, choisir, qu'il faut répéter inlassablement afin de développer la compétitivité et le professionnalisme. Mais, attention, cela prend du temps. Gérer représente un investissement et cela se paye. La gestion n'est intéressante que si le gain procuré est supérieur aux coûts engendrés. Pour cette raison, deux maîtres mots s'imposent : *prudence et simplicité.* En effet, une fois encore, la gestion la plus efficace est souvent la plus simple.

Suivre l'activité au quotidien

Une des responsabilités majeures de l'encadrement consiste à maîtriser les coûts et les délais. Cela revient à suivre, mesurer et évaluer les décalages entre les prévisions et les réalisations afin d'adopter ou de proposer les actions correctives qui feront face aux aléas. Le suivi ne vise donc pas à contrôler *a posteriori*, contrôle inutile qui ne ferait que constater les « dégâts », mais bien à réagir par rapport aux dérives constatées, et ce le plus rapidement possible. Le suivi va donc porter sur des objectifs préalablement définis et détaillés en matière de coût, de délais et d'avancement. Il s'appuie sur des instruments de mesure qui permettent de comparer la situation actuelle à la situation prévue. Pour traiter des outils qui vous permettent un suivi efficace, nous allons aborder successivement la mesure des coûts, puis la mesure des temps et de l'avancement des tâches.

1. Le suivi des coûts : une affaire de méthode

Il est fréquent de parvenir à un coût final plus élevé que le budget initial. On a beau cerner les coûts, l'activité d'un service ou d'une entreprise est tellement complexe qu'il est difficile de tout chiffrer.

Le suivi des coûts présente au moins deux aspects : un aspect comptable et un aspect gestion de projet.

D'un point de vue comptable, il est possible de créer un certain nombre de comptes qui permettront le suivi d'un projet ou d'une action.

La gestion de projet permet de suivre les conséquences financières de ce que l'on est en train de faire, pour autant que l'on maîtrise les éléments suivants :

– le budget initial par rapport à votre objectif,

– le budget engagé,

– ce qui est réalisé dans votre action,

– les sommes qui restent à engager.

Pour visualiser, vous pouvez alors tracer une courbe de synthèse telle que celle ci-contre, p. 109.

Dans notre exemple, vous pouvez voir que le budget engagé est supérieur aux estimations pour le niveau de réalisation du projet. Dans ce cas de figure, vous pouvez donc réestimer votre budget ou prendre toutes mesures nécessaires avant d'avoir des problèmes, par exemple, avant de manquer de moyens pour terminer l'action. La courbe de synthèse peut aussi vous servir à refléter l'utilisation de main-d'œuvre, tant il est vrai que coût et heures reflètent souvent une même réalité.

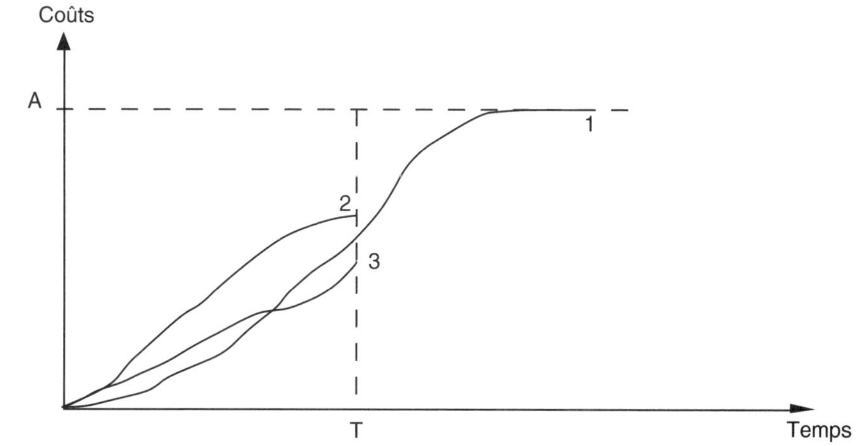

A : Budget initial
T : Date actuelle

1 : Estimation budgétaire des dépenses pour atteindre l'objectif
2 : Budget engagé
3 : Actions réalisées

2. Coûts et temps : même combat

Un problème majeur pour les nouveaux managers consiste à ne pas réagir rapidement face à une baisse d'activité ou à un ralentissement de l'avancement d'un projet. La gestion et le suivi des temps représentent une activité cruciale pour l'encadrement. Si la valeur de l'activité d'un groupe ou d'une personne peut être suivie à l'aide d'une courbe de synthèse, le suivi de l'avancement d'un projet fait appel à des outils particuliers. Dans un but pratique, nous vous en proposons deux :

– le planning des opérations,

– la fiche d'affectation des responsabilités.

Le planning des opérations

Le planning des opérations vous permet de suivre la mise en œuvre des différentes opérations ou tâches à accomplir pour atteindre votre but. De plus, il vous permet de détecter les moments stratégiques, ceux dont la suite des opérations dépend. Les plannings sont essentiels dans la course contre la montre que mène toute entreprise. Mais ils n'ont pas nécessairement besoin d'être sophistiqués. Mieux vaut un planning, simple suivi qui correspond à la réalité, qu'une usine à gaz qui n'y correspond pas. Pour cette raison, nous vous proposons une démarche « simple » en trois étapes :

1) définir le but à atteindre, de façon concrète ;

2) lister les tâches ou les opérations à mettre en œuvre, c'est-à-dire :

– les identifier,

– définir un degré commun de précision,

– vérifier l'homogénéité du niveau de détail de chacune des tâches ;

3) classer les tâches par ordre chronologique.

Vous pouvez alors créer un tableau tel que celui ci-dessous ou vous indiquerez dans la colonne de gauche les diverses tâches et cocherez la case correspondante au jour où elles doivent être exécutées. Si des travaux s'étalent en une période de plusieurs jours, cochez autant de cases que de jours considérés. Un outil aussi simple que celui-ci vous permet de suivre efficacement une activité et de réagir rapidement en connaissance de cause au premier indice de dérapage.

PLANNING DES OPÉRATIONS

Tâches ↓ Jours →	1	2	3	4	5	6	7	8	9	10	11	12	13	14	15	16	17	18	19	20	21	22	23	24	25	26	27	28	29	30	31

Prévision intelligente = Gain de temps

La fiche d'affectation des responsabilités

Vous avez mis en place un planning des opérations pour suivre l'évolution des tâches. Mais si les délais et les responsabilités n'ont pas été affectés à l'avance, prenons le pari que, en cas de dérapage, il y aura des moments de flottement. Pour faciliter le suivi des opérations, nous vous proposons de compléter votre planning par une fiche d'affectation des responsabilités.

Comment faire ?

1) reprendre la liste détaillée des tâches de chaque étape du planning d'opération ;

2) créer un tableau de ce type et noter les informations pertinentes ;

3) être attentif aux observations car elles peuvent vous fournir les éléments nécessaires à vos ajustements.

Tâches	Responsable de l'exécution	Délais	Observations

3. Mesurer pour anticiper

Gagner en réactivité est une préoccupation majeure dans l'entreprise d'aujourd'hui. Pour ce faire, il faut un système d'information efficace qui permette de progresser sur les critères de performance de l'entreprise. Rappelons qu'un manager passe environ 70 % de son temps à manipuler de l'information et le tiers de ce laps de temps à exploiter cette information comme aide à la décision [1].

Devez-vous avoir un tableau de bord ?

Tout le monde s'accorde à considérer qu'un outil de mesure de l'activité est indispensable. Sans eux il n'y a pas d'anticipation, de mesure ou de suivi possible, parce qu'il n'y aurait pas de connaissance des données et pas de comparaison entre le réalisé et le prévu ou entre le résultat et la norme. De plus, les tableaux de bord offrent d'autres avantages dans le fonctionnement de l'entreprise, comme, par exemple, de former des collaborateurs opérationnels à l'approche du pilotage, d'assurer un dialogue politique avec la hiérarchie ou de révéler des solutions auxquelles on ne pense plus... Mais si vous interrogez deux responsables d'une même fonction dans une même entreprise et, *a fortiori*, dans des entreprises différentes sur le contenu et la forme de l'outil qu'ils désirent pour anticiper, mesurer et suivre l'activité, vous obtiendrez des réponses différentes. Les opinions sur l'usage qu'il faut faire et la nature des informations que doit contenir cet outil varient considérablement. Une chose est sûre, l'outil doit être personnalisé. On peut donc dire « autant de managers, autant de tableaux de bord », puisque c'est d'abord un outil de gestion qui doit être orienté vers l'action et donc personnalisé.

1. Étude IBM France et Bureautique SA.

Définissons ce que l'on entend par tableau de bord. Pour cela nous utiliserons l'image classique du tableau de bord d'une voiture ou d'un avion, commode car le système mis sous contrôle est plus simple qu'une entreprise pour de multiples raisons, dont la principale est qu'il n'y a pas d'hommes en jeu. C'est un ensemble de cadrans donnant des indications sur un certain nombre de paramètres censés refléter l'état de fonctionnement du système que constitue l'auto ou l'avion.

Remarquons d'emblée :

– qu'il y a des indicateurs globaux et d'autres plus détaillés. Exemple : vitesse linéaire et compte-tours ;

– qu'ils ne sont pas tous regardés en même temps avec la même fréquence ;

– qu'il y en a plus ou moins selon la complexité et le degré de performances du véhicule et aussi du conducteur. Une 2 CV et une Ferrari ont des tableaux de bord différents. Un conducteur qui désire conduire son véhicule près de l'optimum aura un compte-tours ;

– qu'ils sont choisis en fonction de l'importance du paramètre qu'ils mesurent sur le résultat, qui est de maîtriser le véhicule.

Ces remarques sont transposables pour le *tableau de bord* d'une équipe.

BUTS D'UN TABLEAU DE BORD

C'est un outil de mesure qui procède par comparaison : réalisé/prévu ou résultat/norme.

Le tableau de bord mesure les valeurs réelles d'un certain nombre de paramètres et les compare à des références. Sans référence, on ne fera que constater une situation. Celui-ci doit permettre d'identifier les anomalies et d'agir en prenant des mesures correctives. Il n'y a pas de tableau de bord sans référence à des objectifs ou à des prévisions.

C'est un outil de diagnostic. Il faut donc mettre en évidence dans le tableau de bord :

– les paramètres susceptibles de varier sans qu'on s'en rende compte (exemple : une baisse de la production doit se traduire par une diminution des consommations...) ;

– ce qui ne marche pas comme prévu : c'est le principe de gestion par les exceptions. Ces indicateurs doivent mettre en évidence les anomalies. On doit compléter l'indicateur par des *plages de tolérance* admises pour la variation d'un paramètre autour de l'objectif.

L'amplitude de la tolérance sera fonction de la répercussion de la variation du paramètre sur les résultats de l'entreprise.

TROIS ZONES SONT À PRÉVOIR :

– zone verte : performance correcte

– zone jaune : performance à surveiller

– zone rouge : performance préoccupante, des mesures correctives sont à prendre.

C'est un outil de dialogue et de délégation.

Le tableau de bord est le moyen de communication écrite des réalisations comparées aux objectifs. Il doit permettre le dialogue et la réflexion en groupe : analyse des causes, recherche de solutions, prise de décision.

Pour cela, les tableaux de bord des managers doivent s'enchaîner de l'analytique au synthétique en montant dans la hiérarchie.

Un tableau de bord se conçoit

Comme nous l'avons vu précédemment, le tableau de bord répond à un double objectif :

– disposer d'un outil de contrôle de la performance afin de permettre un dialogue avec la hiérarchie ;

– disposer d'un outil de pilotage et d'aide à la décision.

Il doit donc être simple et facile à utiliser. Ne perdons pas de vue que son but est de permettre au manager de prendre conscience d'écarts par rapports aux objectifs et de mettre en place des mesures correctives pour atteindre le ou les objectifs fixés. Pour cela, encore faut-il que le manager :

– connaisse les moyens de corriger les écarts,

– dispose des moyens d'action,

– soit décidé à agir.

Les critères et les indicateurs à retenir

Les informations figurant sur le tableau de bord doivent se concentrer sur l'essentiel et seulement sur l'essentiel : missions, objectifs, paramètres clés de la performance. En priorité, le tableau de bord doit pouvoir permettre de contrôler les «points clés». On appelle point clé un paramètre ayant une influence importante sur les objectifs principaux de l'entreprise et sur lesquels le manager a un pouvoir d'action.

Aller à l'essentiel a pour but d'éviter un gonflement des tableaux de bord, ce qui submerge alors les responsables et noie les points importants dans le détail. Le tableau de bord doit contenir des informations de trois grandes natures :

– activité de l'équipe ou du service (productivité, présence…),

– coûts de revient (matière, énergie…),

– efficacité (délai, qualité...).

Les indicateurs retenus doivent être :

– *simples*. Il faut sélectionner les informations justes nécessaires à un type de décision et éviter l'information tout azimut, ils doivent faciliter le dialogue ;

– *globalisés*. Pour synthétiser les informations ;

– *chiffrables*. Sans contestation ;

– *structurés.* Selon les objectifs retenus.

– *décomposés.* En indicateurs permanents et indicateurs centrés sur des actions de progrès.

L'ÉLABORATION D'UN TABLEAU DE BORD MANAGÉRIAL PEUT SE FAIRE EN POSANT LES NEUF QUESTIONS SUIVANTES POUR CHACUNE DES RUBRIQUES RETENUES :

1. Correspond-elle à un objectif chiffré, daté et accepté ?

2. Permet-elle de définir des actions correctives ? Si oui, lesquelles ?

3. L'information retenue a-t-elle une valeur prévisionnelle ? Sinon, reste-t-elle une information intéressante en tant que telle ?

4. À partir de quand l'indication fournie révèle-t-elle une situation anormale ?

5. La fréquence de la rubrique cadre-t-elle avec le délai de prise de décision ?

6. Si l'information fournie révèle un mauvais fonctionnement du système, peut-on remonter vers des causes en partant de cette rubrique ?

7. L'information est-elle saisie de manière bien définie, est-elle fiable ?

8. La rubrique est-elle présentée sous la forme la plus facile et la plus rapide à lire ?

9. Faut-il un travail important pour la saisir et la mettre à jour ?

Autres informations à faire figurer

Il est conseillé d'indiquer sur le tableau de bord les décisions prises pour faciliter les interprétations ultérieures.

Fréquence de sortie

D'une manière générale la fréquence de sortie d'une information doit correspondre à la durée minimale nécessaire pour que le paramètre mesuré varie sous l'action du responsable à qui l'on donne l'information. Prenons deux illustrations :

– l'ouvrier qui conduit une presse dispose en permanence d'un indicateur de pression car il peut agir sur elle en permanence ;

– le chef de service dispose d'un planning hebdomadaire car il suit l'exécution des travaux distribués par rapport à son plan de travail.

Nous avons vu qu'un outil de pilotage adapté donne des avantages au nouveau manager. Il lui permet de :

– se centrer sur ses objectifs prioritaires ;

– mesurer et analyser les écarts entre les objectifs et leur réalisation, et modifier la trajectoire pour atteindre l'objectif fixé ;

– faire une comparaison systématique par rapport à une référence (objectif, période précédente) ;

– avoir l'information dans un délai cohérent avec l'urgence des décisions ;

PERSONNALISATION DU TABLEAU DE BORD

Domaine	Préoccupations	Indicateurs utilisés	Fréquence de la mise à jour	Support (*) information			Exploitation			Support utilisé pour le suivi		Observations
				E	C	M	Niv. vert	Niv. jaune	Niv. rouge	Graph.	Tabl.	

(*) E = existe ; C = à créer ; M = à modifier

– mettre en évidence les points clefs internes et externes de la performance de l'unité ;

– disposer d'un instrument d'alerte,

– orienter la recherche d'actions correctives ;

– disposer d'un instrument de dialogue avec le reste de l'entreprise.

4. Faire des prévisions budgétaires

Précédemment, nous nous sommes dotés d'un moyen de suivre l'activité de l'entreprise. La comparaison des résultats obtenus avec les prévisions permet de gérer au plus près l'activité pour gagner en réactivité. Maintenant, nous allons voir comment vous pourrez réaliser des prévisions utiles, c'est-à-dire :

– s'intégrant dans le cadre d'un objectif précis,

– cohérentes entre elles,

– structurées en budget.

Pour tout nouveau manager, avoir une bonne prévision budgétaire au niveau d'un service c'est déterminer ce que l'on peut faire avec ce budget et suivre les coûts réels par rapport au budget. Faire de la gestion prévisionnelle, c'est avoir une attitude active qui consiste à tenter de connaître le futur pour pouvoir éventuellement l'infléchir.

Un budget se construit

Pour bien faire quelque chose, il faut savoir ce que l'on fait. Aussi, nous répondrons d'abord à la question : « Qu'est-ce qu'un budget ? » Un budget est une prévision chiffrée de tous les éléments correspondant à un programme déterminé. Cette définition généraliste a le mérite de déterminer de façon claire la fonctionnalité d'un budget ou d'un plan d'action valorisé. L'élaboration d'un budget prévisionnel passe par quatre étapes :

– définir un objectif ;

– réunir l'ensemble des information et les classer chronologiquement en plan d'action ;

– déterminer les moyens physiques nécessaires à ce plan d'action ;

– valoriser ces moyens pour établir une prévision cohérente.

Objectifs

↓

Plan d'action

↓

Moyens physiques

↓

Valorisation des moyens = budget

Les sources d'informations sont internes et externes

Pour tenter de connaître le futur, il est indispensable de réunir certaines informations sur le passé et le présent. Celles-ci proviennent :

– *de l'environnement de l'entreprise* (évolution de la conjoncture, environnement géographique, orientation du marché, prix des matières premières...),

– *de l'intérieur de l'entreprise* (chiffre d'affaires, coûts spécifiques, capacité de production, productivité...).

Les prévisions de ventes dépendent, pour une large mesure, d'informations externes. Les prévisions de coûts dépendent, pour leur part, essentiellement d'informations internes.

On ne s'étonnera donc pas que les prévisions de coûts sont généralement plus proches de la réalité que les prévisions de ventes.

Connaître l'environnement extérieur permet de mieux apprécier l'évolution

Le chiffre d'affaires d'une entreprise constitue son nerf vital. Il est donc important, dans le cadre d'un budget prévisionnel, de bien estimer le montant des ventes – ou des prestations refacturées – et, pour cela, de s'attacher à réunir toutes les données externes disponibles. Cette compilation d'informations a un nom : c'est l'étude de marché. Rapprochée des informations internes (ventes antérieures, caractéristiques et âge du produit...), elle permet, ensuite, d'établir le budget prévisionnel des ventes. L'étude de marché permet d'appréhender des informations qualitatives et quantitatives sur l'environnement de l'entreprise. Elle doit permettre de connaître sur le plan qualitatif :

– la durabilité du marché : est-il en phase de croissance ou de déclin ? quel est l'avenir du marché ?

– l'homogénéité du marché : est ce que le marché (ou segment de marché) permet le développement du projet de l'entreprise ?

– les attentes des clients : la réponse aux attentes des clients est la clé de la réussite de toute opération commerciale. Il est donc indispensable que le concept que l'on veut développer offre une réponse personnalisée au client en termes de qualité et de service.

Sur le plan quantitatif, elle doit permettre d'évaluer :

– la clientèle potentielle, c'est-à-dire de connaître le nombre de personnes susceptibles de devenir client,

– le budget de la clientèle : quel prix les clients sont prêts à mettre pour disposer du produit ?

L'étude de marché est une étape indispensable, que le produit existe déjà ou pas. Elle peut ne pas être formalisée si le marché est bien connu de l'entreprise et, plus particulièrement, lorsque le produit existe déjà. Mais il ne faut pas l'éluder. Ne pas s'interroger sur le positionnement du produit sur son marché, c'est à coup sûr se tromper sur ses prévisions de ventes.

La comptabilité est une source d'information interne essentielle

La comptabilité d'une entreprise permet d'obtenir l'essentiel des informations internes nécessaires à l'établissement d'un budget prévisionnel. Mais elle n'est pas toujours organisée pour répondre à ce besoin. En effet, le premier but de la comptabilité est d'organiser l'information financière de l'entreprise afin :

– d'enregistrer et classer des données de base chiffrées,

– de fournir des états reflétant une image fidèle de la situation et des opérations de l'entreprise.

Cette comptabilité, c'est la comptabilité générale. Elle sert à établir les comptes annuels de l'entreprise, à déterminer son patrimoine. Si l'organisation de la comptabilité générale est efficace pour s'assurer de l'exhaustivité des produits et des charges de l'entreprise, elle ne permet pas de connaître directement les coûts de chaque fonction de l'entreprise (approvisionnement, production, commercialisation, administration, direction...). Aussi, de nombreuses entreprises disposent en parallèle d'une comptabilité analytique qui leur permet d'obtenir ces informations. Disposer d'une comptabilité analytique apporte un confort appréciable pour établir un budget prévisionnel. En effet, les éléments constitutifs du coût d'une fonction sont déjà prédéterminés. Sinon, il faut le faire soi-même et aller rechercher dans l'ensemble des informations de la comptabilité générale celles qui sont utiles au budget prévisionnel.

Quelques règles générales d'élaboration d'un budget

Avoir des informations disponibles, c'est bien. Encore faut-il pouvoir les exploiter efficacement. Nous allons dans les lignes qui suivent vous donner une méthodologie qui peut vous servir de ligne directrice si vous devez établir un budget.

Définissez les objectifs du budget

Prévoir, c'est avant tout savoir où l'on veut aller. Il est donc indispensable de définir les objectifs *quantitatifs* auxquels votre budget doit faire face.

– *Est-ce que ce sont des objectifs de volume ?* Par exemple, vous avez une production déterminée à réaliser, et on vous demande d'en évaluer le coût.

– *Est-ce que ce sont des objectifs financiers ?* On vous a attribué un budget financier de 20 000 F pour réaliser une étude. Vous devez organiser et choisir vos dépenses pour ne pas dépasser ce budget.

Il vous est aussi nécessaire de connaître les objectifs *qualitatifs* du budget.

– *À quoi votre budget est-il utile ?* On vous octroie un budget de recherche. Vous devez aussi proposer les axes de développement possibles et leur finalité.

– *Le budget que l'on vous demande est-il global ou partiel ?* Il vous faut savoir si vous devez tenir compte uniquement des frais externes à l'entreprise, si vous devez prendre en compte ou valoriser le temps du personnel de l'entreprise ou bien encore, si vous devez tenir compte de tous les frais directs et indirects. Ce n'est que lorsque l'ensemble de ces objectifs est clairement défini que vous disposez des règles du jeu pour établir votre budget.

Recherchez tous les éléments constitutifs du budget

Un budget c'est la réunion et l'organisation d'un ensemble de coûts individuels. Aussi, un budget doit s'établir à partir d'éléments détaillés. Allez dans un premier temps le plus possible dans le détail. Ainsi, par exemple, pour faire un budget de production, définissez une unité de référence (un produit fini ou bien cent, mille) et recherchez la matière première nécessaire et les temps de production. Pratiquement, vous pouvez suivre le processus chronologique des opérations comprises dans le budget. C'est généralement la meilleure méthode pour s'assurer de l'exhaustivité des données recueillies.

Déterminez les coûts de chaque élément

Une fois que les quantités du budget sont définies, il faut les valoriser. Ces informations financières se trouvent le plus souvent dans la comptabilité. Le coût des matières premières, de la sous-traitance, des études externes se retrouve sur les factures. Le coût de la main-d'œuvre se détermine à partir des salaires et des charges sociales et fiscales. Le coût des matériels de production est inscrit sur les tableaux d'amortissement. Une valorisation en collaboration avec les services comptables constitue certainement le moyen le plus rapide et le plus efficace pour obtenir un budget fiable.

Organisez votre budget

Quantifié, valorisé, le budget n'est pourtant pas terminé. Il doit aussi être évolutif. Son organisation est indispensable pour une bonne lecture. Un budget doit être exploitable par quelqu'un d'autre que celui qui l'a établi. Pour cela, il est fréquent de distinguer :

– les charges fixes des charges variables,

– plusieurs hypothèses d'activité ou de volume.

La distinction entre les frais fixes et les frais variables permet d'envisager aisément plusieurs niveaux d'activité. Les charges fixes sont, par exemple, dans un budget de production, l'amortissement du matériel ou les charges de personnel dans un créneau d'activité donné. Les charges variables sont les matières premières, l'énergie utilisée (électricité, carburants), les frais d'entretien du matériel. La difficulté est de déterminer le critère de la variabilité. On retient en général soit le volume de production, soit le chiffre d'affaires. Il est, bien sûr, possible de définir d'autres facteurs. Il faut se rappeler encore qu'un budget est un document d'entreprise. Il doit être structuré pour être efficace. Sa présentation suit généralement le schéma de présentation suivant, qui associe le détail du budget au débat sur les objectifs :

– analyse des performances de la période écoulée,

– principaux objectifs de la période à venir,

– plan d'action sur les objectifs majeurs,

– risques et opportunités sur l'atteinte des objectifs,

– moyens nécessaires,

– valorisation des moyens (budget),

– un avis sur la réalisabilité du budget, les risques et les opportunités.

Un budget bien fait et bien présenté est un outil exploitable et reconnu.

Un budget bien fait et mal présenté n'est jamais apprécié à sa juste valeur, même si les informations sont pertinentes. Mais, attention de ne pas confondre la finalité avec les moyens et de se laisser piloter par le budget. Le budget, dans l'acceptation comptable, ce sont les moyens valorisés. Il est au service de l'atteinte des objectifs et pas l'inverse. Les moyens n'ont de sens que par rapport aux objectifs à atteindre. Pourtant, les opérationnels sont souvent des experts dans le domaine de la gestion budgétaire, le fin du fin consistant non pas à dépenser plus (vécu comme un mauvais manager), non pas à dépenser beaucoup moins (vécu comme un mauvais manager car le budget de l'année suivante va être diminué pour son service) mais à montrer que l'on a fait un effort en réalisant 98 % du budget, coûte que coûte ! Une position qui devient de plus en plus risquée actuellement.

Manager les ressources humaines

exposé 7

La pratique de la gestion des ressources humaines a pour objectif :
- d'améliorer l'efficacité de l'équipe,
- de mieux répondre à l'évolution des mentalités et des attentes des collaborateurs,
- de favoriser l'implication des collaborateurs en répondant aux nouveaux besoins,
- de spécifier les besoins en compétences,
- de mieux dialoguer avec la direction des ressources humaines.

La qualité du management des ressources humaines se construit au quotidien et, plus que jamais, les premiers acteurs en sont les responsables opérationnels. D'après une enquête sur la gestion des ressources humaines [1], la fonction RH est de plus en plus partagée entre les membres de la direction des ressources humaines et les responsables des unités opérationnelles. Mais intervenir sur le système d'appréciation, le développement des compétences, la mobilité professionnelle, le recrutement et les rémunérations demande de maîtriser un ensemble de références, de connaissances et de savoir-faire qui ne font pas toujours suffisamment partie du cœur des compétences managériales. Ce septième exposé a donc pour objectif de développer quelques savoirs et savoir-faire indispensables en gestion des ressources humaines pour permettre à tout responsable opérationnel de tenir son nouveau rôle dans la gestion des ressources humaines. Nous aborderons donc successivement les éléments dont vous aurez besoin pour :
- recruter et intégrer ;
- déterminer l'enjeu de la mobilité et de l'employabilité dans votre entreprise ;
- diagnostiquer les compétences ;
- détecter les potentiels ;
- expliquer la politique de rémunération.

1. Enquête « Ressources humaines CEGOS » 1995, réalisée auprès de 145 entreprises de plus de 200 personnes.

1. Recruter et intégrer

Recruter coûte cher. Il s'agit donc de ne pas faire d'erreur. La démarche de recrutement est un élément essentiel de la politique des ressources humaines de l'entreprise. Elle peut, en effet, influencer l'état du potentiel humain d'une unité dans des directions totalement contraires. Généralement, la direction des ressources humaines pilote l'ensemble du processus de recrutement mais, comme le recrutement reste avant tout un acte de management, la décision finale appartient le plus souvent aux responsables hiérarchiques. Recruter, c'est trouver la meilleure adéquation entre les besoins des entreprises et les offres du marché du travail. Les étapes d'un recrutement sont nombreuses et l'encadrement n'y intervient en règle générale qu'aux premières et aux dernières phases, c'est-à-dire pour demander un recrutement, définir la fonction, confirmer la décision, intégrer le « nouveau ».

Les étapes d'un recrutement

1) Démarche de recrutement (intervention de la hiérarchie)
2) Définition du poste + DRH
3) Choix des canaux du recrutement (intervention de la hiérarchie)
4) Choix des sources du recrutement
5) Campagne de recrutement
6) Sélection des candidatures
7) Décision d'embauche (hiérarchie directe)
8) Intégration + DRH

Décider de procéder à une embauche nécessite de pouvoir répondre au préalable, de façon précise, à quelques questions clés : pourquoi je recrute ? pour faire quoi ? pour arriver où ? ce poste nécessite-t-il une personne extérieure à l'entreprise ?

Chaque encadrant, avant de lancer un recrutement, doit se poser les deux questions suivantes : faut-il vraiment recruter ? peut-on recruter en interne ?

Faut-il vraiment recruter ?

Le manager doit répertorier les autres solutions avant de prendre sa décision :
- Peut-on organiser les tâches différemment ?
- Peut-on sous-traiter ?
- Peut-on lier l'activité à une autre ?
- Peut-on enrichir le travail des subordonnés ?
- Peut-on modifier l'organisation existante ?
- Peut-on alléger les procédures actuelles ?
- Peut-on supprimer des activités secondaires ?

Si la réponse est non, il faut remplacer ou recruter.

Peut on recruter en interne ?

Intérêt :
- gestion des carrières,
- coût réduit (sauf si le problème est « décalé »),
- intégration plus facile.

Difficultés (que de freins !) :
- *a priori* des hiérarchies (idées reçues),
- vive l'œil neuf !
- « règlements de comptes »,
- recherche du « mouton à 5 pattes ».

Une définition claire de la fonction à pourvoir est donc indispensable :

– pour rédiger l'annonce,

– pour préparer efficacement l'entretien.

Définir le poste et le profil

Le responsable hiérarchique définit le poste à pourvoir. Cette définition lui permet de réfléchir sur l'objet du poste, les limites des responsabilités, les conditions de réussite. Il établit également le profil du candidat qui consiste à lister les compétences nécessaires pour tenir le poste (compétences techniques, humaines...).

Les points-clés d'une définition de fonction

1 - Désignation de la fonction

2 - Situation de la fonction de l'organisation
– quels sont les liens hiérarchiques ?
– quels sont les liens fonctionnels ?

3 - Les articulations de la fonction
– quelles sont les « entrées » et les « sorties » de la fonction ?

4 - Missions de la fonction
– si cette fonction n'existait pas, que manquerait-il au service, à l'entreprise ?

5 - Responsabilités afférentes
– quelles sont les responsabilités inhérentes à la fonction ?

6 - Les principales activités
– à quoi le titulaire de la fonction passe-t-il du temps ?

7 - Quelles qualités doit faire naître le postulant
– en termes de compétences techniques
– en termes d'organisation personnelle du travail
– en termes d'aptitudes humaines.

Des réponses précises et claires à ces questions permettent au responsable d'encadrement de savoir ce qu'il attend vraiment du « futur embauché » et donc de brosser un certain profil de poste. Au cours de l'entretien, le responsable pourra apprécier l'adéquation de l'individu par rapport au profil défini.

Mener l'entretien de recrutement

L'entretien doit être adapté à chaque cas, en fonction de la personnalité du candidat, des circonstances, du poste à pourvoir. Pourtant un certain nombre de thèmes doivent obligatoirement être abordés pour se faire une opinion assez complète. Chacun des thèmes pourra être plus ou moins approfondi suivant les cas. Les questions ne doivent pas être lues, mais doivent être posées spontanément. Le candidat ne doit pas avoir l'impression qu'il répond à un questionnaire. L'interviewer peut prendre des notes devant le candidat, mais ne doit pas donner l'impression qu'il remplit une fiche, car cela bloquerait la spontanéité du candidat et ralentirait les échanges du dialogue. Il est vivement recommandé d'attendre que le candidat aborde lui-même les thèmes à explorer. Il est facile de compléter l'information spontanée par des questions supplémentaires. La première exploration objective du candidat se fait sur la base du CV. L'interviewer se permettra donc de compléter l'information grâce au jeu de questions qui abordent les thèmes suivants : la formation, l'expérience professionnelle, les compétences professionnelles, les caractéristiques personnelles, les renseignements divers.

Nous allons voir ci-après les différentes étapes de recrutement.

Définition des objectifs

L'entretien d'embauche constitue sans nul doute le moment le plus crucial et le plus déterminant du processus de recrutement. Il poursuit deux objectifs :

– informer le candidat sur l'entreprise en général et sur le poste à pourvoir en particulier ;

– permettre au recruteur de compléter son information sur le candidat et de se faire une opinion plus « concrète ».

Accueil

L'entretien d'embauche est une situation difficile pour le postulant qui se trouve dans une situation de « tout ou rien ». Cette situation l'amène souvent à être prudent, à minimiser dans un sens comme dans l'autre ses réactions (qu'elles soient verbales ou non verbales). Mettre à l'aise le postulant le plus rapidement possible est donc essentiel. Il pourra ainsi s'exprimer plus authentiquement et plus exhaustivement (complètement). Cette première phase de l'entretien est sans nul doute la plus importante. Le premier contact laisse une trace prégnante et conditionne la plus ou moins grande qualité de la relation future. Les deux interlocuteurs se « jaugent », s'évaluent très vite. Chacun interprète les attitudes, teste les réactions de l'autre. Il convient donc de « peaufiner » cette première phase, puisque c'est d'elle dont dépendent l'ambiance, le ton, la qualité et par conséquent l'efficacité de l'entretien. D'aucuns penseraient que nous exagérons. Pourtant, les entretiens « stress » son encore fréquemment utilisés, surtout dans cette situation spécifique. Nous vous conseillons à l'inverse de créer un climat de confiance et de coopération : se présenter, mettre à l'aise, détendre l'atmosphère (parler de la pluie et du beau temps, proposer un café, offrir une cigarette sont des moyens simples pour y arriver).

Identification

Son objectif est de recueillir le maximum d'informations concernant le postulant. Le recruteur commence, en général, par les « questions classiques » : nom, prénom, âge, situation familiale, formation initiale, etc. Ces « questions classiques » dont le recruteur a normalement déjà les réponses (avec le curriculum vitae) correspondent à ce que nous appellerons un « rituel » dans l'entretien d'embauche. Elles ont d'ailleurs également pour but de permettre au postulant de prendre la parole sans risque majeur et participent, de ce fait, à sa mise en confiance. Précisons cependant qu'il ne s'agit pas uniquement d'interviewer pour se faire confirmer les informations du curriculum vitae. Il s'agit d'aller au-delà. Les informations fournies doivent être considérées comme une « base de travail », comme une ouverture pour approfondir les motivations du candidat et appréhender sa personnalité.

Appréhender la personnalité et cerner les motivations du postulant

C'est, vous l'avez compris, la phase clé de l'entretien. On a mis le candidat en confiance, on l'a rassuré, il s'agit maintenant de savoir qui il est, c'est-à-dire ce qu'il sait faire, ce qu'il aime faire, ce qu'il veut faire. Précisons que ni l'un ni l'autre des interlocuteurs ne sont dupes. Cela fait partie des règles du jeu.

À ce stade de l'entretien, le recruteur adopte un style non directif : il pose des questions ouvertes (en choisissant ainsi les thèmes), il se met en position d'« écoute active », il laisse parler sans interrompre, il reformule pour relancer, etc. Les questions types sont du style : « Parlez-moi un peu de vous » ou « Quelles sont les raisons qui vous ont amené à postuler chez nous ? » L'utilisation des questions ouvertes est ici importante. Elle permet de mieux connaître le candidat par la manière dont il va organiser sa pensée, structurer son discours, etc. Le recruteur doit être vigilant à la manière dont le candidat évalue ses compétences, au regard qu'il porte sur son expérience, au bilan qu'il en tire. Autrement dit, a-t-il de l'estime pour lui-même ou pas ? Le recruteur doit travailler sur deux registres à la fois : le fond et la forme.

Le fond :	*La forme :*
- ce que dit le postulant	- les attitudes
- le choix des idées	- la voix
- le choix des mots	- le débit
- etc.	- le regard
	- etc.

Le discours non verbal du candidat est, dans ce type d'entretien, aussi important que les mots eux-mêmes. Le corps est porteur de sens tout autant que les mots. Un changement de ton, une modification de l'attitude, l'expression d'un regard sont aussi expressifs qu'un long discours. Le recruteur doit donc vérifier qu'il existe une congruence (une concordance) entre les mots et les actes, les gestes du postulant. Vous connaissez un peu mieux le postulant, vous allez maintenant lui présenter le poste.

L'entreprise et le poste

Le manager-recruteur informe le candidat sur l'entreprise en général (nature des produits ou des services, nombre de personnes, la culture de l'entreprise, les règles de fonctionnement internes, les procédures, etc.). Puis, il informe le candidat sur le poste.

Il s'agit pour le recruteur de reprendre les éléments de définition de fonction qu'il a dû préparer lors de l'évaluation des besoins, c'est-à-dire la situation de la fonction dans l'organisation, les articulations de la fonction, les missions, les responsabilités afférentes, les principales activités, les qualités requises. La difficulté majeure pour le recruteur à cette étape consiste à savoir doser l'information qu'il va donner : ni trop au risque de noyer le candidat, ni trop peu au risque d'obliger le candidat à aller « à la pêche » aux informations et à ne pas disposer d'éléments suffisants pour prendre une décision adaptée.

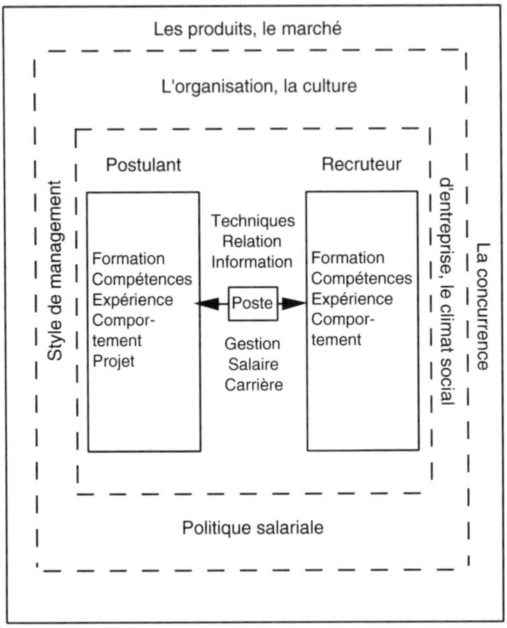

Partant du contexte général de l'entreprise sur le marché, il s'agit d'aller au particulier, c'est-à-dire de situer le poste dans l'entreprise, le service, l'unité... Durant cette phase de l'entretien, le recruteur sera attentif quant aux points suivants :

– Le candidat est-il passif par rapport aux informations fournies ?

– Pose-t-il des questions et de quelle façon ?

– Cherche-t-il à reformuler vos propos pour vérifier sa bonne compréhension ?

– Sa recherche d'informations est-elle méthodique ou brouillon ?

– Les questions qu'il pose montrent-elles qu'il a saisi l'essentiel de la fonction ?

– Se projette-t-il dans l'avenir comme s'il était déjà en poste ?

– A-t-il bien saisi les contraintes de la fonction ? Cherche-t-il à deviner ce que vous voulez pour s'y conformer ou parle-t-il de la fonction telle qu'il la voit ?

– Etc.

La façon dont le postulant va réagir aux informations, le nombre de questions, leur pertinence sont, on le voit, autant d'informations et de réponses données par le postulant au recruteur. Tout en répondant clairement aux questions posées par le candidat, le recruteur doit donc être à même de prendre du recul par rapport à ce qu'il vit, pour évaluer l'efficacité et la pertinence de la stratégie utilisée par le candidat. Cette étape de l'entretien est donc, bien plus qu'on ne pourrait le penser *a priori*, une étape d'échanges d'informations !

La dernière chance

Cette phase plutôt non directive doit permettre au postulant d'affiner son image, de poser les dernières questions « intelligentes » susceptibles de le sauver du « purgatoire ».

« Désirez-vous d'autres informations ? »

ou

« Auriez-vous encore en tête des interrogations qui ne trouveraient pas de réponses ? »

C'est également à cet instant que le recruteur va pouvoir recueillir l'avis du candidat par rapport au poste proposé.

La conclusion

Le manager-recruteur a normalement suffisamment d'éléments pour apprécier aussi finement que possible si le candidat s'adaptera à l'entreprise et réussira dans sa fonction. Son rôle consiste à faire une synthèse des informations recueillies et à situer autant que faire se peut le candidat par rapport aux autres postulants. Pour cela, il est préférable de jouer « cartes sur table » plutôt qu'au « chat et à la souris »,

LES ÉTAPES CLÉS D'UN ENTRETIEN DE RECRUTEMENT

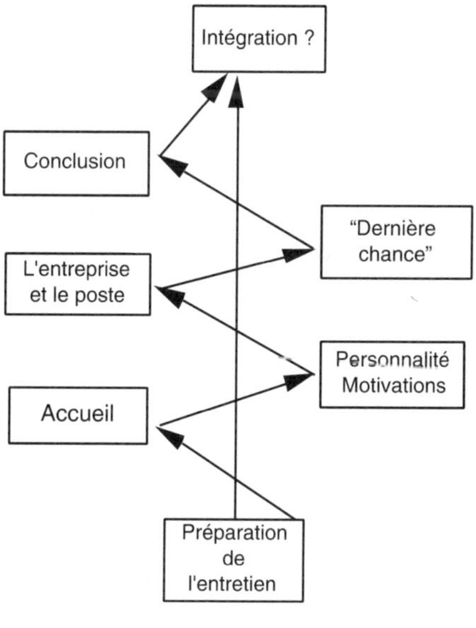

c'est-à-dire exprimer selon vous les points forts, les points faibles du candidat, vos impressions. Conclure l'entretien de façon positive et informer le candidat sur la suite probable et son déroulement. Enfin, il nous semble intéressant, quand cela est possible, de prolonger l'entretien de recrutement par la présentation du « futur nouvel embauché » à ses futurs collègues. Cela vous permettra d'entamer avec ceux-ci une conversation simple, courte, qui facilitera la cooptation et vous donnera la possibilité de recueillir d'autres avis afin de vérifier ou d'infirmer votre « appréciation » quant au candidat. Rappelons, en dernier lieu, qu'une embauche n'est pas terminée à la fin de l'entretien. Son efficacité dépendra aussi de la qualité de la phase d'intégration dans l'entreprise.

Les pièges que tout manager-recruteur doit éviter lors d'un entretien de recrutement

– Ne pas préparer l'entretien en se disant que ça ira.

– Ne pas approfondir les éléments d'information donnés dans le *curriculum vitae.*

– Trop parler (s'écouter parler) et interrompre.

– Vouloir à tout prix combler les silences parce qu'on a du mal à les vivre.

– Ne pas écouter ou mal écouter.

– Ne pas reformuler pour relancer.

– Donner la préférence au candidat que l'on trouve sympathique.

– Ne pas faire de synthèse des informations recueillies.

– Pratiquer l'entretien « stress ».

– Se fier à sa première impression.

– Surévaluer l'importance des compétences techniques et sous-estimer l'aspect relationnel de la fonction.

– Avoir tendance à faire deviner au candidat la réponse qu'il attend.

– Assaillir le candidat d'un feu roulant de questions.

Accueillir dans le service

Nombreux sont les moyens qui permettent un accueil et une intégration réussis. Il s'agit, d'une part, de mettre le nouvel entrant en position favorable pour mener à bien ses activités et, d'autre part, d'asseoir la décision de l'entreprise à son égard.

La préparation

• Préparation du local et du bureau du nouvel embauché quelques jours avant son entrée.

• Choisir un parrain et le former à ce rôle.

• Le manager du service se libère pour être présent et disponible le jour de l'arrivée du nouveau salarié.

• Prévoir le déroulement de la première journée et de la semaine.

La présentation du nouvel embauché

- Pot d'entrée
- Présentation bureau par bureau ou poste par poste.
- Visite du service (locaux, matériel...).
- Repas avec l'équipe.

Intégrer le collaborateur

Se préoccuper de l'accueil du collaborateur est indispensable mais ne suffit pas à son intégration. Cette intégration s'étale sur six à douze mois et permet :

- de transmettre la culture et les valeurs de l'entreprise,
- de valider les compétences du collaborateur en lui confiant des activités permettant de les vérifier,
- de mener avec lui un entretien de fin de période d'essai puis un entretien d'appréciation pour vérifier l'adéquation et la bonne utilisation des compétences du collaborateur.

2. Développer la mobilité et l'employabilité : un nouvel enjeu

Il y a quinze ans, on parlait déjà de mobilité. Il s'agissait de mobilité géographique ou de celle qui favorisait l'évolution de carrière. Aujourd'hui, accoler le mot carrière à côté de mobilité est un contresens. En effet, l'entreprise ne peut plus gérer les carrières et leurs évolutions. Elle peut, en revanche, contribuer au développement de l'« employabilité »[2] de ses collaborateurs. L'entreprise est à la recherche de flexibilité et l'employabilité des hommes qui la constitue est un moyen dont l'entreprise a besoin. En définitive, le mot « mobilité » est devenu une mobilité professionnelle qui peut s'accompagner d'une mobilité géographique. Cette mobilité professionnelle, que doit développer tout manager au sein de son équipe, concerne tous les publics (ce n'est plus une affaire de cadres).

Pourquoi développer la mobilité professionnelle ?

La mobilité professionnelle est une nécessité pour l'entreprise et une opportunité pour les salariés.

Nécessité et opportunité car elle favorise une flexibilité des compétences pour l'ensemble de la population, ce qui permet d'éviter les licenciements. D'autre part, cette flexibilité permet de favoriser les reconversions professionnelles en interne parce que les métiers se

2. L'employabilité : "la clé pour rester compétitif est une population de travailleurs qui renouvelle son savoir en permanence et qui apprend de nouvelles compétences" (Table ronde des industriels européens, 1995).

transforment et que le nombre d'emplois nécessaire diminue. Elle permet également d'essayer de mettre en place une gestion des parcours professionnels transversaux en substitution de la logique de promotion verticale qui n'est plus possible et, ainsi, motiver les collaborateurs en développant leur portefeuille de compétences.

Qui sont les acteurs de la mobilité ?

• *L'encadrement*

Chaque encadrant doit rendre les collaborateurs lucides sur les forces et les faiblesses que présente leur propre situation professionnelle. L'entretien annuel avec chaque collaborateur au cours duquel on fait le point du travail actuel et de l'avenir possible à court et moyen terme est une première approche.

• *La direction*

L'avis du hiérarchique n'est pas suffisant pour vérifier si le projet de l'intéressé rejoint ou non les intentions de l'entreprise à son égard. Pour que cela puisse se faire, il faut l'engagement de la direction sur un enjeu global qui justifie les moyens mis au service d'une politique de mobilité et qui définit sa place par rapport à d'autres enjeux existants.

D'autre part, des outils doivent être mis en place par la direction des ressources humaines pour permettre aux hiérarchiques de développer la mobilité.

Par exemple, la gestion prévisionnelle des emplois et des compétences a pour objet de permettre à l'entreprise de disposer en temps voulu du personnel ayant les compétences : qualifications, connaissances, expériences et aptitudes, et la motivation nécessaire.

• *Les salariés*

On demande de plus en plus aux salariés d'être acteur de leur mobilité, de se prendre en charge en acceptant que toute mobilité ne s'accompagne pas d'une contrepartie financière. Toute mobilité se situe sur des enjeux de conservation d'un emploi à court ou moyen terme et de développement et d'élargissement de leur portefeuille de compétences qui leur permet une plus grande employabilité. C'est, entre autres, au responsable opérationnel de savoir rendre positif un tel enjeu.

Y a-t-il des obstacles à cette mobilité ?

Oui, ils sont nombreux et freinent la mobilité. La peur du chômage est un facteur d'immobilisme alors qu'elle devrait rendre les hommes plus mobiles professionnellement. Mais affirmer que la mobilité est une nécessité ne suffit pas ; il faut mettre en place des outils et des méthodes au service des managers pour que cela fonctionne. Avant de découvrir les outils et les méthodes, il est nécessaire de répertorier les freins à toute mobilité : ceux provenant du responsable hiérarchique comme ceux provenant du collaborateur.

• *Les freins provenant des responsables opérationnels*

Ils sont peu enclins à développer la mobilité de leurs collaborateurs surtout quand ils s'appuient sur leurs compétences pour atteindre leurs objectifs à court terme. Ils veulent rester maîtres des décisions de mutation. Ils ont peur de perdre du pouvoir. Ils méconnaissent les évolutions de leurs métiers, des autres métiers de l'entreprise, les filières d'évolution... Ils ne connaissent pas suffisamment le potentiel et les compétences de leurs collaborateurs.

• *Les freins provenant du collaborateur*

Les non-cadres ne sont pas préparés à la mobilité qui ne fait pas partie de leur culture professionnelle. On rencontre le plus souvent la peur de la perte d'une expertise, la peur de la perte d'un réseau, la peur du changement, les problèmes liés à l'acquisition d'un logement. Tous ces éléments freinent la mobilité.

Comment les responsables opérationnels peuvent-ils réfléchir sur les emplois de leur service ?

Si une réflexion centralisée n'a pas été menée sur la gestion prévisionnelle des emplois et des compétences de l'entreprise, chaque responsable opérationnel et fonctionnel peut avoir une réflexion sur les propres emplois de son service en se posant les questions suivantes :

– Quelles sont les menaces et les opportunités de l'entreprise, de l'unité et du service par rapport à l'extérieur ?

– Quelles sont les forces et les faiblesses de l'entreprise, de l'unité et du service compte tenu des opportunités et des menaces détachées ?

– Quels sont les facteurs clés que votre service doit maîtriser ?

– Quelles conséquences cela va engendrer sur les groupes d'emploi de votre service ?

– Quelles sont les compétences des emplois à faire émerger, à développer, à transformer, à abandonner ?

– Quel est l'écart quantitatif et qualitatif entre l'emploi actuel et futur ?

Tableau d'identification des principaux facteurs d'évolution des emplois
Écart de compétences entre les exigences actuelles et futures de l'emploi

Exigences requises en termes de :	Aujourd'hui	Demain
• compétences techniques • compétences relationnelles • compétences managériales		

Exemple de tableau de synthèse au niveau d'une unité

Services Emplois	Nombre de salariés	Principaux facteurs d'évolution				Impact	
		Technico-logiques	Organi-sation du travail	Écono-miques	Socio-culturels	Quantitatif	Qualitatifs sur les com-pétences à maintenir

3. Diagnostiquer les compétences

Le terme de compétence est devenu incontournable dans le domaine des ressources humaines et dans le domaine du management des hommes. La direction des ressources humaines des entreprises met à la disposition des responsables opérationnels les outils et les méthodes pour diagnostiquer les compétences de leurs collaborateurs. Mais c'est au manager qu'incombe ce diagnostic car il est le seul à pouvoir valider au quotidien les compétences de ses collaborateurs.

Les compétences à valider font partie d'un ensemble de savoir-faire qui se déclinent en trois domaines :

– les savoir-faire professionnels : les techniques directement liées au métier ; les techniques à l'exercice de la fonction (gestion, juridique, qualité...) ; la connaissance de l'entreprise ;

– les savoir-faire relationnels ;

– les savoir-faire managériaux.

Savoir-faire : Trois domaines de développement *

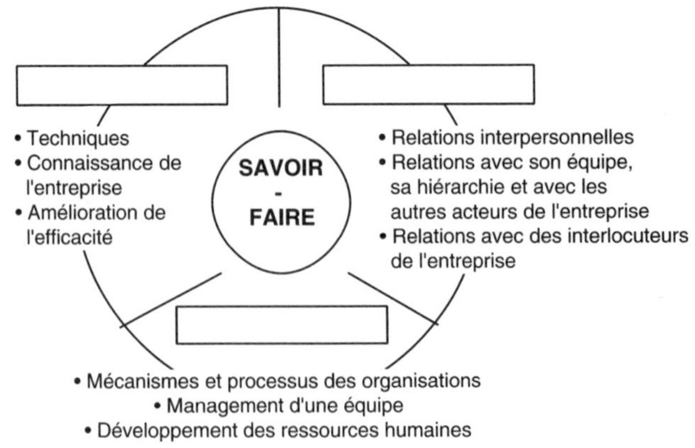

* Développé par Christian Rios, directeur de la division Management Ressources humaines à la Cegos

4. Détecter les potentiels

La direction des ressources humaines et les responsables opérationnels ont réfléchi sur les emplois cibles de l'entreprise et de l'unité. Pour préparer l'entreprise aux métiers de demain, le manager aura pour mission d'évaluer les écarts de compétences de ses collaborateurs. Il devra donc mesurer l'écart entre les compétences de ses collaborateurs et les exigences des emplois futurs. Cette analyse doit se faire à la lumière de trois paramètres, sachant que la réussite d'évaluation est fonction :

– des savoir-faire utiles pour l'entreprise,
– du vouloir-faire,
– et du pouvoir-faire du collaborateur.

Le potentiel d'une personne peut donc se résumer dans la formule suivante :

potentiel = SF x VF x PF

Avant de développer la notion de potentiel, nous analyserons les différences qui existent entre l'évaluation du potentiel et l'évaluation de la performance dans l'entreprise.

Évaluation de la performance	Évaluation du potentiel
Diagnostic	Pronostic
Une fois par an	Fait sur plusieurs années
Par le N+1	Par le ou les N+1, N+2, DRH, collaborateur
Gestion des ressources humaines court terme	Gestion des ressources humaines moyen terme, court terme

Qu'est ce que le potentiel ?

Le potentiel d'un collaborateur est la capacité à occuper un autre emploi que celui qu'il occupe aujourd'hui. Le responsable opérationnel fait un pronostic sur les capacités de ses collaborateurs à occuper un autre emploi. Faire ce pronostic n'est pas facile et il faut se donner quelques outils et pistes pour pouvoir avoir des présomptions sur ce potentiel :

– un des indicateurs est de lister l'ensemble des faits significatifs d'excellence de ses collaborateurs ;
– donner à ses collaborateurs des missions nouvelles pour valider d'autres compétences ;
– fixer des objectifs de projets et de progrès dépassant le cadre strict de sa mission.

On peut également lister l'ensemble des situations que devraient maîtriser les collaborateurs pour pouvoir évoluer vers d'autres emplois : le manager valide à partir des faits significatifs l'ensemble des compétences.

EXEMPLE DE GRILLE D'ÉVALUATION DU POTENTIEL

Situations observées	Points forts	Points faibles	Faits significatifs
Comme leader d'un projet			
Dans un travail collectif			
En face d'une décision			
Comme animateur de groupe			
En situation de responsabilité d'une équipe			
Face à des situations nouvelles			
En situation de conflit			
Comme gestionnaire			

Après avoir diagnostiqué les compétences et le potentiel de ses collaborateurs et avoir réfléchi sur les emplois cibles, le responsable opérationnel impliqué dans l'évolution de son équipe contribuera à réduire les écarts qualitatifs et quantitatifs en liaison avec la direction des ressources humaines. Le plan d'action ressources humaines à mettre en œuvre pour réduire les écarts est à envisager sous plusieurs angles :

– recrutement,

– mobilité,

– organisation,

– favoriser les départs...

5. Mieux comprendre le système de rémunération et parler de rémunération totale

Les grandes tendances actuelles en matière de rémunération vont essentiellement dans le sens d'une diversification des éléments de rémunération. La rémunération n'est pas constituée uniquement du salaire de base. Elle est composée d'une rémunération directe et d'une rémunération indirecte. Savoir de quoi est composée la rémunération est une donnée indispensable pour parler de rémunération avec ses collaborateurs.

Dans ce contexte, le concept de ressources totales prend en compte l'ensemble des rémunérations versées aux salariés (qu'elles aient ou non une forme monétaire et que leur versement soit immédiat ou différé dans le temps).

1. La rémunération directe	- Salaire de base (part fixe) et augmentation individuelle. - Part réversible (prime sur objectif, bonus). - Diverses primes (prime d'ancienneté, prime de sécurité...).
2. La rémunération indirecte	Les périphériques légaux (participation, intéressement, PEE). - Les périphériques sélectifs (voiture...). - Les périphériques statutaires (prévoyance, retraite...).

La valorisation des ressources totales permet de veiller à l'équité interne et à la compétitivité externe des rémunérations de manière plus large et plus complète que par un simple examen du salaire de base.

La rémunération directe

Le salaire de base

Le salaire de base, auquel s'ajoutent des augmentations individuelles de ce salaire de qualification, est par nature irréversible.

Il dépend de paramètres très divers :
- le niveau de poste,
- la capacité prouvée,
- âge,
- ancienneté,
- le potentiel...

La part réversible

C'est le salaire de performance ou bonus.

Cette somme est remise en jeu chaque année pour les résultats obtenus sur l'exercice.

Les primes diverses

Elles sont fixées ou variables, individuelles ou collectives.

Ces primes sont liées à la fonction ou à l'organisation du travail, à la personne, ou à l'établissement.

Nous rencontrons le plus souvent la prime d'ancienneté, la prime de sécurité et la prime de panier.

La rémunération indirecte

Il existe trois types de rémunération indirecte :
- les périphériques légaux (participation, intéressement, PEE),
- les périphériques sélectifs (voiture...),
- les périphériques statutaires (prévoyance, retraite, prêts...).

• LES PÉRIPHÉRIQUES LÉGAUX

Les outils d'intéressement sont au nombre de trois et rentrent dans un cadre législatif et social particulier :

– la participation

– l'intéressement

– le plan d'épargne d'entreprise (PEE [3]).

La participation et l'intéressement sont des suppléments de rémunération bloqués ou non avec des avantages fiscaux et sociaux particuliers.

La participation

Elle consiste à redistribuer une partie des bénéfices de l'entreprise aux salariés. La participation est *obligatoire* pour toute entreprise employant plus de 50 salariés. Elle concerne tous les salariés de l'entreprise; toutefois, une durée minimale d'ancienneté est parfois exigée (plus de six mois). Pour mettre en place un régime de participation, un accord doit être conclu (faute de quoi un système moins avantageux est mis en place) :

– dans le cadre d'une convention ou d'un accord collectif de travail ;

– entre le chef d'entreprise et les représentants des syndicats représentatifs ;

– au sein du comité d'entreprise ;

– à la suite d'un vote favorable des deux tiers du personnel inscrit (quand existe dans l'entreprise une ou plusieurs organisations syndicales ou un comité d'entreprise, cette procédure doit avoir été demandée conjointement par le chef d'entreprise et une ou plusieurs organisations syndicales ou CE).

• *Mode de calcul de la participation.* Le montant de la réserve spéciale de participation =

$$1/2\ (\text{Bénéfice net} - 5\ \%\ \text{des capitaux propres}) \times \frac{\text{salaires}}{\text{Valeur ajoutée de l'entreprise}}$$

• *Indisponibilité des fonds.* Les sommes attribuées à chaque salarié sont bloquées. Trois durées de blocage sont possibles :

– blocage pendant cinq ans (la plus courante) ;

– blocage pendant trois ans ;

– blocage pendant huit ans (quand aucun accord n'a été signé).

L'indisponibilité des droits des salariés peut être levée par anticipation dans les huit situations exceptionnelles suivantes :

1) mariage du participant ;

2) naissance ou arrivée au foyer en vue de son adoption d'un troisième enfant et de chaque enfant suivant ;

3) divorce lorsque le participant conserve la garde d'au moins un enfant mineur ;

3. L'entreprise qui souhaite promouvoir l'épargne salariale des salariés met en place un PEE.

4) invalidité du participant ou de son conjoint ;

5) décès du participant ou de son conjoint ;

6) cessation du contrat de travail, quelle qu'en soit la cause : démission, licenciement, départ en retraite ;

7) création par le participant ou son conjoint, ou reprise d'une entreprise, à titre individuel ou sous forme de société commerciale ;

8) acquisition ou agrandissement avec permis de construire de la résidence principale.

L'intéressement des salariés à l'entreprise

C'est l'« intéressement collectif des salariés, présentant un caractère aléatoire et résultant d'une forme de calcul liée aux résultats ou aux performances de l'entreprise ».

Ce régime est facultatif. Un des objectifs essentiels de l'intéressement est d'inciter les salariés à contribuer à l'amélioration des performances de l'entreprise par la perspective d'en recevoir une partie des fruits. Toutes les entreprises sont concernées. C'est un contrat négocié. L'intéressement présente un caractère contractuel :

– la mise en œuvre est facultative,

– le choix du mode de calcul est libre,

– les clés de répartition sont, elles aussi, libres.

L'intéressement présente un *caractère temporaire* : il ne constitue pas un avantage acquis ; il est conclu pour une période triennale.

L'intéressement présente un *caractère aléatoire* : l'intéressement doit pouvoir être égal à 0. Les critères choisis dans les contrats d'intéressement sont liés aux résultats, aux performances de l'entreprise ou des unités de travail.

L'intéressement présente un *caractère liquide et disponible* : il n'y a pas d'obligation de blocage, son attribution peut intervenir selon une périodicité fixée par l'accord lui-même.

L'intéressement présente un *caractère collectif* : l'ensemble du personnel d'un établissement bénéficie de l'accord.

L'intéressement n'est pas considéré comme un salaire, par conséquent les sommes versées ne peuvent se substituer à aucun des éléments du salaire et ne sont pas prises en compte pour le calcul des congés payés ni des indemnités de préavis ou de licenciement.

Le plan d'épargne entreprise

Le PEE est un instrument d'épargne collectif ouvert aux salariés de l'entreprise, qui donne la faculté de participer à la constitution d'un portefeuille de valeurs mobilières.

Il a trois enjeux :

– *l'enjeu social* : l'objectif est de sécuriser, de développer le sentiment d'appartenance des salariés à l'entreprise ;

– *l'enjeu fiscal* : l'objectif est de défiscaliser l'investissement ;

– *l'enjeu financier* : l'objectif est d'augmenter les fonds propres de l'entreprise ou du groupe.

Le PEE présente les caractéristiques suivantes :

– facultatif pour l'entreprise ;

– négocié, proposé ou décidé par l'entreprise ;

– régime non obligatoire pour les salariés ;

– durée de blocage de cinq ans (même cas de déblocage que la participation) ;

– l'argent qui arrive ne peut être placé en valeurs mobilières (action, obligation, SICAV ou fond commun de placement, FCPE[4]).

Le PEE est entièrement facultatif et peut être établi dans toute entreprise ou groupe, quels que soient sa forme juridique ou son effectif. Les sommes recueillies proviennent des versements volontaires des salariés, par exemple par prélèvements mensuels sur le salaire, ou ponctuels, par exemple par affectation de tout ou partie de la prime annuelle d'intéressement ; la loi limite les versements annuels d'un salarié au quart de sa rémunération brute annuelle. L'épargne générée par le régime de la participation aux résultats peut également être orientée vers le PEE, mais elle n'est pas assimilée à une contribution volontaire, et partant, ne donne droit à aucun abondement de l'entreprise. Enfin, le PEE peut être alimenté par l'aide de la société, qui peut prendre la forme d'un véritable abondement financier mais qui ne peut excéder 3 fois le versement volontaire du salarié. L'abondement doit être inférieur à 15 000 F ou à 22 500 F si l'épargne est investie dans l'entreprise. Les actions ou parts (FCPE) acquises pour le compte des salariés adhérents du PEE sont délivrées à l'expiration d'un délai minimal de cinq ans courant à compter de la date d'acquisition des titres. Les cas de déblocage anticipés sont identiques à ceux de la participation.

• LES PÉRIPHÉRIQUES SÉLECTIFS

Il s'agit de la voiture, du téléphone, du logement. Ils peuvent être variables et réversibles mais ils sont difficilement quantifiables avec précision.

• LES PÉRIPHÉRIQUES STATUTAIRES

– Œuvres sociales gérées par le comité d'entreprise.

– Retraite.

– Remises sur les productions de l'entreprise.

Ils ont un caractère collectif, prédéterminé et rigide.

Comment accorder une augmentation individuelle ?

Avant de distribuer des augmentations de salaire, il est nécessaire de dialoguer avec la direction des ressources humaines pour connaître ce que veut payer l'entreprise. Nous vous proposons une liste de questions à se poser ou à poser à la direction des ressources humaines pour distribuer correctement les augmentations :

– Quelle stratégie adopter ? saupoudrage (augmentations identiques pour tous à la contribution), élitiste (aux meilleurs), incitative (à tous ceux qui ont contribué efficacement en différenciant la contribution attendue de celle qui dépasse largement les exigences attendues) ?

– Ai-je intérêt à récompenser davantage ceux qui ont du potentiel et donc ceux ayant une perspective d'évolution plus grande au sein de l'entreprise ou hors de l'entreprise ?

– Ai-je intérêt à récompenser davantage les emplois stratégiques ou les emplois clés de mon unité et de l'entreprise ?

– Ai-je intérêt à augmenter plus ceux qui, à contribution égale, sont les moins bien payés par rapport aux positionnements marchés interne et externe ?

Exemple de matrice

	Positionnement		
	dans les 25 % les moins payés		dans les 25 % les plus payés
Contribution plus qu'attendue	5 %	4 %	3 %
Contribution attendue	4 %	3 %	2 %
Contribution aux attentes	0	0	0

– Ai-je intérêt à traduire en francs le taux de l'augmentation et vérifier que celle-ci est acceptable pour le collaborateur ?

Exemple :

• Salaire de 6 000 à 10 000 F : si il y a augmentation, elle ne doit pas être inférieure à 250 F/mois ;

• Salaire de 10 000 à 20 000 F : si il y a augmentation, elle ne doit pas être inférieure à 400 F.

Conclusion

Nous voici arrivés au terme de cet itinéraire qui doit vous permettre d'arriver à bon port, c'est-à-dire de réussir dans vos nouvelles fonctions de responsable. Avant de terminer ce bout de chemin que nous avons parcouru ensemble, nous voudrions exprimer quelques souhaits concernant l'utilité de ce livre. Nous souhaitons bien évidemment que les méthodes et les outils que nous vous avons présentés vous soient utiles dans l'exercice de vos fonctions et que ce livre devienne votre compagnon de route. Mais nous espérons surtout vous avoir communiqué notre passion pour le métier de manager et ses responsabilités.

Notre expérience nous a montré que ce qui fait la différence entre un bon manager et un manager de l'excellence, c'est la passion qui anime le second. Votre passion va se nourrir à la fois du sentiment de compétence que vous allez développer et de la satisfaction que vous allez éprouver à faire réussir vos collaborateurs. Il nous reste à vous souhaiter « bonne route sur les chemins du management ».

Deuxième partie
APPLICATIONS PRATIQUES

Cher lecteur, bonjour.

Vous abordez la partie Applications pratiques de cet ouvrage sur la prise de fonctions managériales.

Pour vous guider, nous vous proposons de suivre les différentes étapes propres à une prise de fonctions et d'aborder les questions qui l'accompagnent.

Chaque étape, en rapport avec les sept exposés de la partie Connaissance du problème, vous amènera à réaliser un certain nombre d'exercices et à faire le point grâce à des autodiagnostics.

Au-delà de simples corrections, la partie « Corrigé des exercices » vous apportera une analyse pratique des questions et problèmes soulevés ainsi que des matrices réutilisables directement sur le terrain, à l'instar de ce qui est fait dans un séminaire de formation.

Enfin, une adresse Internet (http://www.pratique.fr/esf) vous permet de disposer de documents de travail imprimables.

Alors, prenez en main votre réussite.

À vous.

1re SÉRIE D'EXERCICES

Comprendre avant d'agir

Votre perception sur vos rôles de manager*

1

Nous vous proposons de faire le point à l'aide des grilles ci-dessous sur votre situation actuelle et sur les points que vous souhaitez développer.

	Déjà mis en œuvre	À développer
COMPRENDRE SON ENVIRONNEMENT		
Analyser une situation		
Trouver des solutions adaptées		
Doser autorité, entente, négociation		
CADRER ET ORIENTER L'ACTION D'UNE ÉQUIPE		
Piloter une unité		
Fixer des objectifs		
Suivre et contrôler		
Traiter les erreurs		
Évaluer les performances et le potentiel		
ORGANISER L'ÉQUIPE		
Définir les fonctions		
Définir les règles du jeu		
Définir les critères d'évaluation		
Organiser les rôles et les compétences		
Planifier		

* Extrait du stage CEGOS, « Jeunes cadres, réussissez dans votre première fonction de manager ».

DÉVELOPPER L'AUTONOMIE DES COLLABORATEURS		
Accueillir et intégrer		
Informer		
Former et développer les compétences		
Déléguer		
Aider à la résolution des problèmes		
Connaître et savoir renforcer les motivations individuelles		
COMMUNIQUER EFFICACEMENT DANS LESRELATIONS INTERPERSONNELLES		
Mener les entretiens		
Conduire des réunions		
ANIMER L'ÉQUIPE		
Agir sur les motivations de l'équipe		
Conduire les changements		
Gérer les conflits		

Corrigé page 211

Les grandes orientations de l'entreprise

2

Pour avoir une vision et une analyse globale de la situation de l'entreprise ou vous prenez vos nouvelles fonctions, nous vous invitons à repérer les principales orientations de l'entreprise, en 12 points.

Les 12 grandes orientations qui suivent permettent de repérer les besoins de la structure dans laquelle vous vous trouvez, et ainsi d'identifier ce qui a de la valeur pour elle à l'heure actuelle. Cela permet de chercher à s'adapter aux évolutions de l'activité et des structures et... d'éviter de rêver à l'inverse.

Quelles sont les grandes orientations de votre entreprise en termes de :

1. Ambitions

....

....

....

2. Stratégie, accords et alliances

....

....

....

3. Productivité

....

....

....

4. Rentabilité, profitabilité

....

....

....

5. Qualité des services, des produits

....

....

....

6. Valorisation de l'image de l'entreprise

....

....

....

7. Circulation de l'information

....

....

....

8. Flexibilité des structures et coordination des tâches et des services

....

....

....

9. Développement des compétences

....

....

....

10. Développement de sa propre compétence

....

....

....

11. Adaptation, perfectionnement, changement, innovation

....

....

....

12. Sécurité des hommes et des biens

....

....

....

Corrigé page 211

Définissez votre mission 3

Pour être capable de se doter d'une vision actuelle de son rôle, il est utile de définir sa ou ses missions et les tâches qui y sont attachées. Vous pouvez mener cette démarche méthodique pour clarifier votre rôle à venir en collectant l'information nécessaire et en répondant aux points suivants :

1. Raison d'être de l'unité :

....

....

....

2. Raison d'être de la fonction :

....

....

....

3. Raison d'être de votre poste :

....

....

....

4. Les principales missions du poste :

....

....

....

5. Les activités liées aux missions du poste :

....

....

....

Vous pouvez présentez les misssions du poste dans un tableau comme celui-ci et mettre en regard de chaque misssion les activités qui y sont liées.

Principales missions	Activités liées aux missions

Corrigé page 211

Faites le point sur les normes dans votre entreprise et dans l'équipe*

4

Ce questionnaire a pour but de vous aider à déterminer les normes et les valeurs appliquées dans l'entreprise. Il vous demande d'envisager les réactions de la plupart des membres de votre entreprise si une autre personne que vous-même disait quelque chose de particulier ou se comportait d'une façon particulière. Par exemple, le premier élément est le suivant :

«Si un salarié de votre entreprise devait critiquer l'entreprise et les personnes qui en font partie..., la plupart des salariés...»

Pour compléter cette affirmation, choisissez l'une des cinq catégories suivantes :

A. Seraient entièrement d'accord ou l'encourageraient fortement.

B. Seraient d'accord ou l'encourageraient.

C. Considéreraient que ce n'est pas important.

D. Ne seraient pas d'accord ou le décourageraient.

E. Ne seraient absolument pas d'accord ou le décourageraient fortement.

Sélectionnez le choix, qui selon vous, serait la réponse la plus courante à l'acte ou au comportement en question et mettez une croix dans la colonne correspondant à ce choix sur la ligne se trouvant en face de chaque élément. Faites-le pour les 42 éléments de la même manière en étant aussi honnête que possible. Si vous ne pouvez pas répondre à certaines questions, cherchez à avoir l'information lors des entretiens formels ou informels que vous avez ou aurez.

* Extrait du stage Cegos, « Cycle de formation à la fonction ressources humaines ».

SI UN SALARIÉ DE VOTRE ENTREPRISE DEVAIT...	LA PLUPART DES SALARIÉS				
	A	B	C	D	E
1. Critiquer l'entreprise et les personnes qui en font partie...					
2. Essayer d'améliorer les choses même si tout se passe sans à-coup...					
3. Écouter les autres et essayer d'avoir leur avis...					
4. Penser à aller voir un supérieur pour lui soumettre un problème...					
5. Se considérer comme ayant la responsabilité de réduire les coûts...					
6. Profiter d'un autre salarié...					
7. Faire attendre un client pour s'occuper d'affaires personnelles...					
8. Suggérer une nouvelle idée ou façon de faire les choses...					
9. Activement chercher à accroître ses connaissances pour mieux faire son travail...					
10. Parler librement et ouvertement de l'entreprise et de ses problèmes...					
11. Se préoccuper vraiment des problèmes auxquels l'entreprise doit faire face et offrir des suggestions pour les résoudre...					
12. Suggérer que les salariés ne fassent que le strict nécessaire...					
13. Faire des efforts pour aider d'autres membres du groupe de travail...					
14. Considérer les supérieurs comme une source d'aide et de développement...					
15. Mal utiliser du matériel ou abuser de privilèges de façon consciente...					

SI UN SALARIÉ DE VOTRE ENTREPRISE DEVAIT...	LA PLUPART DES SALARIÉS				
	A	B	C	D	E
16. S'inquiéter du bien-être d'autres membres de l'entreprise...					
17. Essayer de trouver de meilleurs moyens de mieux servir le client...					
18. Essayer d'expérimenter afin de mieux faire le travail...					
19. Montrer de l'enthousiasme en prenant part à un programme de formation et de développement sous l'égide de l'entreprise...					
20. Suggérer d'affronter le patron à propos d'une erreur ou de quelque chose dans le style du patron qui crée des problèmes...					
21. Considérer le travail comme n'étant simplement que huit heures dont la récompense principale est un chèque en fin de mois...					
22. Dire que cela ne sert à rien d'en faire davantage puisque personne ne le fait...					
23. Travailler seul au lieu de le faire avec les autres pour que le travail soit fait...					
24. Considérer le supérieur comme quelqu'un à qui on peut parler librement et ouvertement...					
25. Considérer que tirer un profit est le problème des autres...					
26. Faire un effort pour connaître les personnes avec lesquelles on travaille...					
27. Considérer parfois le client comme un fardeau ou un obstacle à l'accomplissement du travail...					
28. Critiquer un camarade de travail qui essaye d'améliorer les choses au travail...					
29. Mentionner qu'il a l'intention d'assister à un programme de formation organisé par l'entreprise et qui vient d'être annoncé...					

SI UN SALARIÉ DE VOTRE ENTREPRISE DEVAIT...	LA PLUPART DES SALARIÉS				
	A	B	C	D	E
30. Parler ouvertement de problèmes auxquels le groupe fait face, y compris des problèmes de personnalités ou de relations entre personnes...					
31. Parler avec satisfaction du travail...					
32. Se fixer des normes très élevées de réalisation du travail...					
33. Essayer de faire en sorte que le groupe de travail opère davantage comme une équipe face à des problèmes...					
34. Considérer les supérieurs comme étant ceux qui déterminent les normes de performance ou les objectifs du groupe de travail...					
35. Évaluer les dépenses en termes de bénéfices que cela pourrait rapporter l'entreprise...					
36. Toujours essayer de traiter le client aussi bien que possible...					
37. Penser à aller voir le patron pour lui soumettre une idée ou une suggestion...					
38. Aller voir le patron pour discuter de la formation qu'il devrait suivre afin de mieux faire son travail...					
39. Être parfaitement honnête en remplissant ce questionnaire...					
40. Travailler à un rythme plus rapide que ce qui est considéré comme normal...					
41. S'occuper de lui avant de s'occuper des autres membres du groupe de travail...					
42. Faire son travail même lorsque le supérieur n'est pas présent...					

Corrigé page 213

Faites le diagnostic de votre équipe comme « unité de production »

5

Vous avez procédé dans l'exercice 4 au diagnostic des valeurs en vigueur dans l'équipe.

Maintenant, nous vous proposons de faire le point sur les aspects techniques et organisationnels. Le questionnaire ci-après est une aide au diagnostic de votre équipe comme unité de production. Il met en évidence les dysfonctionnements et définit les axes d'amélioration. C'est un guide ; il n'a pas la prétention de définir l'ensemble des actions à mettre en œuvre. Pour chaque domaine de préoccupation, une analyse plus fine et une réflexion complémentaire seront nécessaires pour établir le plan d'action. Ce questionnaire peut aussi mesurer l'évolution d'une situation après la mise en œuvre du plan d'action. Vous pourrez donc le réutiliser pour mesurer les évolutions à l'avenir.

Utilisation du questionnaire

Le questionnaire de diagnostic ci-après comporte 8 rubriques et 80 questions qui permettent d'évaluer le fonctionnement d'une unité de production (produit ou service).

Répondez dans l'ordre à chacune des questions. Pour cela, cerclez, sur les colonnes de droite, le score le plus approprié pour votre unité.

Exemple : support B, question n° 1, cerclez le chiffre 15 si 30 à 55 % des travaux sont programmés dans votre unité ; reportez votre score dans la colonne de droite.

Après avoir répondu aux 10 questions d'un domaine de préoccupation, calculez le sous-total, portez votre résultat en bas du document, à droite.

Après avoir répondu aux questions des 8 domaines de préoccupation, reportez-vous au corrigé pour tracer le profil de l'équipe.

Répondez dans l'ordre à chacune des questions.

A. Contrôle et gestion de l'activité

	- -	-	PASSA-BLE	+	+ +	VOTRE SCORE
1. Les performances du service sont-elles suivies (coût, efficacité, performance) ?	0	10	20	30	40	
2. Votre tableau de bord vous permet-il de décider des actions correctives à entreprendre ?	0	8	15	22	30	
3. Quel est l'indice de satisfaction global de vos clients (internes et/ou externes) ?	0	10	20	30	40	
4. Le suivi de la charge me permet-il de réagir préventivement ?	0	8	15	22	30	
5. Existe-t-il des rapports réguliers de suivi d'activité par opérateur ?	0		10		20	
6. Dispose-t-on pour l'activité d'un outil de gestion informatisé utilisable et utilisé ?	0	5	10	15	20	
7. Dispose-t-on des informations de synthèse dans un délai suffisamment court ?	0	8	15	22	30	
8. Émet-on régulièrement un compte rendu d'activité pour l'atelier ou le service ?	0	5	10	15	20	
9. Les connaissances et aptitudes de chacun sont-elles enregistrées et régulièrement remises à jour ?	0	8	15	22	30	
10. La formation du personnel est-elle programmée et maîtrisée ?	0	10	20	30	40	
Sous-total sur 300 pts maximum						

B. Délai de réalisation

	- -	-	Passable	+	+ +	Votre score
1. Quelle est la proportion des travaux qui sont programmés ?	< 20% 8	20 à 30 % 15	30 à 55% 22	55 à 80 % 30	≥ 80% 30	
2. Quelle est la proportion des travaux lancés en urgence ?	>15 % 0		10 à 15% 10		5 à 8 % 20	
3. Le programme annoncé est-il souvent modifié ?	Très fréquent 10	Fréquent 0		Rare 15	Exceptionnel 20	
4 Tient-on le délai annoncé ?	0	8	15	22	30	
5. Rencontre-t-on fréquemment des problèmes d'approvisionnement ?	Souvent 0	8	15	22	Jamais 30	
6. Y a-t-il un écart entre la quantité lancée et la quantité exacte demandée ?	> 20 % 0		0 à 20 %		Aucun 30	
7. Quel est le temps nécessaire pour lancer un travai en « catastrophe » ?	> 0,5 j 0		0,5 j 10		≤ 1 h 20	
8. Le temps de changement d'outillage et/ou de série est-il performant ?	0	5	10	15	20	
9. Les équipements utilisés sont-ils fiables ?	0	8	15	22	30	
10. Les équipements utilisés sont-ils obsolètes (cadence, produit réalisé, technique utilisé) ?	0	5	10	15	20	
Sous-total sur 250 pts maximum						

C. La qualité, la conformité

	- -	-	Passa-ble	+	+ +	Votre score
1. Assure-t-on la gestion de la documentation (procédures, gammes, notices techniques…) ?	0	8	15	22	30	
2. A-t-on transmis et affiché les indicateurs qualité dans le secteur d'activité (tableau de bord qualité) ?	0	5	10	15	20	
3. Implique-t-on le personnel dans la recherche d'améliorations ?	0	8	15	22	30	
4. Les informations déclenchant la réalisation sont-elles fiables et pertinentes ?	0	8	15	22	30	
5. Rencontre-t-on dans le service des problèmes de non-qualité (rebuts, retouchés, déclassements) ?	0	5	10	15	20	
6. Les réclamations et les retours clients sont-ils fréquents ?	Oui 0		Rarement 10		Non 30	
7. Prend-on l'habitude d'identifier puis de traiter toutes les non-conformités rencontrées dans l'activité ?	Jamais 0	Rarement 8		Souvent 22	Toujours 30	
8. Le contrôle des approvisionnements permet-il de maîtriser la qualité ?	0	5	10	15	20	
9. L'étalonnage des équipements de mesure et de contrôle est-il fait régulièrement ?	0	5	10	15	20	
10. Les postes et/ou la zone d'activité sont-ils tenus propres et rangés ?	0	5	10	15	20	
					Sous-total sur 250 pts maximum	

D. Flexibilité, adaptation des moyens de production aux contraintes rencontrées dans l'activité

	- -	-	Passable	+	+ +	Votre score
1. La capacité de production des équipes et/ou des équipements est-elle suffisante ?	0	8	15	22	30	
2. Le temps de passage interphases, interateliers ou intersecteurs est-il long ?	0	8	15	22	30	
3. L'installation des postes et/ou des équipements favorise-t-elle l'efficacité ?	0	10	20	30	40	
4. Existe-t-il une démarche simplifiée pour faciliter les approvisionnements en urgence ?	0	5	10	15	20	
5. Dans le secteur d'activité, la polyvalence du personnel est-elle une préoccupation ?	0	10	20	30	40	
6. Le personnel intègre-t-il des tâches complémentaires à l'activité (maintenance, contrôle…) ?	0	8	15	22	30	
7. Pour pallier une absence, un surcroît d'activité, a-t-on recours facilement au CDD, à l'intérim ou aux heures supplémentaires ?	0	8	15	22	30	
8. A-t-on localement la possibilité de recourir à des entreprises sous-traitantes pour les domaines qui vous concernent ?	0	5	10	15	20	
9. Sous-traite-t-on les tâches pour lesquelles on considère ne pas disposer d'une technicité suffisante ?	0	8	15	22	30	
10. Développe-t-on l'assurance qualité et le partenariat avec les sous-traitants et fournisseurs ?	0	8	15	22	30	
Sous-total sur 300 pts maximum						

E. Les coûts de revient

	- -	-	PASSA-BLE	+	+ +	VOTRE SCORE
1. La consommation des matières premières ou approvisionnements s'écarte-t-elle des prévisions (quantités à réaliser) ?	Souvent 0	8	15	22	Jamais 30	
2. Pour la main-d'œuvre directe, y a-t-il écart entre la prévision et la réalisation (heures, taux) ?	>15 % 0	-5 à 15 % 10	-5 % à 0 20	0 à +5% 30	> 5 % 40	
3. La consommation d'énergie ou de fluides est-elle conforme à l'activité ?	0	8	15	22	30	
4. Le coût d'utilisation des équipements de production est-il normal (conditions d'utilisation, entretien…) ?	0	10	20	30	40	
5. Quel est le coût des défauts de non-qualité ?	> 10 % 0	10	20	30	≤ 1 % 40	
6. Quel coût a été constaté pour le stock d'encours affectable à l'activité ?	> 30 j 0	8	15	22	< 2 j 30	
7. Le coût résultant des changements de travaux ou de série est-il important ?	0	5	10	15	20	
8. Quel est le coût des outillages spécifiques à un produit ou service (réalisation, contrôle, manutention, entretien) ?	0	5	10	15	20	
9. Comment évoluent les coûts résultant des opérations administratives attachées à l'activité ?	0	8	15	22	30	
10. Quelle est l'évolution du coût lié à l'entretien deslocaux ou de la zone d'activité ?	0	5	10	15	20	
Sous-total sur 300 pts maximum						

F. L'aménagement des postes de travail

	- -	-	PASSA-BLE	+	+ +	VOTRE SCORE
1. Quel est le degré de pénibilité lié à la position dominante de l'opérateur (effort statique) ?	0	8	15	22	30	
2. Comment se situe la hauteur du plan de travail compte tenu du type d'activité ?	0	8	15	22	30	
3. Le poste est-il bien aménagé (équipement, outillage, disposition) ?	0	5	10	15	20	
4. Les mouvements et gestes imposés par l'activité l'aménagementet du poste sont-ils naturels, rythmés ?	0	5	10	15	20	
5. Les travaux à réaliser sont-ils monotones (durée du cycle, répétitivité) ?	0	8	15	22	30	
6. L'éclairement du poste est-il suffisant ?	0	8	15	22	30	
7. La brillance sur le poste (source lumineuse, couleurs...) est-elle néfaste à l'activité ?	0	8	15	22	30	
8. L'effort à fournir compte tenu des charges et de la position du corps est-il important ?	0	5	10	15	20	
9. L'air est-il pollué (intoxication, irritation des voies respiratoires) ?	0	5	10	15	20	
10. Quel est le volume sonore en DBA ?	> 90 0	85-90 5	80-85 10	70-80 15	< 70 20	
Sous-total sur 250 pts maximum						

G. La sécurité

	- -	-	Passable	+	+ +	Votre score
1. Quelle est la qualité de la formation à la sécurité assurée à l'embauche ou à l'arrivée du personnel dans le service (CDI, CDD, intérêt) ?	0	10	20	30	40	
2. Quelle est la fréquence des accidents dans le service par rapport à la fréquence entreprise ?	0	10	20	30	40	
3. Le personnel respecte-t-il les consignes de sécurité ?	0	8	15	22	30	
4. Le personnel utilise-t-il les moyens de prévention prévus (équipements permanents ou occasionnels) ?	0	8	15	22	30	
5. Les procédures et consignes de sécurité sont-elles tenues à jour et exploitées régulièrement ?	0	5	10	15	20	
6. Existe-t-il des procédures et des consignes à respecter pour la réalisation des travaux dangereux ?	0	5	10	15	20	
7. Les conditions d'utilisation des équipements et/ou des installations permettent-elles d'assurer la sécurité des utilisateurs ?	0	8	15	22	30	
8. Le matériel de protection existe-t-il en quantité suffisante, est-il efficace ?	0	8	15	22	30	
9. Les installations et/ou les équipements sont-ils conformes à la législation en vigueur ?	0	8	15	22	30	
10. Réalise-t-on les contrôles réglementaires, engage-t-on les travaux identifiés suffisamment tôt ?	0	8	15	22	30	
Sous-total sur 300 pts maximum						

H. Le climat social

	- -	-	Passable	+	+ +	Votre score
1. Quel est le taux d'absentéisme du personnel du secteur ou du service comparativement à celui de l'entreprise ?	Élevé 0	5	10	15	Faible 20	
2. Les relations entre les opérateurs sont-elles bonnes ?	Très mauvaises 0	5	10	15	Très bonnes 20	
3. Les relations entre les opérateurs et d'autres services sont-elles bonnes ?	0	8	15	22	30	
4. La ligne hiérarchique est-elle respectée dans la transmission des informations (ascendantes et descendantes) ?	0	8	15	22	30	
5. Favorise-t-on le travail en équipe ?	0	8	15	22	30	
6. Annonce-t-on régulièrement les objectifs de l'atelier ou du service ?	Jamais 0	5	10	15	20	
7. Le personnel est-il informé suffisamment tôt des décisions le concernant ?	0	5	10	15	20	
8. Le personnel du secteur peut-il réclamer ou faire part de ses doléances ?	0	5	10	15	20	
9. Existe-t-il des entretiens réguliers entre le responsable et ses collègues ?	Jamais 0	8	15	22	30	
10. Dans le travail quotidien, le personnel a-t-il le degré d'initiative nécessaire, est-il suffisamment impliqué dans les décisions prises ?	0	8	15	22	30	
					Sous-total sur 250 pts maximum	

Corrigé page 216

Évaluez la personnalité nécessaire à votre nouveau poste*

6

exercices

Cet exercice vous donne la possibilité d'orienter votre réflexion sur les traits de personnalité qui correspondent aux exigences de votre poste. Nous vous proposons un choix de 8 facteurs sélectionnés en fonction de leur importance dans le monde du travail.

1) dynamisme,

2) autorité,

3) indépendance,

4) sens des relations humaines,

5) organisation,

6) ambition,

7) contrôle de soi,

8) modestie.

Afin que ces 8 traits de personnalité soient les plus représentatifs possible quant à leur signification, nous avons illustré chacun d'eux de 5 propositions présentant des faits en relation avec l'importance du trait.

1. Importance du dynamisme

– Le nouveau manager est continuellement acculé à des contraintes de temps.	☐ oui	☐ non	☐ rarement
– Le nouveau manager passe fréquemment d'une activité à l'autre.	☐ oui	☐ non	☐ rarement
– Mener de front plusieurs activités est l'un des impératifs du poste.	☐ oui	☐ non	☐ rarement
– Le nouveau manager travaille sous tension avec un effort soutenu.	☐ oui	☐ non	☐ rarement

* Extrait du stage CEGOS, « Tout sur le recrutement ».

- La dépense d'énergie physique est l'une des caractéristiques importantes du poste.	☐ oui	☐ non	☐ rarement
Total	☐ X2	☐ X0	☐ X1
Total général			

2. Importance de l'autorité

- Le nouveau manager a plusieurs personnes sous sa responsabilité.	☐ oui	☐ non	☐ moins de 5
- Il doit superviser plusieurs travaux en même temps.	☐ oui	☐ non	☐ rarement
- Son avis est sollicité pour les décisions importantes.	☐ oui	☐ non	☐ parfois
- Il est souvent amené à être en relation avec le personnel de direction (participation aux réunions, présentations de projets).	☐ oui	☐ non	☐ rarement
- Il joue le rôle de coordinateur entre plusieurs équipes.	☐ oui	☐ non	☐ rarement
Total	☐ X2	☐ X0	☐ X1
Total général			

3. Importance de l'indépendance

- La concurrence doit stimuler le nouveau manager du poste et non l'abattre.	☐ oui	☐ non	☐ parfois
- Pour réussir dans l'activité il doit s'engager à fond et aimer gagner.	☐ oui	☐ non	☐ parfois
- La confiance des supérieurs hiérarchiques lui donne liberté dans le travail.	☐ oui	☐ non	☐ plutôt toute
- L'autonomie est indispensable pour mener à terme ses activités.	☐ oui	☐ non	☐ plutôt
- Dans son domaine, il fixe ses objectifs et ses initiatives sont appréciées.	☐ oui	☐ non	☐ rarement
Total	☐ X2	☐ X0	☐ X1
Total général			

4. Avoir le sens des relations humaines

- Le poste exige d'être en relation fréquente avec d'autres personnes (extérieures ou intérieures à l'entreprise).	☐ oui	☐ non	☐ rarement
- Le nouveau manager est amené à diffuser certaines informations au sein de la société ou à l'extérieur.	☐ oui	☐ non	☐ rarement
- L'attitude positive envers les autres est un des points forts dans la réussite des activités.	☐ oui	☐ non	☐ souvent
- Très orienté vers les contacts, l'aisance et la chaleur humaine sont des éléments clefs du comportement professionnel du nouveau manager.	☐ oui	☐ non	☐ souvent
- Il doit être à l'aise en toutes circonstances, la diplomatie est un atout dans la réussite des objectifs.	☐ oui	☐ non	☐ souvent
Total	☐ X2	☐ X0	☐ X1
Total général	☐		

5. Avoir le sens de l'organisation

- Le nouveau manager planifie lui-même ses activités et ses rendez-vous.	☐ oui	☐ non	☐ rarement
- Un document recherché doit être vite localisé ou retrouvé.	☐ oui	☐ non	☐ rarement
- Le nouveau manager doit parfaitement maîtriser la répartition de son temps, ce qui est indispensable dans son activité.	☐ oui	☐ non	☐ rarement
- Il définit ses programmes d'activités en sachant toujours où il en est.	☐ oui	☐ non	☐ rarement
- Il doit pouvoir à tout moment exprimer clairement ses objectifs.	☐ oui	☐ non	☐ rarement
Total	☐ X2	☐ X0	☐ X1
Total général	☐		

6. Rôle de l'ambition

- Le nouveau manager doit être conscient des limites de son poste.	☐ oui	☐ non	☐ plutôt
- Si un conflit se présente, il doit se sentir armé pour intervenir.	☐ oui	☐ non	☐ plutôt
- Il fixe ses objectifs de façon optimiste en étant sûr de les atteindre, sans toujours imaginer tous les aléas qui seront de toute façon surmontés.	☐ oui	☐ non	☐ rarement
- Il a en tête son itinéraire professionnel des années à venir ; son évolution de carrière est claire pour lui.	☐ oui	☐ non	☐ plutôt
- Il peut être sollicité pour un poste plus important dans une autre région.	☐ oui	☐ non	☐ rarement
Total	☐ X2	☐ X0	☐ X1
Total général	☐		

7. Importance du contrôle de soi

- Le travail sous tension est fréquent dans l'activité.	☐ oui	☐ non	☐ rarement
- Le sang-froid est un atout dans la réussite du travail du nouveau manager.	☐ oui	☐ non	☐ plutôt
- Le succès est dépendant de la stabilité de l'humeur du nouveau manager.	☐ oui	☐ non	☐ plutôt
- Pour réaliser ses objectifs, il ne doit pas se laisser impressionner.	☐ oui	☐ non	☐ plutôt
- La concurrence est, pour l'activité du nouveau manager, synonyme d'évolution et de stimulation.	☐ oui	☐ non	☐ plutôt
Total	☐ X2	☐ X0	☐ X1
Total général	☐		

8. La modestie

- Il est souvent important que le nouveau manager s'efface pour arriver à ses fins.	☐ oui	☐ non	☐ rarement
- Les activités du nouveau manager sont souvent critiquées ou contrôlées.	☐ oui	☐ non	☐ rarement
- L'obéissance est un atout pour le bien-être professionnel du nouveau manager.	☐ oui	☐ non	☐ parfois
- L'agressivité et l'autorité seraient deux handicaps dans le travail du nouveau manager.	☐ oui	☐ non	☐ rarement
- Les ordres qui sont donnés au nouveau manager doivent être perçus de sa part comme des conseils ou des indications et non comme étant l'expression d'une domination.	☐ oui	☐ non	☐ rarement
Total	☐ X2	☐ X0	☐ X1
Total général	☐		

Corrigé page 218

Diagnostiquez vos futurs styles de management*

7

Vous avez fait le point sur les valeurs en vigueur dans l'entreprise grâce à l'exercice 4. Vous avez repéré les forces et les faiblesses de l'outil de production que représente l'unité que vous prenez en charge grâce à l'exercice 5. Vous avez déterminé les traits de personnalité nécessaires à votre nouveau poste avec l'exercice 6. Maintenant, nous vous proposons de faire le point... sur vous-même ! En diagnostiquant les styles de management qui seront les vôtres à partir des attitudes et des modes de fonctionnement que vous projetez de mettre en œuvre.

Pour réaliser ce test, lisez chaque phrase et cochez une des réponses suivantes :

– Si elle correspond tout à fait à ce que vous voulez.
– Si elle est dans la ligne de ce que vous voulez.
– Si elle est éloignée de ce que vous voulez.
– Si elle ne correspond pas à ce que vous voulez.

	10 points	6 points	3 points	0 point
	Tout à fait ce que je veux	Dans la ligne de ce que je veux	Éloignée de ce que je veux	Pas du tout
1. Je ferai preuve de curiosité devant les nouvelles approches managériales.				
2. Tout le monde dans mon équipe connaîtra à l'avance mon système de contrôle.				

* Extrait du stage Cegos, « Jeunes cadres, réussissez dans votre première fonction de manager ».

	10 points	6 points	3 points	0 point
	Tout à fait ce que je veux	Dans la ligne de ce que je veux	Éloignée de ce que je veux	Pas du tout
3. L'essentiel sera pour moi que tout soit bien prévu et bien organisé, ce qui permettra de limiter le jeu des influences personnelles.				
4. Mes activités quotidiennes seront guidées par ma vision à long terme.				
5. Il faudra que mes collaborateurs aient fait la preuve de leurs capacités avant que j'envisage de leur déléguer une part de mon autorité.				
6. Je favoriserai les interactions entre les personnes en leur proposant des projets collectifs.				
7. Pour faire admettre les changements, je m'efforcerai de ne pas heurter les gens. Je laisserai tout le temps à mes collaborateurs pour qu'ils s'y habituent.				
8. En situation de crise, je saurai maintenir le cap.				
9. Je pense qu'au lieu de contrôler la qualité, on devrait la fabriquer.				
10. Quand un désaccord apparaîtra, je chercherai les causes liées à la situation, plus neutres que les raisons personnelles. J'éviterai ainsi de froisser les susceptibilités.				
11. J'exprimerai mon désaccord avec modération, en me référant à des règles connues par tous les membres de mon équipe.				
12. Je m'assurerai que mes collaborateurs ont assez de pouvoir pour atteindre leurs objectifs.				
13. C'est sur la façon dont elles réagiront face aux circonstances défavorables que je jugerai de la valeur des personnes que je dirigerai. C'est en effet dans les occasions difficiles que se révèlent les tempéraments forts.				
14. Je serai très attentif aux conditions de travail et je traiterai au plus vite les griefs avant leur transformation en affrontements.				

	10 points	6 points	3 points	0 point
	Tout à fait ce que je veux	Dans la ligne de ce que je veux	Éloignée de ce que je veux	Pas du tout
15. Lorsque j'animerai des réunions, le sujet sera bien délimité, chacun parlera à son tour et le temps sera minuté.				
16. Quand je serai responsable, chacun dans mon équipe saura à quoi s'en tenir. Je définirai les rôles avec précision. Je me servirai de fiches de fonction.				
17. Je managerai dans un esprit de « qualité totale ».				
18. J'encouragerai mes collaborateurs à se former pour préparer l'avenir.				
19. Je déléguerai avec prudence, car il ne sera pas question pour moi d'endosser les erreurs des autres et de risquer ainsi de perdre mon autorité.				
20. Mes collaborateurs devront d'abord trouver dans leur travail des motifs de satisfaction, ce qui comptera pour moi avant tout : la personne humaine et les bonnes relations.				
21. Je n'hésiterai pas à être dur et exigeant car si je laisse trop de liberté, mes collaborateurs risquent d'en profiter.				
22. Je serai aussi exigeant pour moi que pour mes collaborateurs.				
23. Je participerai à des rencontres professionnelles et j'en informerai mes collaborateurs.				
24. J'écouterai plus que je ne parlerai.				
25. La recherche d'une plus grande efficacité et la volonté de maintenir un bon climat de travail au sein de mon équipe ne seront pas pour moi contradictoires. Ce sera précisément mon rôle que de me préoccuper des deux.				

	10 points	6 points	3 points	0 point
	Tout à fait ce que je veux	Dans la ligne de ce que je veux	Éloignée de ce que je veux	Pas du tout
26. Les résultats de mon unité dépendront du travail d'équipe. Mes collaborateurs devront se sentir solidaires les uns des autres. Je m'attacherai à contribuer à cette solidarité.				
27. Pour favoriser l'esprit d'initiative de mes collaborateurs, je leur reconnaîtrai un droit à l'erreur.				
28. C'est en fonction des responsabilités confiées à chacun de mes collaborateurs que je définirai avec ma hiérarchie les actions de formation à entreprendre.				
29. Afin de me couvrir des risques, je rédigerai des notes de service qui serviront en cas de litige.				
30. Je pense que mon rôle consistera à faire passer les instructions que l'on me donnera.				
31. En cas de conflit, je préférerai un face-à-face vigoureux qui pourra créer des heurts entre les gens à un esprit d'équipe ambigu qui étouffera les désaccords sous-jacents.				
32. Je m'intéresserai beaucoup aux motivations de mes collaborateurs et en discuterai volontiers avec eux. Je leur montrerai ainsi que nous avons finalement les mêmes préoccupations et que rien ne nous oppose.				
33. Je ferai tout pour que chacun de mes collaborateurs soit engagé à fond par rapport aux rôles qui lui auront été assignés. J'y veillerai constamment, ce sera pour moi l'une de mes responsabilités de chef.				

	10 points	6 points	3 points	0 point
	Tout à fait ce que je veux	Dans la ligne de ce que je veux	Éloignée de ce que je veux	Pas du tout
34. La confrontation entre les idées exprimées par la hiérarchie et celles exprimées par mes collaborateurs sera une source de progrès.				
35. J'encouragerai les actes de formation qui répondront à la fois au désir de promotion des individus et au besoin de développement de l'entreprise.				
36. Il ne m'appartiendra pas de porter une appréciation sur les gens qui travailleront dans mon secteur puisque ce n'est pas moi qui déciderai de leurs augmentations de salaires et de leurs promotions.				
37. J'éviterai de faire apparaître un quelconque désaccord et je m'efforcerai d'ignorer les divergences qui pourront naître dans mon secteur de travail.				
38. Ce n'est qu'après avoir personnellement examiné un projet de changement et en avoir discuté avec mon supérieur hiérarchique que j'en aviserai mes collaborateurs.				
39. J'éviterai au maximum de laisser les gens s'habituer au train-train quotidien. Je les ferai progresser par des changements continus.				
40. Je ne parlerai pas de relations hiérarchiques pour ne pas envenimer mes rapports avec les membres de mon équipe. Je leur dirai souvent que nous sommes tous responsables au même degré.				

	10 points	6 points	3 points	0 point
	Tout à fait ce que je veux	Dans la ligne de ce que je veux	Éloignée de ce que je veux	Pas du tout
41. La mise en place de procédures claires sera essentielle lors de l'introduction d'un changement. La référence à des règles précises ne pourra que réduire les malentendus.				
42. Mon but sera de tirer le meilleur parti de moi-même, de mes collaborateurs et des technologies.				
43. Je laisserai mes collaborateurs choisir leurs stages de formation, même si ceux-ci sont sans rapport avec leur activité professionnelle. L'essentiel sera qu'ils soient satisfaits.				
44. S'il le faut, je serai prêt à prendre des mesures impopulaires.				
45. La rigueur et le formalisme seront nécessaires pour traiter les abus.				
46. Je parlerai en termes de projets et de missions à mes collaborateurs plutôt que de les laisser s'enfermer dans des fonctions rigides.				
47. C'est grâce à la sécurité que je leur apporterai que mes collaborateurs oseront prendre des initiatives.				
48. Je ne montrerai pas mes faiblesses pour ne pas être contesté.				
49. Je m'attacherai à rester le plus compétent.				
50. Je rappellerai à mes collaborateurs que nos trois passions communes sont la qualité, le client et la rentabilité.				

	10 points	6 points	3 points	0 point
	Tout à fait ce que je veux	Dans la ligne de ce que je veux	Éloignée de ce que je veux	Pas du tout
51. J'aurai des conversations informelles avec mon entourage, même sur des thèmes extra-professionnels.				
52. En cas de problème, je veillerai à ce que personne ne « perde la face ».				
53. Je saurai me taire pour permettre aux autres de s'exprimer.				
54. J'adapterai mon style de management en fonction des principales motivations de chacun de mes collaborateurs.				
55. Je traiterai les problèmes individu par individu en évitant d'organiser des réunions qui peuvent s'avérer incontrôlables.				
56. Dans la compétition économique actuelle, seuls ceux qui savent se battre survivront.				
57. Je reconnaîtrai mes erreurs sans pour autant me blâmer.				
58. Je prendrai seul mes décisions sans me laisser influencer par mes collaborateurs.				
59. J'organiserai mon travail ainsi que celui des autres afin d'économiser mon énergie psychologique ainsi que celle de mon entourage.				
60. Chacun pourra prendre des initiatives si celles-ci contribuent à l'amélioration de l'efficacité.				
61. J'annoncerai à l'avance les intentions de changements qui toucheront mon secteur de travail. Chacun pourra ainsi faire part des difficultés qu'il rencontre. Nous évoquerons ensemble les procédures à mettre en œuvre.				

	10 points	6 points	3 points	0 point
	Tout à fait ce que je veux	Dans la ligne de ce que je veux	Éloignée de ce que je veux	Pas du tout
62. Je me réserverai à l'avance des plages de temps pour rencontrer un à un mes collaborateurs, réfléchir, écrire mes idées, établir des bilans et des prévisions.				
63. Je me servirai de tous les outils de management mis à ma disposition dans mon entreprise : réunions d'échanges, groupes d'amélioration de la qualité, entretiens d'appréciation…				
64. Je déléguerai en observant un contrôle discret mais ferme.				
65. J'aurais préféré rester dans la technique car le management est une source d'ennui et de stress.				
66. J'encouragerai les membres de mon équipe à exercer sur moi une forte influence. Je ne craindrai pas cette influence car cela créera un bon esprit d'équipe.				
67. Je privilégierai le travail en groupe.				
68. C'est grâce à des contrôles très stricts que je pourrai garantir un rendement élevé. « Faire confiance » ne me paraît pas sérieux. Ne pas exercer soi-même le pouvoir de contrôle est à coup sûr une démission.				
69. Je passerai du temps à faire des tableaux et des statistiques pour justifier mon activité.				
70. Les réunions seront, pour moi, essentiellement l'occasion de mieux se connaître. Je favoriserai la libre expression de chacun.				
71. Je pense qu'il sera bon que mes collaborateurs éprouvent de la crainte à mon égard.				

	10 points	6 points	3 points	0 point
	Tout à fait ce que je veux	Dans la ligne de ce que je veux	Éloignée de ce que je veux	Pas du tout
72. Je sais que la recherche d'un accord profond entre plusieurs personnes est une quête irréaliste. Je me contenterai d'obtenir un accord acceptable pour tous.				
73. Je ferai la distinction entre les priorités et les urgences. Je choisirai de traiter les priorités d'abord.				
74. Manager, c'est se débrouiller avec toutes les contradictions pour que ça marche.				
75. Je serai sensible aux heurts entre les membres de mon équipe. En cas de conflit entre eux et moi, je m'efforcerai de les persuader qu'il s'agit d'un malentendu. Je ne voudrais pour rien au monde accroître leur opposition et risquer ainsi de perdre leur estime.				
76. Quand j'exercerai mes responsabilités, je sais que je serai confronté aux intrigues, aux trocs, aux marchandages et aux « peaux de bananes ».				
77. Un bon compromis réaliste vaut mieux qu'une solution parfaite sur le papier.				
78. Il faudra faire preuve d'habileté pour manager une équipe.				
79. Pour prendre une décision, il ne sera pas facile de satisfaire tout le monde. Mon art consistera à faire des compromis. Je m'efforcerai de ne déplaire ni à mon supérieur, ni à mes collaborateurs.				
80. Quand je découvrirai une erreur, j'aurai le devoir de sanctionner le responsable. Ce sera mon rôle de faire appliquer et respecter cette sanction.				

	10 points Tout à fait ce que je veux	6 points Dans la ligne de ce que je veux	3 points Éloignée de ce que je veux	0 point Pas du tout
81. Quand j'exercerai un contrôle sur le travail de mes collaborateurs, je leur expliquerai pourquoi, afin qu'ils en comprennent la raison. Cette attitude contribuera à leur donner plus d'assurance en eux-mêmes.				
82. Au cours des réunions, chacun pourra donner son avis et se sentira libre d'émettre ses suggestions. Je crois à la richesse des solutions qui résultent d'un travail en groupe.				
83. Je saurai m'accommoder des conflits dans mon groupe de travail car ils sont inévitables.				
84. S'informer est affaire d'habileté ; je prêcherai le faux pour connaître le vrai.				
85. Je devrai savoir faire ce que je demande à mes collaborateurs et montrer l'exemple.				
86. Mes réactions devant les erreurs seront très liées aux circonstances, aux personnes et à la nature du problème. D'une façon générale, je ne voudrais ni heurter, ni paraître trop indulgent. Je me servirai de l'erreur pour améliorer ce qui se fait.				
87. Il me sera difficile de prévoir les réactions des gens quand je leur soumettrai un projet de changement. Je pense qu'il me sera possible d'improviser.				
88. Les états d'âme et le sentiments sont des freins au travail bien fait.				
89. Il y a tellement d'impondérables dans un service qu'il me paraît inutile de planifier à tout prix toutes les activités. Je saurai m'accommoder de l'imprécision.				

	10 points	6 points	3 points	0 point
	Tout à fait ce que je veux	Dans la ligne de ce que je veux	Éloignée de ce que je veux	Pas du tout
90. J'aurai le plus grand souci d'informer mes collaborateurs afin qu'ils se sentent tous concernés ; il en découlera un sentiment de responsabilité collective.				
91. Je ne formaliserai que les choses essentielles. Pour le reste, je m'adapterai au fur et à mesure.				
92. Avant de prendre une décision, j'en parlerai autour de moi.				
93. Je permettrai à mes collaborateurs de développer leurs propres méthodes de travail.				
94. J'accepterai de changer d'avis et d'être convaincu par une idée exprimée par autrui, si j'estime que cette idée est utile à la réalisation d'un objectif.				
95. Je ne chercherai pas la perfection à tout prix. L'essentiel sera pour moi que le travail soit fait.				
96. Je discuterai avec chacun de la définition de son rôle. J'inviterai autant que possible mes collaborateurs à me donner leur avis sur la répartition des tâches et des responsabilités.				
97. Je faciliterai l'expression ouverte des désaccords car le choc des idées amène souvent des solutions intéressantes.				
98. Je passerai beaucoup de temps sur le terrain. Je rendrai visite à mes collaborateurs en cas de problème plutôt que de les convoquer dans mon bureau.				
99. Il ne m'appartiendra pas de connaître les modifications profondes de chacun des membres de mon équipe. L'important est que chacun accomplisse convenablement le travail qui lui aura été confié ; pour le reste, il devra se sentir libre.				
100. J'accomplirai moi-même de nombreuses activités.				

Corrigé page 218

Négociez les moyens de votre mission avec votre hiérarchie

8

exercices

Après avoir effectué le diagnostic global de la situation, listez les points à aborder et à négocier avec votre hiérarchie pour réussir votre prise de fonction. Pour chaque point à négocier, repérez vos enjeux, vos attentes, vos besoins. Puis repérez les enjeux et les attentes de votre hiérarchie.

1. Mes enjeux, attentes, besoins

....

....

....

....

2. Les enjeux, attentes, besoins de ma hiérarchie

....

....

....

....

Pour chaque éléments de votre négociation, quels sont :

– les points non négociables ?
– les concessions possibles ?
– les solutions à proposer ?

Enfin, envisagez la façon dont vous allez présenter les choses :

– pour obtenir un entretien afin de négocier ;
– lors de la négociation, pour aboutir à un résultat satisfaisant pour chacun.

Corrigé page 220

Fixez les règles du jeu avec l'équipe*

9

Vous avez fait le diagnostic global de la situation, vous avez négocié les moyens disponibles avec votre hiérarchie et vous avez déterminé la stratégie de communication qui va être la vôtre. Vous pouvez donc maintenant déterminer les « règles du jeu » que vous allez fixer avec votre équipe. Utilisez le tableau ci-dessous pour formaliser les règles que vous pouvez mettre en place avec l'équipe en arrivant dans l'entreprise.

TABLEAU DES DOMAINES DES RÈGLES DU JEU

	Valorisés	Attendus	Tolérés	Inadmissibles
Autonomie				
Disponibilité				
Erreurs				
Contacts avec l'équipe (travail d'équipe)				
Contacts extérieurs				
Expression des demandes				
Expression des désaccords				
En cas d'absence, tout est prévu				
Dire non				
Hiérarchie des priorités				
etc.				

1. Quelles sont, pour chaque domaine, les règles en usage dans l'entreprise ?
2. Quelles sont celles que vous souhaitez développer ?

Corrigé page 221

* Extrait du stage CEGOS, « Jeunes cadres, réussissez dans votre première fonction de manager ».

Réussissez la réunion de prise de contact*

10

Pour vous entraîner à préparer votre première réunion, nous vous proposons l'exercice suivant :

• Vous allez prendre la tête d'une équipe de football. C'est le premier contact. Que dites-vous ?

....

....

....

• Notez ci-dessous pendant 3 minutes, tout ce qui vous vient à l'esprit :

....

....

....

• Vous allez maintenant prendre la tête d'un orchestre philharmonique de 50 musiciens.

Notez ci-dessous, en 3 minutes, tout ce qui vous vient à l'esprit lors des premiers contacts : que dites-vous ? qu'entendez-vous ? quelles sont les premières impressions que vous voulez donner ?

....

....

....

• Maintenant, vous considérez votre arrivée dans votre équipe réelle. Vous imaginez une réunion de prise de contact idéale (que vous l'ayez déjà réalisée, ou pas encore, peu importe).

....

....

....

* Extrait du stage CEGOS, « Jeunes cadres, réussissez dans votre première fonction de manager ».

- De la même façon, notez en 3 minutes tout ce qui vous vient à l'esprit : des images, des sons, vous vous voyez vous-même, le lieu, les impressions...

  ....

  ....

  ....

- Quelles sont les spécificités des 3 scénarios ?

  ....

  ....

  ....

- Quelles sont les constantes des 3 scénarios ?

  ....

  ....

  ....

- Quelle est la trame commune ?

  ....

  ....

  ....

C'est à partir de cette trame que vous préparez votre réunion de prise de contact.

Corrigé page 222

Préparez vos premiers entretiens 11

Pour vous entraîner à mener vos premiers entretiens avec vos collaborateurs, déterminez maintenant la trame que vous allez adopter pour structurer ces entretiens.

Déterminez également où et quand ils auront lieu.

Corrigé page 223

Faites le bilan des différents besoins de l'équipe*

12

Au moment de prendre vos responsabilités, nous vous proposons de faire le point sur la manière dont sont satisfaits les différents besoins de l'équipe (tâche, individu, groupe). Pour chaque question, répondez :

Oui : si vous disposez des informations vous permettant d'affirmer que le besoin est correctement satisfait ;

Non : si vous disposez des informations vous permettant d'affirmer que le besoin n'est pas suffisamment satisfait

? : dans tous les autres cas.

1. Réussir le projet

POINTS CLÉS	QUESTIONS	VOTRE RÉPONSE		
		Oui	Non	?
Finalité	Est-ce que mon objectif est clair et bien défini ?			
Responsabilités	Est-ce que je connais mes responsabilités ?			
Objectifs	Me suis-je mis d'accord avec mon supérieur à ce sujet ?			
Programme	Ai-je un plan d'action échéancé pour atteindre mes objectifs ?			
Conditions de travail	Sont-elles correctes pour la fonction ?			
Ressources	Les moyens sont-ils adéquats (pouvoir, argent, matériel...) ?			
Objectifs (communication)	Les membres de l'équipe sont-ils capables d'énoncer les principaux objectifs ?			

* Extrait du stage CEGOS, « Jeunes cadres, réussissez dans votre première fonction de manager ».

Autorité	La ligne hiérarchique est-elle clairement définie dans le groupe ?			
Formation	Y a-t-il suffisamment de différence entre les qualités et les capacités des membres pour cette mission ?			
Priorités	Les ai-je planifiées dans le temps ?			
Progrès	Est-ce que je contrôle régulièrement l'avancement des travaux ?			
Remplacement	En cas d'absence, ai-je prévu de déléguer à quelqu'un ?			
Exemple	Mes comportements, face à cette mission, sont-ils exemplaires pour mon équipe ?			
	Total			

2. Construction et maintien de l'équipe

Points clés	Questions	Votre réponse		
		Oui	Non	?
Objectifs	Est-ce que l'équipe les comprend et les accepte complètement ?			
Normes	L'équipe connaît-elle les normes de performances pour cette mission ?			
Risques	L'équipe connaît-elle les conséquences d'un échec pour cette mission ?			
Taille de l'équipe	La taille de l'équipe est-elle correcte pour cette mission ?			
Membres de l'équipe	Les membres de l'équipe sont-ils faits pour travailler ensemble ?			
Esprit d'équipe	Est-il opportun de créer une équipe sur cette mission ?			
Rémunération	Les méthodes de rémunération favorisent-elles un développement de l'esprit d'équipe ?			
Discipline	Suis-je impartial et intègre pour faire appliquer les règles ?			
Représentation	Chacun peut-il se retrouver dans mon discours ?			
Griefs	Prend-on en compte les griefs rapidement ?			
Briefings	Sont-ils réguliers et planifiés ?			
Consultation	Est-elle véritablement sincère ?			
Support	Est-ce que je visite les gens à leur travail quand l'équipe est dispersée ?			
	Total			

3. Développer l'individu

Points clés	Questions	Votre réponse		
		Oui	Non	?
Objectifs	Ont-ils été définis et quantifiés ?			
Contribution individuelle	Est-ce que les membres de l'équipe se connaissent bien entre eux ?			
Réussite	Est-ce que chacun connaît sa contribution au résultat final ?			
Fonctions	Est-ce que chacun a une définition de ses fonctions ?			
Délégation	Puis-je déléguer plus sur leurs compétences ?			
Pouvoir	Ont-ils assez de pouvoir pour accomplir leurs missions ?			
Formation	Est-elle adéquate et suffisante ?			
Reconnaissance	La critique est-elle aussi bien positive que négative ?			
Développement individuel	Chacun a-t-il des possibilités de développement ou de carrière ?			
Performance	Y a-t-il une prise en compte régulière de la performance ?			
Rétribution	Y a-t-il équilibre entre le travail, la capacité et la rémunération ?			
Utilisation des compétences	Ont-ils l'emploi qui leur convient au mieux et les ressources nécessaires pour y faire face ?			
Les individus	Connaît-on bien les personnes ?			
Aide	Passe-t-on assez de temps avec les individus, à les écouter, conseiller et les aider à se développer ?			
Griefs	Sont-ils pris en compte rapidement ?			
Encouragement	Les performances individuelles sont-elles valorisées ?			
	Total			

Corrigé page 225

2e SÉRIE D'EXERCICES

Prendre en compte les motivations

Repérez vos propres motivations 13

Nous vous proposons de repérer les besoins que vous prenez en compte dans le cadre de l'animation d'une équipe.

Déroulement : Répartir 25 points entre a, b, c, d, et e dans chaque rubrique.

Exemple : à la rubrique 1, a = 7 ; b = 8 ; c = 2 ; d = 3 ; e = 5.

1. S'il y a un problème de moral dans le personnel, je pense que le mieux est d'intervenir au niveau :

a) de la sécurité de l'emploi et des avantages sociaux, ainsi que de la précision du rôle de chacun et du niveau des normes de rendement ;

b) des relations entre les personnes, de l'esprit de camaraderie ;

c) de l'intérêt du travail pour qu'il devienne plus riche, plus stimulant ;

d) de la conscience que chacun peut avoir de faire un travail important, dont il peut être fier et qui peut apporter des sanctions positives ;

e) de la qualité des conditions de travail.

2. Si quelqu'un est peu satisfait et se montre moins productif, je pense que c'est parce que :

a) il ne trouve pas la liberté d'action et les occasions de développement qu'il recherche ;

b) ses collègues sont distants et qu'il y a des petites rancunes à propos des désaccords dans le travail quotidien ;

c) il travaille dans de mauvaises conditions, ou voudrait un meilleur salaire ;

d) son travail comporte des risques qu'il ne veut pas prendre ;

e) il n'obtient pas l'avancement, l'estime ou le succès qu'il espérait.

3. J'apprécie les gens qui :

a) fournissent un travail correct en échange d'un salaire correct et d'un cadre de travail agréable ;

b) recherchent un avancement sensible basé sur les résultats ;

c) apprécient de faire un travail sûr dans une maison bien organisée où il y a une bonne sécurité d'emploi ;

d) savent apprécier une ambiance de travail et l'esprit d'équipe ;

e) cherchent à se réaliser, à innover, à prendre des initiatives.

4. Quand les gens jugent leur satisfaction et leur motivation au travail, ils regardent surtout :

a) si les relations avec les autres sont bonnes, si les gens s'apprécient et sont en compatibilité ;

b) si le travail est stimulant, si leurs compétences et capacités véritables sont mises à contribution ;

c) si le salaire est suffisant pour satisfaire leurs besoins personnels et familiaux ;

d) si leur classification, leur statut sont appréciables, s'ils sont récompensés pour leurs efforts et leurs mérites ;

e) s'il y a peu de reproches ou de sanctions négatives, ou de risques de perdre son emploi.

Corrigé page 225

Diagnostiquez vos formes d'engagement

14

Vous allez répondre à une série de 20 affirmations portant sur le travail. Certaines seront très évocatrices. D'autres vous sembleront plus éloignées de votre réalité professionnelle. À chaque question, vous devrez, en cochant la case correspondante, indiquer si vous êtes :

– Tout à fait d'accord : réponse A

– Plutôt d'accord : réponse B

– Moyennement d'accord : réponse C

– Plutôt en désaccord : réponse D

– En désaccord total : réponse E

	A	B	C	D	E
1. Si je vais travailler, c'est avant tout pour un salaire et le reste n'a que peu d'importance pour moi.					
2. J'attache beaucoup d'intérêt aux stages de formation. C'est l'occasion de se perfectionner et de se remettre en cause.					
3. Je me considère comme le patron de mon service et pour rien au monde je n'abandonnerais cette responsabilité.					
4. J'apprécie particulièrement les moments où nous pouvons travailler en groupe. Je découvre des idées différentes des miennes. L'échange est toujours préférable.					
5. Avant de prendre mes nouvelles fonctions, j'avais demandé à ce que l'on refasse mon bureau. Votre lieu de travail doit être à l'image de votre place dans la société.					
6. Si j'ai accepté de travailler pour cette entreprise, c'est essentiellement à cause de la qualité des relations entre les personnes. Qu'en pensez-vous ?					

	A	B	C	D	E
7. Quand je vois mes collègues s'occuper uniquement des questions d'ordre technique, je ne les comprends pas. J'ai l'impression qu'ils ne réalisent pas ce que veut dire diriger une équipe.					
8. Si les gens admettaient les différences de niveau et de responsabilité entre les personnes, cela irait mieux !					
9. J'ai quelquefois l'occasion de rencontrer des confrères qui occupent le même poste que le mien. Ces rencontres me plaisent beaucoup.					
10. Beaucoup ne réalisent pas que les temps ont changé. Il est nécessaire de réaliser constam- ment des gains de productivité.					
11. Mon premier objectif est de tout mettre en œuvre pour augmenter notre part de marché.					
12 . Je considère que celui qui n'augmente pas sa compétence professionnelle d'une année sur l'autre régresse. Aussi je cherche toujours à faire des expériences nouvelles.					
13. À chaque fin d'année, la direction réunit l'ensemble des services. Cela nous permet de mieux nous connaître. J'estime que ce n'est pas une perte de temps.					
14. À partir d'un certain niveau hiérarchique, j'estime logique de se voir affecter une secrétaire.					
15. Je ressens fortement le fait d'appartenir à mon entreprise. Il m'arrive même, quand j'en parle à l'extérieur, de défendre son image de marque auprès de mes amis.					
16. Régulièrement, je me remets en cause et me fixe de nouveaux objectifs personnels. Ce n'est que de cette manière que l'on progresse.					
17. Le souci de la qualité et le respect des clients sont les deux valeurs reconnues dans mon entreprise. On sait au moins ce qui a de l'importance et ce qui n'en a pas.					
18. Quand je vois le budget de fonctionnement de certains services, je me dis qu'ils ne cherchent pas tellement à réaliser des économies.					
19. À chaque lancement de nouveaux produits, nous nous réunissons entre services et je trouve cela toujours intéressant.					
20. Je n'aurais pas accepté ce poste sans la voiture de fonction. À un certain niveau, les signes extérieurs ont de l'importance.					

Corrigé page 226

Faites le point sur la façon dont vous appréhendez la délégation

15

Répondez à chaque question par « plutôt vrai » ou « plutôt faux ». Faites votre bilan individuellement en lisant la partie réponses conçue pour vous fournir, d'une part, les critères d'une délégation efficace et, d'autre part, un éclaircissement terminologique.

	Plutôt vrai	Plutôt faux
1. Tout peut se déléguer.		
2. La plupart des gens craignent les responsabilités.		
3. Déléguer, c'est céder une partie de son pouvoir et de ses responsabilités à un collaborateur.		
4. Toute délégation implique un contrôle (c'est-à-dire un suivi).		
5. Il est de bonne guerre de déléguer en priorité les activités les moins motivantes.		
6. La délégation est un jeu risqué, car à donner trop de pouvoir à ses collaborateurs, on risque de perdre le sien.		
7. Si la délégation est un échec, celui à qui elle a été proposée en est le seul responsable.		
8. Il faut parfois savoir imposer la délégation à des collaborateurs réticents.		
9. Même s'il a délégué, le supérieur doit constamment surveiller ce que font ses collaborateurs.		

	Plutôt vrai	Plutôt faux
10. La délégation est le plus souvent inutile car pourquoi faire faire par d'autres des choses qu'on ferait mieux ou plus vite soi-même ?		
11. La notion de contrôle est contraire à l'esprit de la démarche de délégation.		
12. La délégation suppose un droit à l'erreur pour le subordonné.		
13. La délégation présente l'inconvénient de faire émerger de revendications d'augmentation de salaire.		
14. La délégation est souvent impossible, faute de collaborateurs suffisamment compétents ou dignes de confiance.		
15. La délégation est un piège qui permet au supérieur de s'attribuer les succès de ses collaborateurs et de les rendre responsables de leurs échecs.		
16. Le chef qui délègue trop risque de constater un jour... qu'il n'a plus grand-chose à faire.		
17. Les modalités et la périodicité du contrôle sont déterminées et annoncées au départ lors de la mise en place d'une délégation.		
18. La délégation permet au responsable hiérarchique de mieux gérer son temps.		

Corrigé page 228

Traitez les erreurs

16

Un manager est, par sa fonction, confronté aux erreurs des autres. Faut-il punir son auteur ? Peut-on transformer une erreur en occasion d'apprentissage ?

Testez vos comportements face aux erreurs commises par vos collaborateurs

Répondez à chaque question par « d'accord » ou « pas d'accord », puis faites votre bilan.

	D'accord	Pas d'accord
1. En cas d'erreur, il vaut mieux parfois ne rien dire pour ne pas vexer le collaborateur et sauvegarder de bonnes relations humaines.		
2. Des erreurs nombreuses et répétées doivent être sanctionnées objectivement.		
3. Le droit à l'erreur équivaut à du laxisme.		
4. Si une erreur est commise, il faut que la personne se justifie.		
5. Une erreur est l'occasion d'améliorer l'organisation de l'atelier ou du service ainsi que la compétence des individus.		
6. Toute erreur mérite une sanction sinon elle risque de se reproduire.		
7. Si le droit à l'erreur n'existe pas, les gens cherchent à cacher les leurs.		
8. Le meilleur moyen d'éviter les erreurs est de surveiller attentivement ses collaborateurs.		

	D'accord	Pas d'accord
9. Le hiérarchique qui reconnaît ses erreurs auprès de ses collaborateurs risque de se discréditer.		
10. Il faut avoir une intervention pédagogique auprès des personnes ayant fait une erreur tout en mettant en place des procédures pratiques pour éviter qu'elle ne se reproduise.		
11. L'erreur est un bon moyen pour que les gens apprennent.		
12. La responsabilité d'une erreur incombe avant tout à celui qui l'a commise.		
13. Quand une erreur est détectée, il faut aussitôt une enquête et rechercher à tout prix l'auteur.		
14. Si une erreur est commise, il faut analyser les causes profondes, commenter et insister sur les causes indépendantes des personnes.		
15. Quand ils commettent une erreur, les gens cherchent avant tout à fuir leur responsabilité.		
16. Quand un collaborateur a commis une erreur, la première chose à lui demander est : « Pourquoi as-tu fait cela ? »		
17. En cas d'erreur, il faut dédramatiser, dire à son auteur : « Ce n'est pas si grave que cela ».		
18. Pour un responsable, le mieux est d'éviter que ses collaborateurs ne commettent des erreurs en leur transmettant son savoir-faire, les trucs et les astuces permettant de les éviter.		
19. Parfois, les gens ne prennent pas d'initiatives pour ne pas commettre d'erreurs.		
20. En cas d'erreur, il faut en expliquer les conséquences pour le service ou pour l'entreprise.		

Corrigé page 231

Développez des comportements efficaces*

17

Sachez formuler des demandes, dire non, et exprimer des critiques acceptables

Nous vous proposons maintenant une série de cas pratiques qui peuvent être utilisés de deux façons :

– individuellement, prenez connaissance des contextes et écrivez ce que vous diriez et feriez si vous vous trouviez dans les situations des protagonistes ;

– lors d'un séminaire, ces cas s'utilisent comme des jeux de rôle.

Dans tous les cas, reportez-vous à la partie Corrigé pour analyser vos modes de réaction dans ces situations.

Cas n° 1

Interlocuteur 1 :

La direction vous propose une promotion dans un autre service. On vous accorde une semaine de réflexion pour prendre votre décision.

Ne connaissant pas bien le poste qu'on vous propose, vous souhaitez vous renseigner. Par chance, vous connaissez bien un de vos collègues qui occupe un poste similaire à celui qu'on vous propose.

Vous décidez de lui rendre visite pour avoir des informations sur son travail. Vous entrez dans son bureau.

Interlocuteur 2 :

Vous rédigez un rapport délicat sur lequel vous avez pris beaucoup de retard. Pour pouvoir le remettre dans les délais, demain matin, vous devez y consacrer toute votre journée.

Un collègue arrive. Il travaille dans un autre service. Vous le connaissez bien et vous avez des bons rapports avec lui. Il entre dans votre bureau.

* Extrait du stage Cegos, « Cadres, gagnez du temps ».

Cas n° 2

Interlocuteur 1 :

Vous venez de prendre de nouvelles fonctions. Vous utilisez l'informatique sans être un spécialiste. Vous avez souvent besoin de conseils sur le fonctionnement du matériel que vous utilisez.

Comme vous avez de très mauvais rapports avec le spécialiste actuel, vous vous adressez de préférence à Paul qui occupait précédemment le poste, qui est très compétent et que vous appréciez beaucoup d'un point de vue relationnel. Vous vous rendez dans son service pour lui demander quelques précisions...

Interlocuteur 2 :

Beaucoup de personnes de l'entreprise viennent vous demander des conseils et des précisions concernant le fonctionnement du matériel informatique.

Parce que vous occupiez autrefois ces fonctions et que le nouveau responsable n'est pas d'un abord facile, on continue à faire appel à vous.

Vous pensiez qu'avec le temps les sollicitations diminueraient mais cela n'évolue pas. Vous voulez bien être gentil, mais il y a des limites…

Cas n° 3

Interlocuteur 1 :

Vous êtes en train d'élaborer votre budget pour 1998. C'est un travail important qui demande toute votre concentration.

Votre collègue du service voisin est nouveau dans son poste. Il ne connaît pas encore bien les règles de l'entreprise et doit lui aussi rédiger son budget.

Ce matin, c'est la cinquième fois qu'il vous téléphone pour vous demander des précisions.

À partir de maintenant, vous êtes bien décidé à ne plus vous laisser interrompre.

Le téléphone sonne...

Interlocuteur 2 :

Vous venez d'arriver dans la société. Ce poste est nouveau pour vous et vous ne le connaissez pas encore entièrement. Actuellement, vous réalisez votre budget 1998. C'est une urgence. Au fur et à mesure que vous avancez, vous découvrez des difficultés imprévues qui vous obligent à téléphoner à votre collègue du service voisin. Faute de quoi vous seriez en panne sans possibilité d'avancer. Vous l'avez dérangé déjà cinq fois ce matin. Et, encore une formule incompréhensible. Vous appelez votre collègue au téléphone...

Cas n° 4

Interlocuteur 1 :

Vous êtes chef de cellule dans un bureau de gestion des personnels non titulaires. Vous avez, vous et votre équipe, passablement de travail et peu de moyens pour y faire face. Tout le monde le sait. Aussi, il arrive que certains dossiers puissent prendre du retard. Ce matin, vous avez réuni votre équipe et vous êtes en train d'examiner des dossiers urgents et importants qui doivent être présentés prochainement en commission paritaire. Au beau milieu de la réunion, André, votre chef de bureau, vient vous voir pour vous demander, toutes affaires cessantes, de s'occuper du cas de M. X. Vous connaissez bien le cas de M. X. C'est une affaire compliquée qui va demander pas mal de temps. À partir de ces éléments, agissez comme bon vous semble et comme vous le feriez dans la réalité.

Interlocuteur 2 :

Vous êtes le nouveau directeur du bureau de la gestion des personnels non titulaires. Votre directeur de département, sollicité lui-même par le cabinet du ministre, veut avoir des informations urgentes sur le dossier de M. X qui est, paraît-il, en souffrance depuis longtemps. Vous descendez d'un étage et frappez au bureau du chef de cellule, François, responsable de ce dossier. Vous le découvrez en réunion avec son équipe. Désolé de ce contre-temps, vous lui demandez de vous occuper immédiatement de cette affaire. À partir de ces éléments, agissez comme bon vous semble et comme vous le feriez dans la réalité.

Cas n° 5

Interlocuteur 1 :

Lorsque vous êtes en entretien avec votre hiérarchique dans son bureau, votre conversation est fréquemment interrompue par les appels téléphoniques qu'il reçoit.

Hier, il est resté 20 minutes en contact avec un fournisseur pour régler un problème de livraison.

Cela vous gêne et vous fait perdre beaucoup de temps.

Vous décidez d'aller le voir pour lui demander d'avoir des comportements qui vous fassent perdre moins de temps.

Il vous reçoit.

Interlocuteur 2 :

Votre nouveau collaborateur avec lequel vous vous êtes entretenu hier dans votre bureau demande à vous voir. Vous le recevez.

Corrigé page 233

Comment conduisez-vous vos entretiens ?

18

exercices

Ce questionnaire d'autodiagnostic va vous permettre de faire le point quant à la manière dont vous conduisez vos entretiens. À l'issue de ce questionnaire, vous pourrez visualiser, sur une grille prévue à cet effet, vos points forts et vos points faibles. Vous pourrez ainsi développer vos points forts et prendre les mesures nécessaires pour atténuer, diminuer vos points faibles.

Il vous permettra, en outre, de prendre conscience des différents points sur lesquels un nouveau responsable doit porter son attention lors d'un entretien.

Vous répondez spontanément en entourant, pour chaque alternative, le numéro de la proposition qui correspond au plus près à ce que vous faites ou pensez faire dans la réalité.

Proposition	Votre choix
1. Je débute et termine l'entretien aux heures prévues. 2. Conduire un entretien, c'est s'efforcer de rester neutre.	1 ou 2 ?
3. Dans un entretien, je poursuis toujours un objectif personnel bien défini. 4. Conduire un entretien, c'est s'intéresser au comportement de son interlocuteur.	3 ou 4 ?
5. Dans un entretien, il y a toujours un perdant et un gagnant. 6. Dans un entretien, il faut savoir gérer le temps accordé à chaque thème.	5 ou 6 ?
7. Mener un entretien, c'est faire en sorte que l'interlocuteur s'exprime aussi librement et complètement que possible. 8. J'encourage mon interlocuteur par des sourires, des hochements de tête, des « hum ! hum »...	7 ou 8 ?

PROPOSITION	VOTRE CHOIX
9. L'efficacité d'un entretien dépend de notre capacité à poser les bonnes questions. 10. Je m'accorde un temps de préparation avant chaque entretien.	9 ou 10 ?
11. Mener un entretien c'est savoir tour à tour suivre son interlocuteur, puis le conduire. 12. En début d'entretien, je précise l'objectif et je définis les règles du jeu.	11 ou 12 ?
13. Lorsque la situation l'exige, je sais dépassionner l'entretien. 14. Dans un entretien, plus on échange, moins on arrive à un accord.	13 ou 14 ?
15. Je termine toujours un entretien par une phrase de synthèse. 16. Dans un entretien, j'ai tendance à imposer mon point de vue.	15 ou 16 ?
17. Il faut savoir utiliser le langage de l'autre pour être efficace. 18. J'essaie le plus souvent de comprendre les émotions de mon interlocuteur.	17 ou 18 ?
19. Un entretien efficace va droit à l'essentiel. 20. Au cours d'un entretien, le plus difficile pour moi est d'écouter.	19 ou 20 ?
21. Je me montre le plus souvent coopératif. 22. Au cours d'un entretien, je traite les problèmes méthodiquement.	21 ou 22 ?
23. Je sais faire des concessions. 24. Un entretien bien mené doit coller au plus près des faits.	23 ou 24 ?
25. La forme d'un entretien dépend de son objectif. 26. Dans un entretien, j'ai souvent tendance à interrompre mon interlocuteur.	25 ou 26 ?
27. Je sais exprimer clairement mes sentiments. 28. L'entretien est une perte de temps car on n'en sort rien de concret.	27 ou 28 ?
29. L'entretien efficace est celui où on a su faire passer le message. 30. Mener un entretien c'est savoir reformuler.	30 ou 31 ?
31. Je porte un intérêt certain à l'ambiance dans laquelle se déroule l'entretien. 32. Un entretien bien mené répond à deux objectifs : une bonne relation, une bonne information.	31 ou 32 ?
33. Structurer précisément l'entretien est une des conditions de sa réussite. 34. Un entretien bien mené doit prendre peu de temps.	33 ou 34 ?
35. J'évite de porter toute évaluation sur ce que dit mon interlocuteur. 36. En début d'entretien, je fais en sorte de mettre à l'aise mon interlocuteur. 35 ou 36 ?	

Corrigé page 237

Testez vos façons de faire*

19

exercices

Cet exercice vous propose de faire face à différentes situations. Choisissez, pour chaque cas, le mode de réponse managérial qui serait le vôtre.

Cas n° 1

Vous êtes le nouveau responsable d'un service et vous venez d'embaucher il y a un mois un jeune collaborateur, à la suite du départ en retraite d'un membre de votre équipe.

C'est son premier emploi, et depuis son arrivée, il a du mal à accomplir le travail que vous lui demandez de faire et il est débordé.

Que faites-vous ?

....

....

....

Cas n° 2

Vous êtes le nouveau responsable d'un service et vous sortez d'une réunion avec votre hiérarchique concernant le budget de l'année prochaine. Celui-ci vous a informé des décisions de la direction générale : il faut impérativement réduire les coûts de 10 % !

Vous allez annoncer la nouvelle à vos collaborateurs en sachant qu'ils vont mal accueillir cette décision.

Que faites-vous ?

....

....

....

* Extrait du stage CEGOS, « Jeunes cadres, réussissez dans votre première fonction de manager ».

Cas n° 3

Ce collaborateur a toujours eu d'excellents résultats et montré un réel engagement dans les activités qui lui sont confiées. Or, depuis quelques semaines, ses résultats sont moins bons et vous avez perçu un changement de comportement de sa part.

Que faites-vous ?

....

....

....

Cas n° 4

Depuis votre arrivée dans le service, vous avez confié à un collaborateur des missions dont il s'est toujours acquitté avec compétence et engagement.

Il vous a proposé un projet dont la réussite serait importante pour l'ensemble du service.

Que faites-vous ?

....

....

....

Corrigé page 239

Repérez vos attitudes face aux conflits dans l'équipe

20

exercices

Nous vous proposons de tester vos attitudes face à des situations conflictuelles en faisant face aux quatre situations ci-dessous. Pour chaque situation, choisissez entre les propositions A, B, C, D, E l'action qui serait la vôtre.

Première situation

Pierre est chef d'équipe en production et a sous sa responsabilité 5 ouvriers. Récemment, il a remarqué qu'un homme travaillant dans une autre équipe venait régulièrement converser avec un de ses ouvriers, Jean. La qualité du travail de Jean laisse à désirer et son manque d'attention a déjà provoqué plusieurs erreurs.

Cette situation crée de l'animosité chez les autres ouvriers. Si vous étiez à la place de Pierre :

A. Vous parleriez à Jean, pour lui demander de restreindre ses conversations durant les heures de travail. ☐

B. Vous demanderiez à votre agent de maîtrise d'indiquer au chef de l'autre équipe de surveiller ses hommes de plus près. ☐

C. Vous confronteriez les deux hommes durant leur prochain entretien (Jean, la personne de l'autre équipe et éventuellement son chef d'équipe) pour leur demander de s'expliquer et leur communiquer les conséquences néfastes de leur attitude sur le travail et l'ambiance. ☐

D. Vous ne diriez rien maintenant ; il serait fou de faire des histoires pour si peu de choses. ☐

E. Vous tenteriez d'apaiser les autres ouvriers. Il est important qu'il existe un climat de coopération. ☐

Deuxième situation

Solange est responsable du service contrôle de qualité des produits. Deux contrôleurs lui ont apporté des suggestions au sujet de l'acheminement des résultats des tests vers le personnel de la production.

Paul pense qu'il faut communiquer les résultats au contremaître qui est le premier responsable. Jean, lui, croit que les résultats devraient être d'abord communiqués au chef d'équipe parce qu'il peut corriger les erreurs le plus rapidement possible. Les deux opinions semblent valables.

Si vous étiez à la place de Solange :

A. Vous prendriez la décision vous-même et demanderiez qu'on accepte votre décision. ☐

B. Vous attendriez que la meilleure solution soit évidente. ☐

C. Vous diriez à Paul et à Jean de tout oublier. La question n'est vraiment pas importante. ☐

D. Vous réuniriez Paul et Jean pour examiner minutieusement leurs suggestions. ☐

E. Vous enverriez les résultats des tests au contremaître et au chef d'équipe (même si cela exige plus de travail). ☐

Troisième situation

Roger est chef d'une équipe de 15 personnes. L'équipe travaille 2 x 8 heures : 5h00 - 13h00 / 13h00 - 21h00.

Roger croit qu'une personne de l'équipe du matin, Marc, arrive très souvent en retard. Cela lui a été rapporté par plusieurs personnes, or, la carte de pointage de Marc ne montre aucun retard. Si vous étiez à la place de Roger :

A. Vous vous confronteriez ouvertement à Marc, lui diriez ce que vous pensez de lui, demanderiez des explications ☐

B. Vous demanderiez à Marc de faire un effort sur ses horaires d'arrivée le matin. ☐

C. Vous ne vous adresseriez pas à Marc immédiatement ; cela pourrait le rendre méfiant. ☐

D. Vous lui diriez que ses retards répétés sont connus et qu'en plus vous savez qu'il « truque » sa carte de pointage, tout en le prévenant qu'au moment où il sera pris sur le fait, vous ferez ce qui est en votre pouvoir pour le sanctionner. ☐

E. Vous surveilleriez Marc en venant à l'heure d'embauche du matin pour vérifier vos présomptions. ☐

Quatrième situation

Guy est responsable d'une équipe de contrôle qualité.

Le service production a régulièrement fait appel aux services des contrôleurs pour vérifier la qualité des produits. Cela n'a pas causé de problème puisque le travail demandé est ponctuel et correspond à la mission du service contrôle qualité. Depuis peu, en revanche, le service production demande que quatre personnes du contrôle qualité soient constamment en production pour multiplier les contrôles.

Or, cela désorganise totalement le travail du service contrôle qualité.
Si vous étiez à la place de Guy :

A. Vous ne feriez rien pour le moment. La situation devrait se régulariser sous peu. ☐

B. Vous tenteriez d'arranger les choses avec le responsable du service de production et votre équipe ; tout le monde a du travail et un conflit n'arrange rien. ☐

C. Vous céderiez deux de vos « contrôleurs » au service production. ☐

D. Vous rencontreriez le responsable de la production pour trouver une façon de satisfaire à ses exigences sans pour autant affecter la production. ☐

E. Vous demanderiez au directeur de mettre un frein aux exigences du service de production. ☐

Corrigé page 241

Et si vous deviez recruter...

21

Quel genre de recruteur seriez-vous ? Nous vous proposons ce questionnaire qui vous permettra de savoir quels sont vos critères naturels de sélection. Pour chacune des affirmations, mettez une croix dans la colonne correspondant à la réponse de votre choix. Vous calculerez votre « score » grâce au tableau que nous avons établi à la fin du questionnaire.

	OUI	NON
1. Seuls les ambitieux réussissent.		
2. Je me méfie des gens dynamiques : ils sont souvent incompétents et « brassent beaucoup de vent ».		
3. Si un salarié est très souvent motivé, il donne le meilleur de lui-même.		
4. Prendre des initiatives, c'est courir des risques.		
5. Je suis sensible à une bonne ambiance de travail.		
6. Je recherche des collaborateurs autonomes : c'est un gain de temps précieux.		
7. La résistance au stress est un critère important de sélection.		
8. Je préfère engager des célibataires, ils ont moins de contraintes extérieures et sont plus disponibles.		
9. Pour garder ses bons employés, il est nécessaire de bien les payer.		
10. J'aime les gens dynamiques.		
11. Je prends mes distances par rapport aux personnes ambitieuses car elles sont capables de réussir en écrasant tout le monde. Ce n'est pas le meilleur moyen pour y arriver.		

	OUI	NON
12. Une grande majorité des Français a perdu toute motivation dans le travail. C'est regrettable.		
13. Je suis du genre à « pousser » les hommes à prendre des initiatives.		
14. Il faut être capable de travailler sous pression permanente, telle est ma devise.		
15. Je n'apprécie pas la mentalité fonctionnaire : « À moins dix je range mes affaires, à 17 heures je suis parti ».		
16. Il est important d'être apprécié par ses collaborateurs.		
17. J'aime que l'on me laisse travailler en paix, sans me déranger sans cesse pour me demander ce qu'il y a à faire.		
18. Un salaire est à prendre ou à laisser. Les insatisfaits peuvent aller voir ailleurs. Ce n'est pas négociable.		
19. Je préfère m'entourer de partenaires pleins d'allant et d'entrain car ils sont généralement efficaces.		
20. Le travail est une chose, mais la vie de famille en est une autre. Ce n'est pas facile de faire un choix.		
21. Une personne motivée se consacre entièrement à son travail. C'est ce que je recherche.		
22. Prendre des initiatives, c'est d'une certaine façon se sentir responsable.		
23. Il faut savoir prendre du recul face aux situations stressantes.		
24. Ne réussissent que ceux qui sacrifient leur vie au travail.		
25. Il faut favoriser le dialogue et la communication dans l'entreprise. C'est le seul moyen d'éviter les conflits et d'être efficace.		
26. Être indépendant, c'est organiser soi-même ses différentes missions avec le minimum d'aide.		
27. Un bon salaire est un facteur de satisfaction important.		
28. Le dynamisme est une qualité que les entreprises recherchent chez les salariés.		
29. Un manque d'ambition est synonyme d'un faible désir d'entreprendre. C'est aujourd'hui inacceptable chez un jeune.		
30. J'accorde une valeur particulière aux motivations réelles des gens.		

	OUI	NON
31. Trop d'employés ont une mentalité d'assistés et refusent la moindre responsabilité.		
32. La maîtrise de soi face aux pressions et tensions extérieures est une grande qualité.		
33. Il faut être disponible et ne pas compter le nombre d'heures que l'on passe à son bureau.		
34. Favoriser de bonnes relations avec le personnel c'est améliorer les conditions de travail.		
35. L'autonomie des salariés me fait peur. Seul le patron n'a de comptes à rendre à personne.		
36. Bien rémunérer les gens coûte cher et ne change pas grand-chose aux résultats de leur travail.		
37. On ne peut pas exiger d'une personne de 40 ans d'être dynamique. C'est réservé aux jeunes.		
38. L'ambition est un critère essentiel de sélection.		
39. Une personne motivée réussira toujours car elle se donnera les moyens de ses ambitions.		
40. Tout le monde rejette les responsabilités sur autrui. Peu de gens ont le courage de prendre des initiatives personnelles.		
41. Je me méfie des personnes trop sensibles : elles sont souvent vulnérables.		
42. Je ne supporte pas les employés qui regardent leur montre pour quitter le travail à l'heure.		
43. Établir de bonnes relations avec ses partenaires, c'est s'adapter facilement.		
44. L'autonomie d'un candidat me dérange un peu. Je préfère les gens qui suivent mes ordres.		
45. Je n'hésite pas à augmenter le salaire d'un individu si son profil m'intéresse.		

Corrigé page 243

Les plus et les moins d'une rémunération variable*

22

Recherchez quels sont les avantages et les inconvénients pour l'entreprise et le salarié de mettre en place une rémunération variable sur des objectifs individuels.

	POUR LE SALARIÉ	POUR L'ENTREPRISE
Avantages		
Inconvénients		

Corrigé page 246

* Extrait du stage CEGOS, « Tout sur les rémunérations ».

Bâtir son plan de réussite à six mois 23

Ce plan de réussite est un accord passé entre la personne et elle-même définissant clairement l'objectif d'amélioration ou de développement qu'elle veut atteindre et les moyens d'y parvenir.

Pas de corrigé type pour cet exercice

Corrigés des exercices

Corrigé de l'exercice 1

Vous venez de distinguer les savoir-faire que vous avez déjà mis en œuvre dans vos précédentes fonctions de ceux que vous allez devoir développer dans vos nouvelles fonctions de manager.

En fonction de votre environnement et de vos fonctions, quels sont les savoir-faire à développer en priorité ?

Quelles conclusions en tirez-vous quant à vos objectifs de développement ?

Corrigé de l'exercice 2

Vous venez de définir les orientations de votre entreprise pour chacun des douze points listés ci-dessus, et qui représentent autant de domaines pour lesquels votre contribution est attendue. Si vous ne pouvez pas répondre à l'un de ces points, vous venez de découvrir que vous manquez d'informations. Dans ce cas, il est utile de chercher ces informations manquantes auprès de tiers.

En fait, on ne lance pas un produit sans avoir fait d'étude de marché. Cette vérité ferait sourire n'importe quel professionnel du marketing, tant elle est évidente. Appliquée à l'évolution professionnelle, la formule l'est moins. Trop souvent, les personnes qui évoluent se lancent sans idées précises sur les orientations de l'entreprise ni sur le mode de contribution à ces orientations qui sera le leur. Pourtant, avant d'aborder de ce que l'on attend de l'entreprise, il faut démontrer ce que l'on peut faire pour elle. Réfléchir sur l'adéquation entre ce que l'on met en place et les besoins du marché ou de l'entreprise est une étape essentielle puisque c'est elle qui va déterminer le succès de la démarche future.

Corrigé de l'exercice 3

Pour définir votre mission, vous devez répondre aux questions qui vous ont été proposées. Nous vous suggérons de vérifier la validité de la définition de mission à laquelle vous aboutissez en la confrontant à la méthodologie proposée ci-dessous. Le cas échéant, complétez votre définition de mission.

1. Raison d'être de l'unité : ....

(Vous indiquez ici ce à quoi sert l'unité de travail dans laquelle vous vous trouvez.)

2. *Raison d'être de la fonction :*..

(Vous indiquez ici ce à quoi sert la fonction que vous occupez.)

3. *Raison d'être de votre poste :*

Exprimez la raison d'être de votre poste en une phrase de 3 à 5 lignes au maximum et qui permettra de répondre aux questions suivantes :

– quel rôle je joue dans mon unité ?

– en quoi ce rôle se différencie de celui des autres ?

– si ma fonction venait à disparaître, que manquerait-il à mon entreprise, à mon unité ?

Si le poste a « deux casquettes », la raison d'être du poste peut être exprimée en deux phrases.

4. *Les principales missions du poste :*

Vous pouvez définir les principales missions de votre poste en suivant une méthodologie en six points.

1. Pour identifier les principaux clients de votre poste, posez-vous la question :

« Qui a besoin de mon travail ? quelle personne ? quelle fonction ? s'agit-il de clients internes ou de clients externes ? »

Exemple : un service du personnel a comme client interne :

– les différents salariés de l'entreprise,

– la direction,

– les instances représentatives du personnel ;

et comme client externe :

– l'inspection du travail,

– la médecine du travail.

2. Pour repérer les principales missions du poste, répondez à la question : « Qu'attendent de ma fonction ces différents clients ? »

Notez qu'une mission permanente se compose de trois éléments :

1. Le résultat permanent attendu,

2. Le degré de responsabilité ou impact sur le résultat identifié,

3. Les activités principales conduites par le titulaire pour parvenir au résultat énoncé.

3. Les missions

Elles sont en nombre limité : 4 à 7 au maximum.

Elles ont un caractère permanent : elles ne changent pas tant que le poste n'est pas modifié.

4. Comment exprimer le résultat permanent attendu ?

– Avec un verbe d'action qui permet d'introduire de façon active la nature de la responsabilité du poste pour le résultat final considéré.

Exemple : assurer ou contribuer.

– Avec un nom qui spécifie le domaine d'intervention.

Exemple : assurer le secrétariat du service.

5. Comment exprimer le degré de responsabilité ou impact sur le résultat ?

Il est possible d'identifier trois niveaux d'impacts :

– Direct et primordial : le titulaire est alors le seul garant du résultat et possède les leviers nécessaires pour agir.

Exemple : garantir, assurer, obtenir, maintenir.

– Direct et partagé : le titulaire est garant du résultat, mais sa responsabilité est partagée avec un collatéral.

Exemple : garantir avec…, assurer avec…

– Indirect : le titulaire concourt à un résultat atteint par d'autres.

Exemple : contribuer.

6. Comment exprimer les activités principales ?

En utilisant des phrases commençant par des verbes d'action au participe présent.

Exemple : en concevant, planifiant, organisant et contrôlant les travaux de recherche à l'intérieur de la société.

Corrigé de l'exercice 4

Sur les dix échelles ci-après, encerclez la valeur correspondant à la réponse que vous avez donnée pour cet élément du questionnaire. Faites le total de votre score pour chacune des dix catégories et suivez la formule mathématique donnée pour chacune. Le résultat est votre score final en pourcentage.

1. Appartenance à l'entreprise

Éléments	A	B	C	D	E
1	- 2	-1	0	+1	+2
11	+2	+1	0	-1	- 2
21	-2	-1	0	+1	+2
31	+2	+1	0	-1	- 2

Score total……… / 8 x 100 =………% score final

2. Performances et excellence

Éléments	A	B	C	D	E
2	+ 2	+1	0	-1	-2
12	-2	-1	0	+1	+2
22	-2	-1	0	+1	+2
32	+2	+1	0	-1	-2
40	+2	+1	0	-1	+2

Score total………/10 x 100 =………% score final

3. Travail d'équipe et communication

Éléments	A	B	C	D	E
3	2	+1	0	-1	-2
13	+2	+1	0	-1	+2
23	-2	-1	0	+1	+2
33	+2	+1	0	-1	-2
41	-1	-2	0	+1	+2

Score total………/10 x 100 = ………% score final

4. Leadership

Éléments	A	B	C	D	E
4	+ 2	+1	0	-1	-2
14	+2	+1	0	-1	-2
24	+2	+1	0	-1	-2
34	+2	+1	0	-1	-2
42	+2	+1	0	-1	-2

Score total………/10 x 100 =……… % score final

5. Profitabilité et rentabilité

Éléments	A	B	C	D	E
5		+2	+1	0	-1
-2					
15	-2	-1	0	+1	+2
25	-2	-1	0	+1	+2
35	+2	+1	0	-1	-2

Score total ………/ 8 x 100 =………% score final

6. Relations avec les collègues

Éléments	A	B	C	D	E
6	-2	-1	0	+1	+2
16	+2	+1	0	-1	-2
26	+2	+1	0	-1	-2

Score total .... / 6 x 100 =.........% score final

7. Relations avec les clients

Éléments	A	B	C	D	E
7	-2	-1	0	+1	+2
17	+2	+1	0	-1	-2
27	-2	-1	0	+1	+2
36	+2	+1	0	-1	-2

Score total......... / 8 x 100 = ... % score final

8. Innovation et créativité

Éléments	A	B	C	D	E
8	+2	+1	0	-1	-2
18	+2	+1	0	-1	-2
28	-2	-1	0	+1	+2
37	+2	+1	0	-1	-2

Score total ..../ 8 x 100 = ... % score final

9. Formation et développement des compétences

Éléments	A	B	C	D	E
9	+2	+1	0	-1	-2
19	+2	+1	0	-1	-2
29	+2	+1	0	-1	-2
38	+2	+1	0	-1	-2

Score total......... / 8 x 100 = ...% score final

10. Ouverture

Éléments	A	B	C	D	E
10	+2	+1	0	-1	-2
20	+2	+1	0	-1	-2
30	+2	+1	0	-1	-2
39	+2	+1	0	-1	-2

Score total .... / 8 x 100 =............ % score final

FEUILLE DE PROFIL DE VOTRE ÉQUIPE OU DE VOTRE ENTREPRISE :

	- 100 %	- 50 %	0 %	+ 50 %	+ 100 %
1. Appartenance à l'entreprise					
2. Performances et excellence					
3. Travail d'équipe et communication					
4. Leadership					
5. Profitabilité et rentabilité					
6. Relations avec les collègues					
7. Relations avec le client					
8. Innovation et créativité					
9. Formation et développement					
10. Ouverture					

Grâce à ce test, vous venez de déterminer les normes qui sont en vigueur dans votre service ou dans votre entreprise. Identifiez les forces et les faiblesses qui ressortent de cette analyse afin de voir comment vous allez vous positionner.

Corrigé de l'exercice 5

Déterminez votre score

	1 Votre score	2 Maxi possible	Pourcentage
A. Contrôle et gestion de l'activité	....	300	....
B. Délai de réalisation	....	250	....
C. Qualité et conformité	....	250	....
D. Flexibilité	....	300	....
E. Coûts de revient	....	300	....
F. Aménagement des postes de travail	....	250	....
G. Sécurité	....	300	....
H. Climat social	....	250	....
	Score total	/ 2200	% moyen

Pour identifier les points faibles, repérez ceux dont le pourcentage est inférieur au pourcentage moyen. Il s'agit d'examiner et d'éliminer les carences sur ces points en un premier temps.

Tracez le profil de l'équipe ou de l'unité

Reportez les points correspondant à chacun des pourcentages calculés sur le rayon concerné. Reliez ces points par des segments de droites : vous obtenez votre profil de fonctionnement. Pour identifier les points sur lesquels une action d'amélioration est à engager, tracez un cercle de rayon égal au pourcentage moyen calculé ci-avant. Tous les points à l'intérieur de ce cercle sont des points où des progrès peuvent et doivent être réalisés.

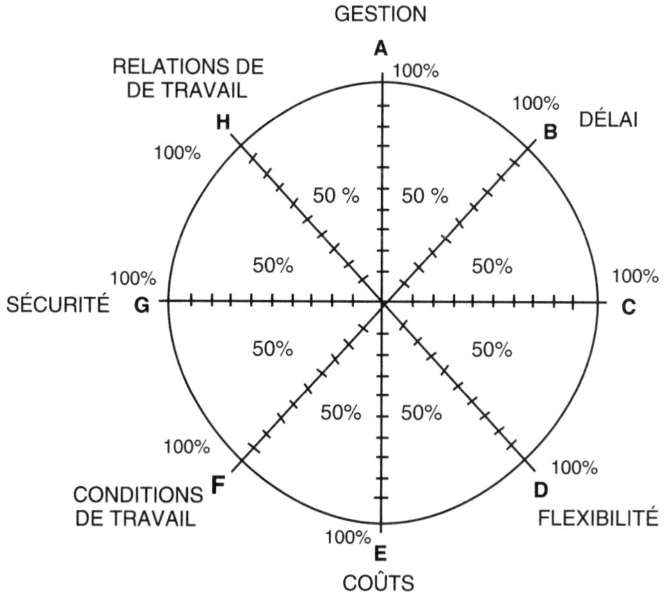

Nous vous proposons ci-dessous quelques réflexions qu'il est possible d'avoir à l'issue de ce diagnostic.

– Dans une entreprise les possibilités d'amélioration sont nombreuses, variées, plus ou moins importantes ou urgentes.

– Les besoins des clients changent, les produits ou les services évoluent en conséquence, les techniques mises en œuvre pour satisfaire ces besoins se périment de plus en plus vite. On appelle cette évolution le « progrès ». Toute entreprise doit progresser pour survivre.

– Dans chaque unité de production, la recherche permanente des points forts, des points faibles et le déclenchement d'actions correctives sont une nécessité vitale.

– L'analyse et l'amélioration permanente sont l'œuvre de tous ceux qui assurent une fonction d'animation et/ou de coordination.

– L'amélioration peut être aussi l'occasion d'impliquer l'ensemble des acteurs concernés par l'activité, de les pousser à adopter une attitude d'amélioration et de se tourner vers l'avenir.

Corrigé de l'exercice 6

Pour chaque proposition, vous comptez 2 points pour « oui », 1 point pour « rarement » (ou autre critère) et 0 point pour « non ». À l'issue de ce test, vous pourrez évaluer les points à vérifier avec votre hiérarchie.

Personnalité	Points
Dynamisme	…………
Autorité	…………
Indépendance	…………
Sens des relations humaines	…………
Organisation	…………
Ambition	…………
Contrôle de soi	…………
Modestie	…………
Total (maximum 60 points)	

Corrigé de l'exercice 7

Reportez vos réponses dans la grille ci-dessous

Directivité		Persuasion		Participation		Délégation		Adaptation	
N°	Points	N°	Points	N°	Points	N°	Points	N°	Points
5			1		6		2		51
13			4		7		3		52
19			8		10		11		54
21			9		14		15		57
28			12		20		16		72
31			17		24		29		74
33			18		26		30		76
38			22		32		36		77
44			23		40		37		78

Directivité		Persuasion		Participation		Délégation		Adaptation	
N°	Points	N°	Points	N°	Points	N°	Points	N°	Points
48		25		43		41		79	
49		27		61		45		83	
55		34		66		47		84	
56		35		67		53		86	
58		39		70		59		87	
68		42		75		62		89	
71		46		81		64		91	
80		50		82		65		92	
85		60		90		69		93	
88		63		96		73		94	
100		97		98		99		95	

Vous venez de déterminer les styles de management que vous avez favorisés.

Tracez votre profil personnel sur l'histogramme suivant.

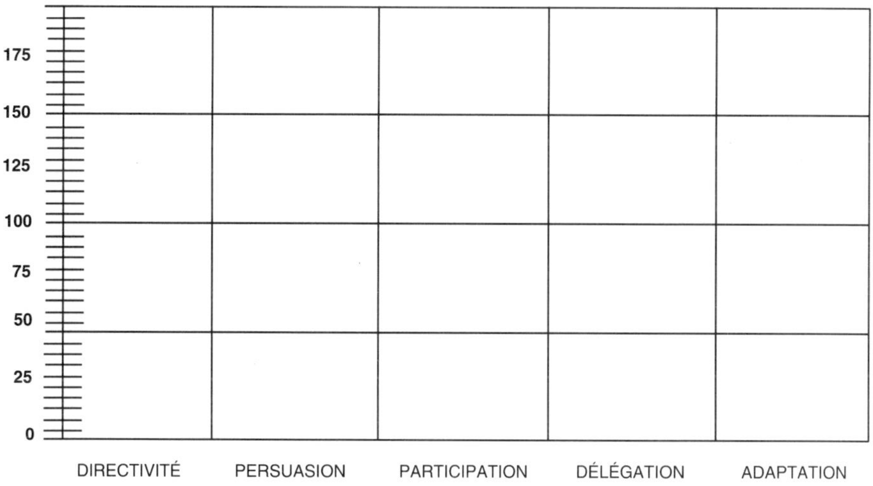

Nous vous proposons ci-dessous les points de références utilisables dans un séminaire de formation.

Pour plus de détails, voir l'exposé 2 de la partie « Connaissance du problème »

Les caractéristiques des styles

STYLE DIRECTIF
S'engage personnellement
Donne les instructions
Structure l'activité
Fixe des objectifs précis
Donne l'exemple
Définit des critères précis d'évaluation
Assume seul les décisions
Privilégie l'information descendante

STYLE PERSUASIF
Engagé avec de la coopération
Explique les projets, les valeurs
Se mobilise pour mobiliser l'équipe
Stimule, encourage
Consulte pour des avis, des suggestions
Garde la maîtrise des décisions
Accepte les aménagements de méthodes
Valorise l'initiative et l'autonomie

STYLE ADAPTATIF
S'adapte aux situations
Procède par «essai-erreur»
Formalise le strict nécessaire
Négocie les objectifs et les méthodes
Joue sur la complémentarité des compétences
Reste proche du terrain
Saisit les opportunités
Cherche des solutions gagnant / gagnant

STYLE DÉLÉGATIF
Définit les missions et les responsabilités
Établit des règles du jeu
Planifie et organise l'activité
Met en place un système de suivi
Délègue missions et responsabilités
Laisse de l'autonomie
Intervient en cas de nécessité uniquement
Établit des communications correctes : respect mutuel

STYLE PARTICIPATIF
Favorise le travail d'équipe
Propose des projets collectifs
Écoute les remontées d'information
Favorise l'expression
Prend en compte les besoins individuels
Valorise et développe les compétences
Associe l'équipe aux décisions
Privilégie la qualité du climat

Corrigé de l'exercice 8

Nous vous proposons de reprendre les points que vous avez préparés pour votre négociation et de vérifier que vous y avez intégré les éléments suivants :

Pour préparer votre négociation :

– arrivez avec des faits précis, des données chiffrées, des résultats,
– argumentez en fonction de vos intérêts, mais pensez aux siens,
– jouez gagnant-gagnant,

– proposez des solutions réalistes et applicables, proposez plusieurs solutions,
– montrez les conséquences positives pour vous et pour lui,
– préservez votre pouvoir, mais respectez le sien,
– cherchez l'accord en rappelant l'intérêt commun qui vous lie, l'intérêt de l'entreprise, l'intérêt du service.

Négociez sur une base efficace :

– utilisez les bonnes portes d'entrée en fonction de son style de management,
– annoncez clairement votre objectif, jouez cartes sur table,
– soyez persuadé de la légitimité de votre position,
– adoptez des attitudes positives d'autonomie,
– rébellion et soumission sont inefficaces,
– reconnaissez les contraintes de votre supérieur hiérarchique et tenez-en compte.

Corrigé de l'exercice 9

Vérifiez l'efficacité des règles que vous projetez de fixer

Pour être efficace, une règle doit correspondre aux 5 critères suivants :

– C'est une règle *applicable* :

Le non-respect de ce critère peut avoir des conséquences graves.

Mieux vaut pas de règle du tout que des règles inapplicables !

– C'est une règle *utile* :

Il faut que la règle soit une aide pour travailler plus efficacement, qu'elle soit une aide pratique pour atteindre les objectifs prévus. Elle n'est pas contradictoire avec les exigences du travail, mais cohérente et indispensable.

– C'est une règle *contractuelle* :

Au sens propre d'abord, dans la mesure où elle précise des points non formulés dans le contrat de travail. Dans un sens plus général, ensuite, car elle est un engagement réciproque du hiérarchique et du collaborateur pour tout ce qui concerne la vie de travail.

– C'est une règle *protectrice* :

Elle aide sans faire peur. Elle apporte la dose de sécurité nécessaire à toute action humaine. Elle répond aux soucis des collaborateurs.

– C'est une règle *souple* :

Cela veut dire que les règles ne font que décrire essentiellement ce qui se passe déjà quand ça marche bien naturellement. Elles sont le reflet de l'adaptation de l'unité aux changements successifs qui l'ont fait devenir ce qu'elle est aujourd'hui.

Nous vous proposons maintenant l'exploitation qu'il est possible de faire de cet exercice lors d'un séminaire de formation.

Pourquoi définir des règles du jeu avec l'équipe ?

Il est indispensable que chaque membre de l'équipe sache à quoi s'en tenir dans son unité de travail sur les finalités, les valeurs décisives et les comportements indispensables pour la réussite et l'efficacité. Définir les règles du jeu de son unité, c'est donner des repères, des impératifs et des priorités ; c'est préciser les critères de la réussite individuelle et collective.

Prendre en compte les conditions psychologiques d'adhésion à une règle

Pour un individu

Toute règle qui apparaît difficilement applicable crée chez un individu des phénomènes négatifs qui le perturbent lourdement et se traduisent par de la passivité, de l'agressivité, de la culpabilité, du mensonge ou de la manipulation, c'est-à-dire une fausse adhésion ou un rejet. Toute règle qui apparaît applicable avec un effort qui correspond à ses possibilités, qui permet un dépassement à sa mesure, provoque l'énergie et la motivation, l'intégration au groupe et l'adhésion. Toute règle trop facilement applicable donne les mêmes symptômes qu'une règle trop difficile.

Pour une unité de travail

Toute règle trop difficile à appliquer crée dans l'unité des habitudes de « contourner la loi » et de « tricher », accroît l'organisation « informelle » et donne de bonnes raisons de remettre en cause l'autorité et sa légitimité.

Corrigé de l'exercice 10

Nous vous proposons un exemple possible de trame.

Pour animer la réunion

- Arriver en avance et accueillir les personnes dès qu'elles arrivent.
- Informer sur :

– le but de la réunion (prise de contact),
– le temps de la réunion (maxi 1 h),
– le déroulement de la réunion (sa propre présentation, tour de table, conclusion).

• Se présenter :
– insister sur les expériences en rapport avec leur métier,
– sa propre présentation donne le ton de la réunion. En fonction de ce qu'on souhaite, elle peut être strictement professionnelle ou déborder largement sur des activités extra-professionnelles, par exemple.

• Inviter chacun à se présenter :
– reformuler régulièrement,
– poser des questions,
– veiller à son impartialité et à un temps de parole égal pour tous,
– inviter chacun à poser une question.

• Si nécessaire, précisez les réponses qui englobent les points évoqués par les participants.

• Indiquer ce qui va se passer, ce dont on est sûr, dans les jours qui viennent.

• Exposer clairement ses intentions et son programme.

• Indiquer quelles seront les suites de cette réunion (autres réunions, entretiens individuels) et dans quel délai.

• Remercier les participants.

Pour évaluer la façon dont la réunion s'est déroulée :

Tout de suite après la réunion, prendre quelques minutes pour noter :
– les événements survenus lors de la réunion,
– son sentiment sur les uns et les autres,
– ce qui a surpris les collaborateurs et ce qui vous a surpris vous-même,
– ce qui s'est bien passé,
– ce qui s'est mal passé,
– les actions à mener, inspirées directement de la réunion et de cette évaluation.

Corrigé de l'exercice 11

Nous vous donnons ci-après un exemple de trame pour structurer les différentes phases de vos premiers entretiens.

Préparation

• Formaliser l'objectif.

• Écrire en termes d'action ce à quoi l'on veut aboutir.

• Prévoir le contexte de l'entretien, le lieu, la durée, la personne.

• Préparer un plan d'entretien.

• Se centrer sur son interlocuteur :

– qui est-il ?
– qu'est-ce que je lui veux ?
– que me veut-il ?
– quelle est son attitude à mon égard ?
– quelle est la mienne ?
– quels sont nos pouvoirs respectifs ?
– quel est l'enjeu pour lui ?

L'entretien

1re phase : Accueillir, prendre contact et mettre à l'aise

- Énoncer le temps de l'entretien.
- Exprimer son objectif et vérifier la compatibilité avec celui de l'autre.
- Annoncer les résultats escomptés.
- Annoncer le plan que l'on va suivre.
- Vérifier l'accord de l'interlocuteur sur ces premiers points.

2e phase : Structurer l'entretien en suivant le plan annoncé

- Faire des synthèses partielles.
- Vérifier l'accord de l'interlocuteur.
- Marquer le passage à la partie suivante.
- Souligner la progression de l'entretien.

3e phase : Être clair, direct, précis

- Écouter, reformuler.
- Poser des questions.
- Clarifier et faire préciser.
- Rappeler l'objectif de l'entretien, si nécessaire.
- Éviter les jugements de valeur sur la personne.
- Clarifier en distinguant :

– les faits,
– les opinions,
– les sentiments.

4e phase : Conclure nettement

- Faire la synthèse de l'entretien.
- Vérifier l'accord de l'interlocuteur.
- Spécifier les solutions, les conséquences de l'entretien.

Corrigé de l'exercice 12

1. Parmi les trois types de besoins, quel est celui qui est aujourd'hui :

- le mieux satisfait :
- le moins satisfait :
- quels sont les éléments à développer en priorité ?

2. Reprenez les items où vous avez répondu par un (?) :

- quelles raisons vous ont amené à formuler cette réponse ?
- qu'allez-vous faire ?

Corrigé de l'exercice 13

Vous indiquez le nombre de points obtenus par lettre et vous répétez cette opération pour chaque rubrique (attention, l'ordre des lettres change).

Vous additionnez sur chaque ligne le nombre des points obtenus.

Les besoins que vous privilégiez sont ceux qui obtiennent le plus de points. Vous pouvez donc faire un classement.

Exemple. Pour la rubrique 1 :

- C correspond à des besoins d'accomplissement
- D correspond à des besoins de considération
- B correspond à des besoins de contacts sociaux
- A correspond à des besoins de sécurité
- E correspond à des besoins physiologiques

	1	Points	2	Points	3	Points	4	Points	Total des points
Besoins d'accomplissement	C		A		E		B		
Besoins de considération	D		E		B		D		
Besoins de contacts sociaux	B		B		D		A		
Besoins de sécurité	A		D		C		E		
Besoins physiologiques	E		C		A		C		

Nous vous proposons un exemple d'exploitation possible de cet exercice lors d'un séminaire de formation avec le modèle SONCAS.

Ce modèle fait référence à 6 moteurs de notre activité et de notre engagement.

SONCAS représente un procédé mnémotechnique pour Sécurité, Orgueil, Nouveauté, Confort, Argent, Sympathie. C'est une traduction plus moderne du modèle fondé sur les besoins de Maslow.

Sécurité

Besoins de sécurité.

Orgueil

Besoins de reconnaissance.

L'orgueil met en relief le fait que le conflit d'humiliation est très grave dans la relation hiérarchique.

Nouveauté

Besoins d'accomplissement.

Confort

Besoins physiologiques.

Argent

Peut recouvrir tous les besoins :

– argent pour manger, boire, dormir,

– argent pour sa sécurité (avoir de l'argent devant soi),

– argent pour les contacts sociaux (pour prendre un pot, recevoir),

– argent pour la reconnaissance (pour avoir une belle voiture, des vêtements chics).

– argent pour l'accomplissement (pour faire de l'alpinisme, de la plongée sous-marine, des sports qui coûtent cher !).

Sympathie

Besoins de contacts sociaux.

Corrigé de l'exercice 14

À chaque lettre correspond un certain nombre de points :

A	5 points	D	2 points
B	4 points	E	1 point
C	3 points		

Vous totalisez vos points pour chaque forme d'engagement et reportez votre résultat sur le diagramme.

Engagement managérial Points		Engagement instrumental Points		Engagement professionnel Points		Engagement communautaire Points	
3		1		2		4	
7		5		9		6	
10		8		12		13	
11		14		16		15	
18		20		19		17	
Sous-total		Sous-total		Sous-total		Sous-total	

Pour chacune des formes d'engagement, le minimum se situe à 5 et le maximum à 25.

Vous pouvez ensuite calculer votre niveau d'engagement général qui correspond à la somme de quatre formes d'engagement.

Niveau d'engagement total = engagement managérial + engagement communautaire + engagement instrumental + engagement professionnel.

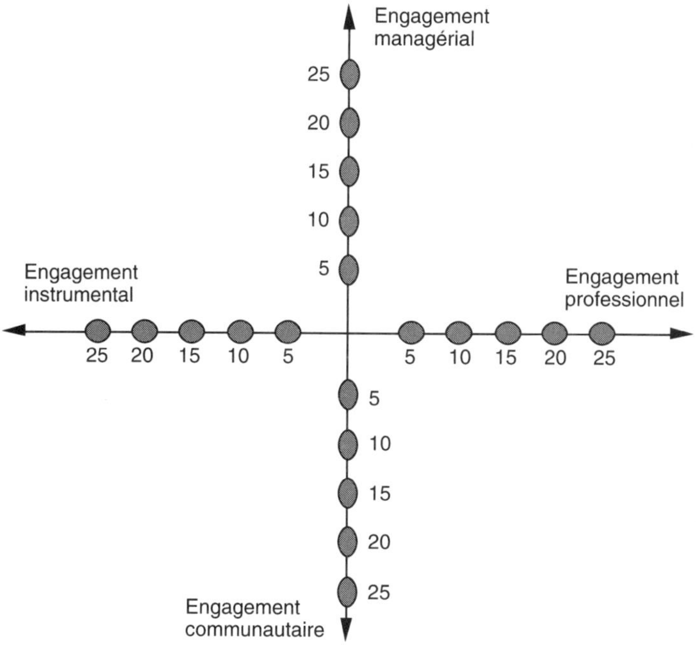

MODÈLE FONDÉ SUR LES 4 FORMES D'ENGAGEMENT : LES 4 P

L'engagement instrumental - Les privilèges. - Salaires, primes. - Grade, titre. - Attachement à l'organisation hiérarchique. - Parking réservé, voiture de fonction, bureau personnel, secrétaire attitrée. - Recherche de sécurité.	**L'engagement professionnel** - Les progrès. - Attrait pour la formation. - Recherche d'échanges avec des confrères d'autres entreprises. - Confronter son point de vue avec d'autres. - Défis personnels, attitude de remise en cause.
L'engagement managerial - Être patron de ses affaires. - Animer et diriger son équipe. - Obtenir des gains de productivité. - Améliorer la sécurité. - Augmenter son taux de pénétration sur nance. son marché. - Réduire ses dépenses. - Atteindre, voire dépasser les objectifs . annuels.	**L'engagement communautaire** - Participer. - Travailler en groupe. - Qualité et écoute dans les relations sociales. - Rituels communautaires. - Développement du sentiment d'apparte- - Valeurs partagées par le groupe. - Coopération au sein d'une même équipe ou entre équipes.

Ces quatre formes d'engagement ne sont ni pures, ni indépendantes. Elles s'influencent mutuellement.

Corrigé de l'exercice 15

	Plutôt vrai	Plutôt faux
1. Non, le responsable ne peut pas confier à son collaborateur l'ensemble de sa fonction. Il doit au moins opérer la vérification de conformité entre les buts et les résultats, sinon il abandonne sa responsabilité. Ex. : un responsable de production ne délègue pas : - le suivi des programmes - le suivi de la qualité - le suivi d'activité sur tableau de bord.	0	1
2. Au contraire, la plupart des gens recherchent les responsabilités si certaines conditions sont remplies : climat de confiance ; droit à l'erreur ; bonnes communications avec leur supérieur.	0	1

	Plutôt vrai	Plutôt faux
3. Céder une partie de son pouvoir et de ses responsabilités voudrait dire que l'on n'est plus responsable, or délégation sous-tend coresponsabilisation.	0	1
4. Contrôler, c'est examiner les résultats des actions entreprises et les comparer aux buts poursuivis. Un responsable doit prendre connaissance des résultats obtenus par son collaborateur lors de la délégation : - dans son intérêt : ainsi il est informé, - dans l'intérêt de son collaborateur : celui-ci peut lui faire part des réussites ou des difficultés.	1	0
5. Les critères d'une délégation efficace sont les suivants : - la tâche confiée suscite un intérêt, - la tâche confiée valorise la personne (ni trop facile, ni trop difficile).	0	1
6. Non, c'est une impression fausse. En général, il est vrai que, en déléguant, le responsable cesse d'agir dans le court terme et que, ainsi, il ne constate plus immédiatement les effets de ses actions. Mais il modifie son emploi du temps, soit en s'occupant du long terme, soit en assumant d'autres responsabilités. Il n'y a donc pas perte de pouvoir, mais modification ou augmentation de pouvoir.	0	1
7. Non, délégation = coresponsabilité. L'échec doit être analysé afin d'évaluer les erreurs de l'un et de l'autre.	0	1
8. Non, la démarche n'est pas d'imposer. Le responsable a plutôt intérêt à dialoguer avec ses subordonnés afin de comprendre leur réticence et ensuite d'agir en conséquence.	0	1
9. Non, car un contrôle trop tâtillon sape l'autonomie donnée au collaborateur qui se sentira court-circuité et aura, par voie de conséquence, envie de baisser les bras.	0	1
10. Et si ce n'est pas le rôle du responsable de les faire... Si ce dernier n'a plus le temps ou veut se consacrer à d'autres tâches...	0	1
11. Au contraire, déléguer et contrôler vont de pair.	0	1
12. Indispensable, sinon le collaborateur ne se sentira pas suffisamment en sécurité pour agir.	1	0
13. Parfois.	1	0
14. Ne seriez-vous pas d'une méfiance excessive ? La délégation implique un haut niveau de confiance par rapport à ses collaborateurs.	0	1
15. Faux, je l'espère... Une délégation réussie implique de savoir reconnaître le travail de son collaborateur et de le lui dire.	0	1
16. Non, s'il se dote d'un projet personnel tel que : - s'occuper davantage du long terme, - assumer des responsabilités hiérarchiques plus importantes, - acquérir des informations nouvelles que personne ne détient encore dans l'entreprise.	0	1

	Plutôt vrai	Plutôt faux
17. Oui, la confiance s'instaure sur la base de règles connues. Cela vous évitera de tomber dans les pièges du contrôle tâtillon ou de l'arbitrage.	1	0
18. Vrai, elle dégage le responsable d'un certain nombre de tâches quotidiennes ou de court terme.	1	0

Le résultat de votre autodiagnostic peut être apprécié de la façon suivante :

- Moins de 5 points	Vous faites peu confiance à vos collaborateurs et mettez trop souvent la « main à la pâte ».
- De 5 à 9 points	Vous éprouvez des difficultés à déléguer et vos collaborateurs le ressentent. Veillez à ne pas effectuer un contrôle trop tâtillon.
- De 10 à 14 points	Vous comprenez bien ce que signifie déléguer et vous en donnez la preuve en pratique.
- De 15 à 18 points	Vous avez une perception fine à la délégation. Vous estimez que votre métier de manager consiste à réussir en faisant réussir les autres.

Exemple d'exploitation possible lors d'un séminaire de formation

Déléguer c'est confier à un subordonné :
- la réalisation d'objectifs négociés
- en lui laissant une autonomie réelle quant aux moyens et aux méthodes
- à l'intérieur d'un cadre défini
- et en faisant le point sur les résultats
- dans le cadre de procédures de contrôle
- dont les modalités et la fréquence sont définies à l'avance.

Les trois phases de l'entretien de délégation sont les suivantes :

• Phase 1 : présentation du projet de délégation par le hiérarchique :
- l'objet de la délégation,
- les contraintes,
- les raisons du choix du délégataire,
- l'intérêt du projet.

• Phase 2 : solliciter un premier avis :
- le collaborateur, face à une nouvelle délégation qui lui est proposée, peut manifester des sentiments divers : peur, inquiétude, crainte

d'échouer, joie, sentiment d'être piégé ou impression que l'on se moque de lui, etc. ;

– l'entretien doit permettre de les analyser et de les déceler afin de pouvoir en tenir compte ;

– il est souhaitable de séparer cette phase d'information et de proposition de la phase de décision ultérieure pour ne pas prendre de court le délégataire ;

– il dispose ainsi d'un temps de réflexion pour faire le choix d'accepter ou non la délégation et pour préparer la négociation qui suivra.

• Phase 3 : l'entretien de décision permet de :

– définir en commun l'objectif, la cible vers laquelle converge les efforts,

– négocier les moyens à mettre en œuvre (information, formation, matériels, humains, etc.),

– convenir de règles du jeu protectrices et appropriées,

– formaliser l'accord sur les modalités de contrôle et la durée de la délégation.

Corrigé de l'exercice 16

Commentaires	D'accord	Pas d'accord
1. Ne pas signaler les erreurs, c'est prendre le risque de les voir se reproduire. Constater une erreur, la discuter avec son collaborateur pour prendre les mesures nécessaires afin qu'elle n'apparaisse plus, c'est traiter le problème suffisamment tôt pour éviter la dégradation des relations humaines.		X
2. Oui	X	
3. Non, il s'agit bien du droit à l'erreur et non du droit à l'erreur répétée.		X
4. La personne se sent en faute, coincée. Elle s'enfonce encore plus dans son erreur. Elle va rechercher des échappatoires, renvoyer la responsabilité sur d'autres ou sur vous-même.		X
5. Oui, une erreur analysée, traitée permet : - d'accroître la compétence du collaborateur qui peut l'éviter dans l'avenir, - d'augmenter les performances du service par la mise en œuvre d'améliorations dans son fonctionnement.	X	
6. Le risque est que les collaborateurs, par peur de la sanction, cachent les erreurs ou ne prennent plus d'initiative.		X

Commentaires	D'accord	Pas d'accord
7. Oui, c'est un des risques.	X	
8. La perte de temps est très importante et les relations entre hiérarchique et collaborateurs risquent de se dégrader.		X
9. Que penser du hiérarchique qui n'admet pas son erreur ?		X
10. Il s'agit de faire comprendre à la personne l'erreur commise et d'augmenter la fiabilité du travail par l'organisation.	X	
11. À condition que les erreurs soient peu nombreuses, sinon le risque est d'engager le collaborateur dans la spirale de l'échec.	X	
12. Non, il peut y avoir des causes organisationnelles (fonction mal définie, plan des règles, etc.) ou une mauvaise transmission d'information.		X
13. La « chasse » au coupable laisse souvent le problème sans solution, le collaborateur cherchant à se justifier par tous les moyens afin d'éviter les sanctions.		X
14. Oui, pour perfectionner les actions futures des collaborateurs.	X	
15. Non, ils cherchent avant tout à fuir la sanction.		X
16. Il vaut mieux lui demander comment faire pour rattraper l'erreur.		X
17. Non, c'est la fuite devant le problème.		X
18. Oui.	X	
19. Oui, car le risque de remarques vexantes est grand.	X	
20. Oui, pour sensibiliser le collaborateur.	X	

Mode de calcul :

– Comptez 1 point lorsque votre choix correspond à celui du corrigé.

– Comptez 0 point lorsque votre choix diffère de celui du corrigé.

Le résultat de votre autodiagnostic peut être apprécié de la façon suivante :

– moins de 5 points : vous êtes trop tolérant ou trop agressif en cas d'erreurs ; cela peut engendrer dans votre service du laisser-aller ou un climat de défiance et pousser vos collaborateurs à prendre peu d'initiatives.

– de 6 à 10 points : aborder un collaborateur à la suite d'une erreur est difficile pour vous. Trouvez le positionnement juste. Traitez l'erreur comme un problème à résoudre dont il convient d'analyser les causes profondes.

– de 11 à 15 points : vous comprenez bien comment il convient de réagir pour traiter les erreurs.

– de 16 à 20 points : vous montrez que vous savez utiliser les erreurs pour améliorer le fonctionnement de votre unité et accroître l'efficacité de vos collaborateurs.

Corrigé de l'exercice 17

Nous vous proposons de confronter vos réponses avec les éléments d'analyse suivants.

Exploitation des cas n° 1 et 2

Objectif : savoir faire une demande

Lorsque la situation est délicate à gérer, l'adhésion du collaborateur peut s'avérer difficile à obtenir. Alors, testez vos demandes. Comparez les réponses faites dans l'exercice avec les pistes suivantes.

10 pistes pour formuler des demandes efficaces

1. Aller droit au but, sans se perdre en préalables trops longs qui risquent d'inquiéter l'interlocuteur et de l'amener à penser qu'on cherche à le manipuler. Éviter de « tourner autour du pot ».
2. Dire que l'on a besoin de lui.
3. Demander explicitement. Être direct.
4. Accepter que l'autre puisse dire « non » à sa demande sinon il est psychologiquement obligé. Il n'est plus libre et ce n'est plus une demande mais une obligation.
5. Se rappeler qu'un « non » à votre demande n'est pas un rejet de votre personne. Ce « non » à la demande est valable dans le présent, il peut évoluer.
6. Anticiper les objections : « Je sais bien que travailler le samedi n'est pas prévu dans votre contrat ».
7. Écouter et comprendre ses préoccupations : « Je comprends que ma demande perturbe vos projets... » La qualité d'écoute permet de susciter la coopération maximum.

5. Se rappeler qu'un « non » à votre demande n'est pas un rejet de votre personne. Ce « non » à la demande est valable dans le présent, il peut évoluer.
6. Anticiper les objections : « Je sais bien que travailler le samedi n'est pas prévu dans votre contrat ».
7. Écouter et comprendre ses préoccupations : « Je comprends que ma demande perturbe vos projets... » La qualité d'écoute permet de susciter la coopération maximum.

8. Insister sur les enjeux de ce que vous demandez.
9. Tenir compte des préoccupations de l'autre. Négocier un compromis réaliste satisfaisant pour tous.
10. Remercier.

Exploitation des cas n° 3 et 5

Objectif : savoir faire une critique acceptable

Une critique est un commentaire sur ce qui se passe. Elle peut jaillir spontanément ou être envisagée après réflexion. En général, la critique consiste en un jugement défavorable que vous adressez nominativement à quelqu'un :

– Quand son comportement est inacceptable pour vous : il vous dérange, vous fait perdre du temps, vous agresse.

– Quand vous avez l'intention de faire changer ce comportement perturbant.

Mais souvent on a de la difficulté à s'exprimer :

– Parce que les personnes qui la reçoivent risquent d'être blessées et de vous en vouloir.

– Parce que les individus interpellés peuvent répondre par des réactions négatives.

– Également parce que s'imposer et affronter l'autre demandent une certaine dose de courage.

Mais malgré ces difficultés, on est souvent contraints d'aborder ces thèmes. En effet, les problèmes disparaissent rarement d'eux-mêmes. Aussi faut-il en parler. Alors testez vos critiques et comparez les réponses faites dans l'exercice avec les pistes suivantes.

5 pistes pour formuler des critiques efficaces et acceptables

1. Passer du « vous » au « je »

Exemple : Vous vous intéressez au travail de Dupont et lui dites : « Vous arrivez trop souvent en retard le matin. Vous devriez faire un effort pour être à l'heure ». Ce type de message risque fort de détruire les relations entre Dupont et vous parce qu'il culpabilise et qu'il peut être ressenti comme un blâme, une humiliation, un rejet.

L'objectif de ce message : « déterminer l'autre personne à changer le comportement que vous trouvez inacceptable » est rarement atteint.

- Parce que les individus n'aiment pas qu'on leur disent ce qu'ils ont à faire.

- Parce que ces messages culpabilisent leurs destinataires ; en effet, ceux-ci ne sont pas forcément conscients que leur comportement est gênant pour l'autre.

- Parce que le message est mal codé. En effet, c'est vous que le problème concerne, c'est vous qui êtes gêné par le retard de la personne.

Une formulation plus appropriée peut être formulée à la première personne, en « je » : « Je suis énervé de vous voir arriver si souvent en retard ; lorsque j'ai besoin de vous le matin, je ne vous trouve pas. » Ce qui est communiqué dans ce message à la première personne, c'est ce que vous ressentez, vous à qui la situation pose problème.

2. Reformuler

Quoique les messages à la première personne aient plus de chance de pousser l'interlocuteur à prendre en compte votre remarque et en conséquence de changer son comportement, il peut arriver que ce type de message perturbe Dupont en le rendant anxieux ou agressif.

Repartons de notre exemple : – « Je suis énervé de vous voir arriver si souvent en retard ; lorsque j'ai besoin de vous le matin, je ne vous trouve jamais. »

Réponse de Dupont : – « Si je n'était pas forcé de rester tard le soir, je serais peut-être plus tôt au bureau le matin. »

Pour éviter l'affrontement, vous pouvez reformuler la réponse de Dupont. « Vous n'arrivez pas à sortir à l'heure le soir, en conséquence le matin vous êtes en retard ? » Cette façon de faire montre que vous comprenez sa position et dédramatise la situation. Sur ces bases une étude du problème peut avoir lieu avec lui. Une recherche de solution, de compromis, peut être entreprise.

3. Donner des faits

Décrire les faits lui permet de comprendre de quoi on parle.

Avant toute demande, il convient de décrire la situation qui fait problème, qui gêne la demande, cause le grief ou le préjudice. Cette description doit être précise : elle va permettre à votre interlocuteur de connaître votre perception des faits, donc de vous comprendre. Vous en tenir aux faits eux-mêmes, et éviter tout procès d'intention et mise en cause personnelle de votre interlocuteur.

4. Dire ce qui est ressenti

Verbaliser ses sentiments lui permet de comprendre pourquoi ça vous gêne.

Après avoir décrit la situation, il convient de verbaliser vos sentiments par rapport à celle-ci : ce sont généralement des impressions et des sentiments négatifs. Nous employons à dessein le terme verbaliser plutôt que celui d'exprimer, car il y a en effet plusieurs façons d'exprimer ses sentiments (le geste, l'attitude, l'expression, la mimique...). Ici, il s'agit de les exprimer sous une forme verbale pour permettre à votre interlocuteur de saisir en quoi son comportement vous pose problème. Cela évite les réponses du type « Oui je fais ça ! et alors ? » De plus, si vous ne le dites pas, vos sentiments se manifesteront de toute façon à votre insu sous forme d'accusation ou de jugement négatif de l'autre... qui se vexera alors sans comprendre.

5. Faire des propositions d'action

Les propositions d'action vous centrent sur la résolution du problème.

Vos suggestions permettent de « faciliter les choses » à l'autre, en lui donnant des pistes pour diminuer ou supprimer ce problème. Cette troisième étape, importante dans tous les cas de figure, l'est encore plus dans le cadre d'une relation subordonné / supérieur. On est trop souvent timide sur les suggestions. Il est alors facile pour le supérieur d'éluder le problème et de s'en tirer par quelques formules optimistes. « Ce n'est rien..., ça ira... » Alors qu'en proposant des actions, le subordonné oblige son supérieur à réagir. Ce dernier peut refuser la proposition, mais il argumentera son refus et proposera autre chose.

D'ou l'idée suivante :

CRITIQUE (réalistes) = COMPORTEMENT (faits) + SENTIMENTS (je) + SOLUTIONS

Exploitation du cas n° 4

Objectif : savoir passer une consigne

Comment donner une consigne et privilégier la bonne attitude tout en étant bref ?

Comparez donc les réponses faites dans l'exercice avec les pistes suivantes :

10 pistes pour passer des consignes qui seront comprises

1. Utiliser une forme affirmative
Dire : « J'ai décidé de te confier... »
ou « Je te demande de... »
Plutôt qu'une forme agressive :
« Je vous ordonne de... »
« Vous devez faire cela »
ou interrogative :
« Peux-tu faire cela ? »
Questionner l'autre, c'est lui offrir la possibilité de dire non. Le peut-il ?

2. Employer des tournures actives
- Préférer le présent (« il faut ») plutôt que le conditionnel (« il faudrait »)
Lorsque le conditionnel est utilisé, nous pouvons nous dire que l'interlocuteur est bien gentil s'il donne son accord et que si le travail se fait, la responsabilité n'en incombe surtout pas au hiérarchique.
- Utiliser les pronoms définis (« tu vas prendre en charge... »)
au lieu des pronoms indéfinis (« on va faire... »).
Ce qui permet de savoir sans ambiguïté QUI va faire... et évite le travail non fait.
« C'était à moi de faire... ? Je croyais que c'était Dupont qui s'en occupait... »

3. Expliquer le pourquoi de la consigne (en quoi il est important que la tâche soit réalisée et pourquoi lui ?) pour qu'il ne soit pas ressenti comme une brimade.

4. Fournir des explications précises sur le quoi ? le quand ? le où ? le comment ? (en fonction de la compétence du collaborateur). Cela évite bien des erreurs... et bien des engueulades.

5. Prendre en compte les préoccupations du collaborateur et négocier ce qui peut l'être (moyens, délais, etc.) compte tenu de la situation.

6. Vérifier la compréhension de la consigne.
Éviter les questions fermées du type :
- « Est-ce que tu as compris ? » (qui sous-entend que la responsabilité de la non- compréhension est le fait de l'autre).
- « Est-ce que j'ai été clair ? » (qui sous-entend que la responsabilité est de votre fait).
Dans les deux cas, l'interlocuteur peut avoir des difficultés à dire non.
Préférer les questions neutres et ouvertes. Par exemple : « Je t'ai présenté cela rapidement. Sur quels points souhaites-tu des précisions ? »

Corrigés

7. Rester disponible. Et le dire.
   Par exemple, dire :
   - « Si tu souhaites d'autres précisions, n'hésite pas à venir m'interroger ».
   - « En cas de difficultés, je me tiens à ta disposition. »

8. Éviter de hausser le ton et parler suffisamment lentement pour permettre une bonne compréhension. Expliquer les points délicats en utilisant plusieurs formulations différentes : la répétition favorise la mémorisation.

9. À la fin du message, faire une synthèse des points essentiels.

10. Encourager.

Corrigé de l'exercice 18

Chacune des propositions numérotées ont été rassemblées sous chaque grand thème les concernant. Vous entourez le numéro des propositions que vous avez choisies et vous faites le total pour chaque colonne.

Efficacité	Relation	Techniques	Méthodes
3	5	2	1
14	7	4	6
16	13	8	10
17	18	9	12
19	21	11	15
26	23	20	22
28	27	24	25
29	31	30	32
34	35	36	33
Total (maximum) = 9			

1. Tiré des travaux de M. Smith.

Les propositions ont été regroupées en quatre grands thèmes : l'efficacité, la relation, les techniques, les méthodes.

L'efficacité

C'est être d'abord et avant tout centré sur les résultats de l'entretien :

– atteindre l'objectif fixé,

– trouver la solution adaptée à la situation,

– faire passer efficacement le message.

La relation

C'est porter son attention sur la qualité de la relation établie. C'est faire en sorte de créer les conditions de réussite de l'entretien en favorisant l'expression de son interlocuteur ou encore en dépassionnant le débat.

Les techniques

C'est savoir utiliser les techniques de communication pour favoriser l'expression de son interlocuteur et atteindre une plus grande efficacité de l'entretien.

Ex. : – savoir écouter,

– savoir reformuler,

– savoir faire des synthèses partielles.

Les méthodes

C'est utiliser une méthodologie de préparation et de conduite de l'entretien pour une plus grande clarté et une plus grande efficacité.

Ex. : – définir clairement l'objectif,

– préparer un guide d'entretien,

– structurer les différentes phases de l'entretien.

Commentaires

L'objectif de cet autodiagnostic est de vous permettre de prendre conscience de vos points forts (6 points et plus) et de vos points faibles (entre 0 et 3 points).

Efficacité

0 à 3 points

Vous accordez une importance trop grande au climat, à l'ambiance ou à un autre des thèmes. Craindriez-vous les conflits ? L'objectif d'un entretien est d'être utile, ne l'oubliez pas !

6 points et plus

Vous êtes trop centré sur les résultats. Vous risquez d'être trop pressé d'« en finir ». Votre souci d'efficacité, s'il est légitime, peut vous empêcher d'obtenir toutes les informations dont vous avez besoin pour prendre une décision adaptée à la situation. Puis, souvenez-vous qu'un entretien efficace prend nécessairement un peu de temps. Un point fort peut devenir un point faible.

Relation

Entre 0 et 3 points

Votre souci de l'efficacité ne doit pas vous conduire à sous-estimer l'importance du climat relationnel nécessaire à votre interlocuteur.

6 points et plus

Il est vrai qu'il importe de se préoccuper de la relation. Cependant, ne négligez pas l'efficacité. Un entretien doit déboucher sur quelque chose de concret.

Techniques

Entre 0 et 3 points

Apprenez à les connaître (écouter, reformuler, synthétiser).

Pensez ensuite à les utiliser plus souvent, vous serez étonné de leur efficacité !

6 points et plus

Attention, les techniques de communication ne sont que des outils et des moyens au service d'un objectif précis. Ne les considérez pas comme une fin en soi.

Méthodes

Entre 0 et 3 points

Votre intention est bonne, mais votre manque de méthode vous conduit à fonctionner plus au niveau intuitif. Vous risquez d'être brouillon et de ne pouvoir retenir la substantifique moelle. De plus, votre interlocuteur risque de se perdre dans vos dédales !

6 points et plus

S'il importe d'être méthodique, la méthode n'est pas pour autant une fin en soi. Elle n'est pas non plus, à elle seule, une garantie de succès à tout coup. Gardez en tête l'objectif et attachez-vous à développer une relation plus ouverte, plus « franche », plus positive.

À la lumière de ces commentaires, il vous apparaît que conduire un entretien est chose plus difficile qu'on ne le croirait. Il convient de savoir accorder à chaque thème (efficacité, technique, méthode) la place qui lui est due, sans pour autant en faire trop ni trop peu.

Corrigé de l'exercice 19

Cas n° 1

Participatif. Vous consacrez du temps à échanger avec lui sur les raisons de ce débordement. Vous l'aidez à comprendre les raisons pour lesquelles il ne parvient pas à assumer ses responsabilités.

Persuasif. Vous consacrez du temps à lui expliquer les méthodes employées dans l'entreprise ainsi que sa contribution personnelle aux résultats d'ensemble.

Délégatif. Vous laissez passer quelques semaines pour lui montrer que vous lui faites confiance. Cela ne sert à rien d'intervenir : il est intelligent, il va s'adapter.

Directif. Vous lui indiquez précisément les missions qu'il doit accomplir et les priorités du moment. Vous examinez sa charge de travail et vous hiérarchisez l'ordre de réalisation des tâches.

Cas n° 2

Participatif. Vous réunissez votre équipe pour décider ensemble des mesures à prendre dans le service pour faire face à cette situation. Vous menez une réflexion de groupe pour arriver à un consensus sur les actions à mener.

Directif. Vous réfléchissez seul au plan d'action à mettre en œuvre, puis vous réunissez vos collaborateurs pour leur annoncer votre plan, en le commentant en réponse aux questions posées.

Persuasif. Vous réunissez vos collaborateurs pour leur annoncer les décisions prises. Vous prenez soin d'expliquer la nécessité des mesures envisagées pour répondre à la situation économique de l'entreprise. Vous leur proposez un plan d'action et vous recueillez leurs avis et suggestions que vous intégrez dans le plan.

Délégatif. Vous expliquez par écrit les décisions prises et vous demandez à chacun de mettre en œuvre un plan d'action de réduction des coûts. Vous aurez un entretien individuel de suivi pour vous tenir informé des actions mises en œuvre.

Cas n° 3

Délégatif. Ce collaborateur dispose d'un tableau de bord de ses résultats. Vous décidez de ne pas intervenir dans l'immédiat et d'attendre qu'il fasse appel à vous pour vous expliquer la situation et vous indiquer les mesures qu'il a prises pour redresser la situation.

Persuasif. Vous provoquez un entretien avec ce collaborateur au cours duquel vous lui présentez ses résultats ainsi que le plan d'action que vous lui proposez pour améliorer ses résultats.

Participatif. Vous avez un entretien avec votre collaborateur pour examiner la situation et mettre au point avec lui un plan d'action.

Directif. Vous lui rappelez au cours d'un entretien la nécessité d'atteindre les objectifs et vous établissez un plan de redressement dont vous ferez le suivi sous huitaine.

Cas n° 4

Persuasif. Vous lui expliquez les méthodes à mettre en œuvre pour conduire le projet. De plus, vous lui proposez de travailler avec un collègue plus expérimenté qui pourra l'aider dans la réussite du projet. Quant à vous, vous interviendrez dans les phases les plus délicates.

Directif. Vous avez mis par écrit les modalités de réalisation du projet, pour éviter toute dérive. De plus, vous planifiez des rencontres très régulières avec votre collaborateur pour faire le point sur la manière dont il conduit le projet.

Participatif. Vous rencontrez votre collaborateur pour qu'il vous expose la manière dont il compte s'organiser pour réaliser le projet et l'aide dont il a besoin pour le mener à bien. Vous prévoyez des moments de rencontre et d'échange pour faire le point avec lui.

Délégatif. Vous lui confiez le projet dans son ensemble en l'assurant de votre disponibilité pour l'aider. Vous avez déjà vérifié qu'en cas de besoin, il n'hésite pas à faire appel à vous.

Corrigé de l'exercice 20

Grille de dépouillement des réponses : chaque réponse correspond à une attitude face à la situation conflictuelle.

Repérez quels types d'attitudes vous avez privilégiés dans ces situations.

	1	2	3	4
A	Pouvoir	Pouvoir	Confrontation	Retrait
B	Compromis	Retrait	Compromis	Apaisement
C	Confrontation	Apaisement	Retrait	Compromis
D	Retrait	Confrontation	Pouvoir	Confrontation
E	Apaisement	Compromis	Apaisement	Pouvoir

(Pour A : le responsable hiérarchique)

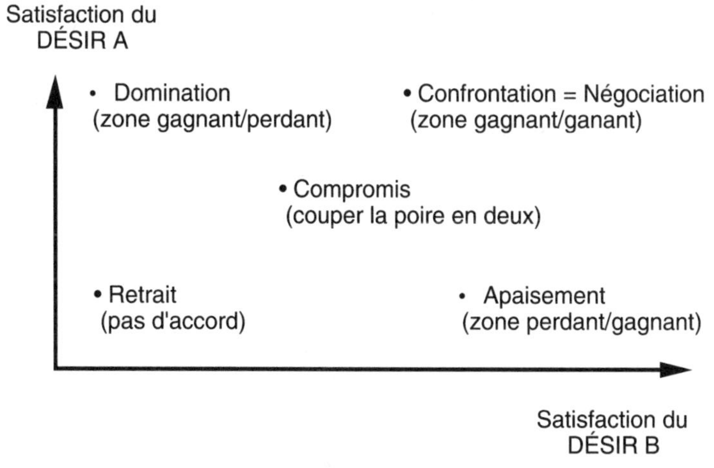

Les différentes attitudes dans les conflits

	Avantages	Inconvénients
Retrait	- Calme le jeu - Peu stressant - Avec le temps...	- « Timbrage » - Pourrissement
Compromis	- Esprit de conciliation - Intention d'aboutir - Créateur de confiance	- Solutions souvent routinières, peu créatrices - Marchandage« malsain »
Domination	- Solution rapide - Satisfaction d'avoir tranché - Peut être sécurisante	- Argumentation-passivité - Soumission stratégique - Risque : « ça passe ou ça casse »
Confrontation ou Négociation	- « Comment faire pour » - Augmente la confiance - Solution à long terme - Solutions originales	 - Prend du temps - Pas forcément justifié - Peut être insécurisante
Apaisement	- Calme les esprits - Sécurise à court terme - Améliore la relation	- Peut être perçu comme une faiblesse exploitable - Management « paternaliste »

Exemple d'exploitation possible lors d'un séminaire de formation :

Les positions à l'origine des situations conflictuelles :

ACCORD : les gens pensent oui et disent oui : pas de conflit.

ACCORD avec demande de compensation : les gens pensent oui et disent non.

DÉSACCORD EXPRIMÉ : les gens pensent non et disent non.

DÉSACCORD NON EXPRIMÉ OUVERTEMENT : les gens pensent non et disent oui ou rien.

La nature des conflits

– désaccord sur les faits

Exemple : un collaborateur soutient qu'une note a circulé sur le sujet, un autre dit le contraire.

Mode de résolution type : Enquête

– désaccord sur les méthodes. C'est sans doute le plus fréquent. Il concerne les procédés utilisés pour atteindre un résultat, le choix des méthodes.

Mode de résolution type : Période test

– désaccord sur les objectifs.

Exemple : un collaborateur veut faire passer la sécurité avant la productivité : il veut arrêter une machine.

Mode de résolution type : Arbitrage de la hiérarchie

– désaccord sur les valeurs.

Exemple : un collaborateur n'arrive pas à atteindre les normes de quantité (il s'agit de lenteur et de limite de compétence). Votre chef veut le rétrograder, vous non.

Pas de mode de résolution type !

Corrigé de l'exercice 21

Dynamisme			Ambition			Motivation		
Question	oui	non	Question	oui	non	Question	oui	non
2	0	+2	1	+2	0	3	+2	0
10	+2	0	11	0	+2	12	+2	0
19	+2	0	20	0	+2	21	+2	0
28	+2	0	29	+2	0	30	+2	0
37	0	+2	38	+2	0	39	+2	0
Total			Total			Total		
oui + non			oui + non			oui + non		

Prise d'initiatives			Résistance au stress			Disponibilité		
Question	oui	non	Question	oui	non	Question	oui	non
4	0	+2	7	+2	0	8	+2	0
13	+2	0	14	+2	0	15	+2	0
22	+2	0	23	+2	0	24	+2	0
31	+2	0	32	+2	0	33	+2	0
40	+2	0	41	+2	0	42	+2	0
Total			Total			Total		
oui + non			oui + non			oui + non		

Communication			Autonomie			Salaire		
Question	oui	non	Question	oui	non	Question	oui	non
5	+2	0	6	+2	0	9	+2	0
16	+2	0	17	+2	0	18	0	+2
25	+2	0	26	+2	0	27	+2	0
34	+2	0	35	0	+2	36	0	+2
43	+2	0	44	0	+2	45	+2	0
Total			Total			Total		
oui + non			oui + non			oui + non		

Relevez pour chacun des critères le score que vous avez calculé. Vous allez interpréter votre note par rapport à 10.

Si vous obtenez une note entre 4 et 10, vous accordez une certaine importance au critère en question.

Au contraire, si vous obtenez une note inférieure à 4, ce critère n'est pas important pour vous et il n'influencera pas votre choix en situation de sélection.

Critère	Note / 10
- Ambition	/ 10
- Motivation	/ 10
- Prise d'initiative	/ 10
- Résistance au stress	/ 10
- Disponibilité	/ 10
- Communication	/ 10
- Autonomie	/ 10
- Salaire	/ 10

Nous vous proposons une analyse type telle qu'il est possible de l'exploiter lors d'un séminaire de formation.

Les erreurs des opérationnels qui participent à un recrutement :

En général, quatre erreurs sont relevées le plus souvent chez les responsables opérationnels qui recrutent :

– ils parlent trop : parler trop peut être pour l'interviewer un moyen de contrôler la situation, de diminuer son anxiété, de dominer le candidat ou, au contraire, d'éviter de le questionner par crainte d'un contact trop direct ;

– ils posent des questions sur des domaines qui leur sont déjà familiers et ont tendance à négliger les autres ;

– ils ont tendance à faire deviner au candidat la réponse qui fera bonne impression ;

– ils passent trop vite des faits aux conclusions.

Un entretien de recrutement n'est pas...

– un monologue : ce n'est pas une simple séance d'information ;

– une conversation : on s'asseoit et on cause... Un entretien a des objectifs, il y a des procédures, des règles du jeu ;

– un interrogatoire : ce n'est pas un bombardement de questions ;

– une interview journalistique : ce qui s'y dit, ce qui s'y passe n'est destiné à aucun lecteur, à aucun auditeur, ou à aucun téléspectateur. Il n'y a que deux interlocuteurs et on n'y cherche rien de spectaculaire ou de médiatique ;

– une discussion d'idées ou un débat : vous n'avez ni à défendre vos opinions, ni à contrer celles de votre interlocuteur ;

– une confession : rien à faire avouer ni à avouer, pas de jugements moraux.

Un entretien de recrutement, c'est :

– une situation finalisée : il y a un but précis ;

– une situation relationnelle : deux personnes se rencontrent ;

– une situation interactive : un entretien est à base d'échanges verbaux ;

– une situation doublement structurée : dans un entretien, quelqu'un a l'initiative, il y a des règles, on sait qui va commencer, qui est chargé de le conduire, qui propose un plan, qui choisit une technique, qui doit le conclure.... Cette structure méthodologique est doublée par une autre structure subjective, implicite : elle est liée à tous les paramètres affectifs de la situation : réactions émotionnelles, affectives, les peurs, la sympathie, la lassitude, etc. ;

– une situation dynamique : les deux interlocuteurs évoluent par approximations successives, par essais et par erreurs, dans leurs impressions, dans leur langage, dans leur perception. La prise de parole n'est pas figée, les propos peuvent évoluer. L'important est que l'expression de l'un et de l'autre tende à devenir de plus en plus juste.

Corrigé de l'exercice 22

	Pour le salarié	Pour l'entreprise
Avantages	• Les collaborateurs peuvent se voir attribuer des rétributions importantes pour atteindre leurs objectifs (mobilisateur). • Peut donner l'occasion aux collaborateurs de faire ce qu'ils ne feraient pas naturellement. Développement de leurs compétences personnelles. • Système motivant pour les individus qui aiment prendre des risques.	• Oblige les salariés à se mobiliser. • Permet une flexibilité de la masse salariale. • Assure à l'entreprise la réalisation des objectifs qu'elle s'est fixée.
Inconvénients	• Engendre de l'insécurité et du stress quand les objectifs à atteindre sont élevés. • Engendre de l'insatisfaction car culturellement les Français considèrent la prime comme un plus par rapport au salaire fixe, alors que l'entreprise considère que la rémunération est globale. • Il peut avoir pris des engagements financiers et avoir du mal à les tenir ensuite (impôts surtout).	• Élimination de bons candidats qui ne veulent pas prendre de risque. • Peut engendrer un *turn-over* important. • Non-adhésion au système de rémunération. • Renforce l'individualisme. • Privilégie le court terme. • Difficulté pour recruter.

ANNEXES

Plan d'autoformation

1 Lisez l'introduction.

2 Faites l'exercice 1 sur votre perception de votre rôle de manager.

3 Lisez l'exposé 1.

4 Faites l'exercice 2 pour déterminer les grandes orientations de l'entreprise.

5 Lisez l'exposé 2.

6 Faites l'exercice 3 pour définir votre mission.

7 Faites l'exercice 4. Faites-vous aidez par des collègues si nécessaire.

8 Faites l'exercice 5 sur le diagnostic de votre équipe comme unité de production. Ne répondez qu'aux items qui vous concernent, puis exploitez le corrigé.

9 Réalisez les exercices 6 et 7 pour repérer vos points forts et vos points faibles dans la situation présente.

10 Préparez, avec l'exercice 8, votre négociation des objectifs et des moyens avec votre hiérarchie.

11 Lisez l'exposé 3.

12 Préparez l'exercice 9 pour fixer les règles du jeu avec l'équipe et validez vos choix avec le corrigé.

13 Faites les exercices 10 et 11 pour préparer vos premiers contacts.

14 Après vos premiers contacts, effectuez l'exercice 12 pour repérer les besoins de l'équipe qui ne seraient pas pris en compte.

15 Lisez l'exposé 4.

16 Faites les exercices 13 et 14 pour déterminer vos propres motivations.

17 Faites l'exercice 20 pour tester vos réactions aux conflits.

18 Lisez l'exposé 5.

19 Répondez aux exercices 15 et 16. Confrontez vos choix aux corrigés.

20 Testez vos façons de faire avec l'équipe avec les exercices 17 et 19.

21 Lisez les exposés 6 et 7.

22 Faites les exercices 21 et 22.

23 Lisez la conclusion et préparez votre plan de réussite avec l'exercice 23.

Programme de session de formation

▸ Exemple de session prévue en salle de formation, sur 4 jours, pour 12 personnes

Cet itinéraire utilise les documents et les situations proposées dans la partie "Applications pratiques" de l'ouvrage.

Premier jour

Durée	Ce que fait l'animateur	Ce que font les stagiaires	Objectif pédagogique
9h 9h30	Horaires Règles du jeu Objectif du stage	Écoutent Négocient	Avoir un contrat clair
9h30 10h30	Donne un canevas de présentation	Se présentent	Savoir qui est qui.
10h30 10h45		Pause	
10h45 11h05	Travail en 2 sous-groupes : G1: Qu'est-ce qui va changer quand vous serez manager ? (depuis que vous l'êtes ?) G2: Qu'est-ce qui différencie le manager d'aujourd'hui du manager d'hier ?	Travaillent en sous-groupes	Comprendre le rôle multi-dimensionnel du manager
11h05 11h35	Exposé de synthèse après restitution	Écoutent, discutent	idem
11h35 11h50	Propose une réflexion sur les règles du manager. Distinguer : – ce que vous savez faire – ce que vous souhaitez développer (2 à 3 priorités)	Réfléchissent individuellement	idem
11h50 12h15	Tour de table de synthèse	Définissent leurs objectifs pédagogiques pour ce séminaire	
12h15 14h		Déjeuner	
14h 14h30	Présentation de l'étude de cas « D » Présentation de la grille EMOFF +. Exemples Constitution de 3 sous-groupes	Lisent Écoutent	Identifier les pièges et trouver des solutions adaptées

Durée	Ce que fait l'animateur	Ce que font les stagiaires	Objectif pédagogique
14h30 15h	Analyse de la situation en sous-groupes	Travaillent	Faire un diagnostic global de la situation
15h 15h15	Synthèse des travaux	Restituent leurs travaux	idem
15h15 16h15	Application de la grille EMOFF: aux situation concrètes (2 à 2)	Travaillent en binômes	Faire un diagnostic global de leur situation
16h15 16h30		Pause	
16h30 16h45	Restitution d'un exemple Régulation du groupe		
16h45 17h15	Travail en 2 sous-groupes sur l'étude de cas G1: Quelles informations obtenir de la hiérarchie ? G2: Préparation de l'entretien	Travaillent en sous-groupes	Découvrir comment obtenir les moyens nécessaires auprès de sa hiérarchie.

Deuxième jour

9h 9h20	Régulation du groupe	Écoutent et questionnent	Faire le point
9h20 10h30	Simulation de l'entretien dans étude de cas.	Notent Simulent l'entretien	
	Feed-back au groupe et synthèse des travaux du G1	Restituent leurs travaux	
	Analyse de la simulation	Commentent	S'entraîner
	Exposé de synthèse sur la négociation avec la hiérarchie et la fixation d'objectifs	Écoutent	
	Questions : quelles sont les informations – dont je dispose ? – à venir ?	Répondent	
10h30 10h45		Pause	
10h45 11h05	Exposé sur : – les types de résistance, – les conséquences pour les nouveaux managers.	Écoutent, posent des questions	Repérer, comprendre et traiter les résistances

Durée	Ce que fait l'animateur	Ce que font les stagiaires	Objectif pédagogique
11h05 11h35	*Post-it meeting* (option 1) « Vous changez de hiérarchie, comment le tester ? » Tester votre autorité (option 2) Questions au groupe	Notent leurs réponses sur des post-it Répondent au test	Repérer leurs modes de résistance
11h35 12h	Et vous, qu'allez-vous faire ?	Travail individuel	Avoir un plan d'action face aux résistances
12h 14h		Déjeuner	
14h 15h45	Synthèse sur les concepts clefs de l'analyse stratégique Présentation de la grille d'AS Travail en 3 sous-groupes sur des cas réels Synthèse et confrontation des 3 analyses.	Écoutent Travaillent en sous-groupes	Identifier la logique des acteurs
15h45 16h		Pause	
16h 16h35	Exposé sur les caractéristiques d'une équipe Exercice individuel : vous prenez en main une équipe sportive, un orchestre, votre équipe	Écoutent Travaillent seuls	Prendre en main une équipe déjà constituée
16h35 17h30	Réunion de prise de contact (étude de cas) G1 : Préparer la réunion – 1 animateur – 5 participants G2 : Fil rouge de la réunion de prise de contact Simulation de la réunion Débriefing de la réunion. La conduite de la réunion de prise de contact	Travaillent en sous-groupes 6 participants les autres observent Commentent Écoutent	S'entraîner à la prise de contact avec une équipe déjà constituée

Troisième jour

Durée	Ce que fait l'animateur	Ce que font les stagiaires	Objectif pédagogique
9h 9h20	Régulation du groupe	Posent des questions	Faire le point
9h20 10h30	Exposé sur les 3 besoins d'une équipe. Diagnostic des besoins de son équipe Constitution de binômes : « Comment satisfaire les besoins de l'équipe » Travail sur des cas : comment obtenir les informations de ses collaborateurs G1 : quelles infos obtenir de ses collaborateurs ? G2 : Hiérarchique prépare l'entretien. G3 : 1 collaborateur prépare l'entretien Simulation de l'entretien		Faire le diagnostic de son équipe
10h30 10h45		Pause	
10h45 11h35	Confrontation des listes d'informations collaborateurs/hiérarchie Analyse de la vidéo de l'entretien Exposé sur l'entretien Synthèse des travaux du G1	Commentent Écoutent Commentent	
11h35 12h20	Autodiagnostic de ses styles de management	Travaillent	Exercer son pouvoir et adapter son style de management Mieux se connaître en tant que manager
12h20 14h		Déjeuner	
14h 14h30	Présentation de la typologie des styles	Écoutent	Mieux se connaître en tant que manager

Durée	Ce que fait l'animateur	Ce que font les stagiaires	Objectif pédagogique
14h30 16h15	Dépouillement des résultats de management Exposé sur la boussole du management Recherche de piste de progrès par rapport à sa propre situation	Travaillent	Savoir adapter son style
16h15 16h30		Pause	
16h45 17h15	Application à une étude de cas réel : – identification de l'autonomie – comment allez-vous les manager ?	Individuellement puis en sous-groupes	Adapter son style de management à la situation

Quatrième jour

9h 9h30	Régulation et questions en suspens.	En sous-groupes	
9h30 10h30	Exposé sur les critères d'utilisation des différents outils de communication	Écoutent	Mettre en place un système de communication efficace
10h30 10h45		Pause	
10h45 12h30	Ateliers de management sur des cas concrets	Participent	Résoudre leurs interrogations
12h30 14h		Déjeuner	
14h 15h	Prépare le travail de co-coaching par groupe de 3 à 4 stagiaires	Réfléchissent individuellement Travaillent en sous-groupes Restituent en grand groupe	Bâtir son plan de réussite
15h 16h	Donne les fiches d'évaluation	Évaluent le stage Communiquent leurs contrats de progrès	

Lexique

Affirmation de soi : capacité à exprimer ses idées et à faire respecter ses droits... sans agresser les autres.

Agressivité : comportement d'attaque.

Animation : 1) manière de donner de la vie, du mouvement ; 2) action de créer des séquences animées, c'est-à-dire reproduisant le mouvement.

Apprendre : 1) acquérir des connaissances ; 2) faire connaître à autrui.

Apprentissage : le fait d'apprendre, toute acquisition de connaissances, d'habiletés et de comportements par des activités de développement telles que le travail, les lectures, etc.

Aptitudes : capacités personnelles à réaliser quelque chose.

Argumentation : démarche pour amener son interlocuteur à adopter une position par le recours à des présentations ou des assertions qui visent à en montrer le bien-fondé.

Assurance de la qualité : ensemble des actions préétablies et systématiques nécessaires pour donner la confiance appropriée en ce qu'un produit ou service satisfera aux exigences données relatives à la qualité. C'est une obligation de moyens.

Attention : c'est la concentration que l'on peut avoir pour quelque chose.

Autoévaluation : procédure selon laquelle une personne s'évalue en précisant les critères choisis.

Autoformation : formation où l'adulte est responsable de l'objectif, de l'objet et des moyens d'apprentissage.

Autonomie : capacité à faire seul.

Capacité : ensemble d'aptitudes à faire une chose déterminée (savoir-faire, habileté...).

Capital humain : capital constitué par l'accumulation des compétences humaines, en opposition au capital physique, composé de machines.

Coach : en sport, celui qui entraîne une équipe. Dans l'entreprise, le coach est celui qui assure le suivi de la formation d'une personne de manière personnalisée.

Coaching : action de conseil individuel, d'accompagnement de collaborateurs, quel que soit leur domaine d'activité professionnelle, qui vise à les aider à se développer.

Communication : échange entre deux personnes au moins.

Communication non verbale : communication qui se fait par d'autres moyens que les mots employés, par les modalités de la voix (volume, ton, rythme, tempo), par la gestuelle (les gestes, les expressions, les postures, les attitudes ou les mouvements).

Communication verbale : communication qui se fait de vive voix par les mots employés.

Compétences : ensemble de connaissances, d'habiletés et d'attitudes (ensemble de savoirs, savoir-faire et savoir-être) exercées dans un champ de l'expérience humaine et nécessaires pour tenir un poste.

Compétence critique : compétence rare dans une organisation, détenue par très peu de personnes. On les repère malheureusement souvent le jour où on les a perdues.

Compétences transversales : ce sont des compétences qui ne sont pas attachées à une activité, à un poste particulier. Elles ne sont ni spécifiques, ni techniques ; au contraire, elles sont générales et ceux qui les possèdent peuvent les utiliser dans plusieurs fonctions. Ces compétences relèvent du domaine social et relationnel. Il s'agit ainsi de la compétence d'animation, de la capacité de travail en groupe, de la capacité d'adaptation et de changement. On pourrait encore citer la capacité d'innovation, de communication, de créativité, de prise de décisions, etc.

Compétitivité : capacité d'une entreprise ou d'un pays à vendre ses produits, rendus attractifs par leurs prix et/ou leurs qualités.

Complimenter : c'est une manière de souligner les qualités de ses interlocuteurs, mais aussi d'apprécier les siennes. À distinguer de la flatterie qui est manipulatrice.

Comportement : ensemble d'actes et de paroles réalisés par une personne.

Conflit : tout différend qui oppose deux ou plusieurs parties.

Connaissances : acquis d'une personne.

Contenu : ce qu'il y a dans la formation. Ne proposez que des activités en rapport avec la situation professionnelle. Les participants attendent des activités marquées par le réalisme, la crédibilité, le sens pratique, etc.

Contrôle : vérification d'un résultat atteint par rapport à un objectif qualitatif ou quantitatif fixé.

Critiquer : ce qui permet d'émettre des informations pour changer un comportement. Lorsqu'on reçoit une critique, c'est une source d'information.

Décision : choix irréversible et risqué entre plusieurs solutions. Décider signifie prendre des risques et les assumer.

Écoute : ce qui permet de comprendre le point de vue de l'autre. Implique de savoir se taire de temps à autre.

Entretien : situation relationnelle impliquant deux personnes, en dehors de tout tiers.

Erreur : inexactitude, chose fausse par rapport à une norme.

Évaluation : une évaluation est une comparaison entre le résultat constaté et le résultat attendu, fixé par l'objectif visé.

Expérience : le fait de vivre quelque chose qui élargit ou enrichit les connaissances et les habiletés.

Expert (l') : il se caractérise par un rôle technique.

Expertise : savoir, savoir-faire et savoir-être accumulés par une personne au fil de l'expérience dans un domaine.

Expression : action d'exprimer par le comportement.

Fait : élément quantifiable et mesurable. À privilégier dans la communication.

Feed-back : Perception par l'émetteur de l'effet produit sur le récepteur par son message. Cette perception permet d'ajuster le message.

Flux d'information : chaque information provient d'une source, suit un chemin et parvient à un destinataire. Source, chemin et destinataire constituent un flux.

Former : permettre l'acquisition d'un savoir ou d'un savoir-faire ; offrir des occasions d'apprentissage.

Gestion de la qualité : aspect de la fonction générale de gestion qui détermine la politique qualité et la met en œuvre. C'est une obligation de résultats.

Groupe humain : interactions de 3 personnes ou plus ; face à face dans la recherche, la définition, la poursuite d'une cible commune. Chacun influence l'autre ; les membres d'un groupe partagent une croyance, des valeurs.

Habilité : qualité d'une personne qui est capable de, apte à (cf. savoir-faire).

Humour : ce qui évite de se prendre trop au sérieux...

Influence : action qu'exerce une personne sur une autre personne.

Information : donnée brute, matériau de base de la communication. C'est aussi ce qui consiste en la production et la transmission d'un message.

Intelligence : faculté de comprendre, de donner un sens à quelque chose.

Intuition : ressenti de ce qui est adapté, sans recours au raisonnement.

K comme KO : le contraire de ce que vous ambitionnez pour votre équipe...

Manager (le) : il est d'abord le responsable d'une équipe qu'il doit créer et qu'il doit diriger et conduire. C'est autre chose qu'une collection d'individus. C'est un rôle difficile et fortement valorisé, d'abord centré sur les hommes et sur la synergie de l'équipe, et non pas un rôle de pur gestionnaire ou d'organisateur lié aux nouvelles technologies. En ce sens, le manager est le porteur de la stratégie de l'entreprise.

Manager « coach » : de plus en plus, aujourd'hui, la plus-value d'un manager s'exprime par son aptitude – en termes de méthodes et de comportements – à transmettre son expertise, ses savoir-faire, mais aussi la dynamique collective, les méthodes de travail et d'approche des problèmes.

Manager de projet : le rôle de responsable de projet qui correspond à un enjeu crucial pour les entreprises. Pour ce management hors hiérarchie qui traverse et qui réunit, sur un objectif précis, plusieurs fonctions de l'entreprise, le responsable de projet doit acquérir de nouvelles pratiques de management, en même temps qu'il doit connaître et comprendre l'organisation de son entreprise pour faire vivre la structure temporaire qu'il met en place. D'autre part, il doit créer une équipe et la faire travailler sans avoir de pouvoir hiérarchique sur ses membres.

Motivation : la motivation est un état dans lequel l'énergie est mobilisée et dirigée de manière sélective vers un ou plusieurs buts. Fondée sur un besoin, la motivation est l'action de forces (conscientes et inconscientes) qui orientent le comportement de l'individu vers un but (sans aucune considération morale). Les motivations diffèrent en nombre et en variété. Elles sont fluctuantes chez un même individu.

Négociation : construction d'un accord entre des parties ayant des intérêts partiellement divergents.

Objectif : but à atteindre pour le manager comme pour l'équipe. Plus précise est sa définition, plus son atteinte peut être assurée, corrigée, vérifiée.

Opinion : ce que je pense de quelque chose ou de quelqu'un.

Perte d'identité : sentiment d'indifférenciation. Tout le monde se vaut. On s'attribue des paroles ou des actions de l'autre. Il y a plein de petits moi-mêmes. Perte d'identité.

Plan d'action : engagement daté, échéancé, mesurable, sur l'utilisation ou l'application d'une partie de la formation à l'issue de celle-ci.

Polyvalence : être polyvalent, c'est avoir des compétences utilisables dans plusieurs domaines de l'entreprise. Par là même, cela permet d'augmenter l'« employabilité » de la personne.

Potentiel : la définition commune du potentiel serait « la capacité d'évolution d'une personne ». Mais c'est aussi ce qu'on pense qu'elle est capable de développer, ce qu'on peut déterminer chez un individu, la façon dont le manager considère que son personnel est susceptible de prendre plus de responsabilités ou autre chose.

Productivité : produit par unité de production (capital, travail, énergie, etc.). La productivité du travail est la production par tête. L'accroissement de la productivité permet d'accroître la rémunération des facteurs de production ou d'abaisser les prix de vente.

Qualité : ensemble des propriétés et des caractéristiques d'un produit ou d'un service qui lui confèrent l'aptitude à satisfaire des besoins exprimés ou implicites.

Questions : outil permettant de situer le niveau de compréhension de son interlocuteur ou d'obtenir des précisions; elles ouvrent ou ferment la réflexion. Venant du formé, elles indiquent ses pôles d'intérêt, ses lacunes, les messages mal perçus du formateur. Venant du formateur, elles situent le niveau de compréhension du formé, elles ouvrent ou ferment la réflexion.

Rapport : document écrit qui a pour but d'informer et d'amener une personne à prendre une décision.

Reformuler : un des moyens de l'écoute.

Régulation : action qui consiste pour le formateur à faire le point avec le formé pour éviter les malentendus ou les quiproquos.

Résistance au changement : c'est une réaction fonctionnelle d'un système qui tente de maintenir son homéostasie.

Ressenti : ce que je ressens dans une situation et qui se traduit par mon comportement non verbal.

Restructuration : opération qui a pour but d'améliorer les comptes d'une entreprise en agissant sur les coûts pour redresser l'exploitation (réduction d'effectifs, compression des dépenses) ou sur le capital (cession d'activités pour permettre le désendettement).

Savoir : connaissances théoriques apprises à l'école ou en formation : informatique, mathématique, anglais, dessin industriel.

Savoir-être : attitude ou comportement adapté à une situation donnée, face aux autres individus et face aux institutions sociales.

Savoir-faire : habileté à exécuter un travail.

Sentiment : ce que je ressens dans une situation.

Souplesse : qualité indispensable au manager, car il faut se tenir prêt à modifier ses façons de faire au fur et à mesure que le contexte et l'équipe évoluent.

Stratégie : ensemble des décisions relatives à la sélection des moyens de toute nature et à leur mixage cohérent, de façon à optimiser leur utilisation en vue d'atteindre un objectif de progrès.

Tableau de bord : outil de gestion permettant de suivre les facteurs clefs de l'activité de l'entreprise.

Tactique : ensemble des décisions relatives à la mise en œuvre des moyens optimisés par une démarche stratégique préalable, dans le but d'atteindre un objectif de progrès.

Tas (formation sur le) : formation sur le poste de travail.

Zone de résistance au changement : marge dans laquelle la structure du champ de forces en présence ne se modifie pas. État quasi stationnaire d'équilibre (l'accroissement de certaines forces ne modifie pas l'équilibre mais entraîne seulement l'accroissement de la tension).

Bibliographie

ANZIEU D., *La dynamique des groupes restreints*, PUF, Paris, 1968.

ARCHIER B., ELISSAT O., SETTEN A., *Mobiliser pour réussir*, Le Seuil, Paris, 1989.

AURIOL P., *Le rôle formateur de l'encadrement*, ESF, Paris, 1991

BALL R., *Pédagogie de la communication*, PUF, Paris, 1971.

BANDLER R., GRINDER J., *Les secrets de la communication*, Le Jour éditeur, Paris, 1982.

BARJOU B., CUISINIEZ F., *Réussissez vos réunions*, ESF, Paris, 1994.

BARJOU B., JUTEAU C., *Comprendre la gestion de l'entreprise, un atout pour votre avenir*, ESF, Paris, 1993.

BARJOU B., MALLAT B., *À l'oral rien d'impossible*, ESF, Paris, 1995.

BARJOU B., *Sachez transmettre votre expertise et votre savoir-faire*, ESF, Paris, 1995.

BARJOU B., *Communiquez avec aisance*, ESF, Paris, 1992.

BAZIN R., *Organiser les sessions de formation*, ESF, Paris, 1983.

BEAU D., *100 fiches de pédagogie des adultes*, les Éditions d'organisation, Paris, 1982.

BELLENGER L., *L'argumentation*, ESF éditeur, Paris, 1988.

BELLENGER L., *Être pro*, ESF, Paris, 1995.

BELLENGER L., *La confiance en soi*, ESF, Paris, 1995.

BENNIR W., NANUS B., *Diriger, les secrets des meilleurs leaders*, InterÉditions, 1985.

BERNE E., *Que dites-vous après avoir dit bonjour ?*, Tchou, Paris, 1972.

BERNOUX P., *La sociologie des organisations*, Le Seuil, Paris, 1985.

BION W.R., *Recherches sur les petits groupes*, PUF, Paris, 1976.

BIRZEA C., *La pédagogie du succès*, PUF, Paris, 1982.

BLAKE R., MOUTON J., *Les deux dimensions du management*, Les Éditions d'organisation, Paris, 1980.

BLANCHARD K., ZIGARMI P., *Le leader et la minute du succès*, Ministère de l'Industrie et de la Recherche, Document 18, Paris, 1983

BLANCHARD K., JOHNSON S., *Le manager minute*, Éditions France Amérique, 1984

BLOOM B.S., *Apprendre pour maîtriser*, Payot, Lausanne, 1972.

BOISVERT J.M., BEAUDRY M., *S'affirmer et communiquer*, Éditions de l'homme, Paris, 1979.

BOURRON Y., *72 fiches de pédagogie audiovisuelle*, Les Éditions d'organisation, Paris,1978.

BOUVARD C., *Le formateur minute*, Les Éditions d'organisation, Paris, 1986.

BUCHILLET C., *Prendre la parole*, Insep, Paris, 1987.

BUZAN T., *Une tête bien faite : exploitez vos ressources intellectuelles*, Les Éditions d'organisation, Paris, 1984.

CASPAR P., *Formation des adultes ou transformation de la structure des entreprises*, Les Éditions d'organisation, Paris, 1975.

CHALVIN D., *Les nouveaux outils de l'analyse transactionnelle*, ESF, Paris, 1987.

CHALVIN D., *Autodiagnostic des styles de management*, ESF, Paris, 1989

CHALVIN D., *L'entreprise négociatrice*, Dunod, Paris, 1984.

CHALVIN D., *Les 160 lois de Chalvin : comment échouer dans sa vie professionnelle*, Belfond, Paris, 1986.

CHALVIN D., EYSSETTE F., *Comment sortir des petits conflits dans le travail*, Dunod, Paris, 1986.

CHENU R., *Être meilleur en communication*, Chotard, Paris, 1988.

CHEVALLARD Y., *La transposition didactique. Du savoir savant au savoir enseigné*, La pensée sauvage, Grenoble, 1985.

CROZIER M., *L'entreprise à l'écoute*, Le Seuil, Paris, 1989.

DE LANDSHEERE V., *L'éducation et la formation*, PUF, Paris, 1992.

DELAIRE G., *Commander ou motiver ?*, Les Éditions d'organisation, Paris, 1984.

DERVAUX B., *Finance pour non-financiers*, ESF, Paris, 1992.

DIRIDOLLOU B., *Réussissez vos entretiens professionnels*, ESF, Paris, 1992.

ENREGLE Y., *Du conflit à la motivation, la gestion sociale*, Les Éditions d'organisation, Paris, 1985.

FISHER R., URY W., *Comment réussir une négociation*, Le Seuil, Paris, 1982.

FREIRE P., *L'éducation, pratique de la liberté*, Le Cerf, Paris, 1971.

FROISSART D., *Les secrets de la délégation réussie*, Entreprise moderne d'édition, Paris, 1980.

FUSTIER M., *Le conflit dans l'entreprise*, Librairies Techniques-ESF, Paris, coll. « Formation permanente en Sciences Humaines », 1976.

GAUTIER B., DIRIDOLLOU B., *Vocabulaire du management*, ESF, Paris, 1991.

GEORGE P., *Apprendre par l'action*, PUF, Paris, 1983.

GIARD V., *La gestion de projet*, Economica, Paris, 1991.

GOGUELIN P., *La formation animation*, ESF, Paris, 1987.

GROVE A., *Le management multiplicateur*, Hommes et Techniques, Paris, 1985.

GUIOT JM., *Organisations sociales et comportements*, Hommes et Techniques, 1981.

HALL E.T., *La dimension cachée*, Le Seuil, Paris, 1971.

HAMELINE D., *Les objectifs pédagogiques en formation initiale et en formation continue*, ESF, Paris, 1988.

HERSEY P., BLANCHARD K., *Management of organizational behavior, utilizing human resources*, Prentice Hall, 1969.

HERSEY P., *The situational leader*, Warner books, New York, 1984.

IRIBARNE P. (d'), *La logique de l'honneur*, Le Seuil, Paris, 1989.

KEPNER, TREGOE, *La vision stratégique en action*, Les Éditions d'organisation, Paris, 1989.

LABORDE G., *Influencer avec intégrité*, Inter Éditions, Paris, 1987.

LANDIER H., *Vers l'entreprise intelligente*, Calmann-Lévy, Paris, 1991.

LAPASSADE G., *Groupes, organisations et institutions*, Gauthier-Villars, Paris, 1967.

LAPRA J.-P., *L'évaluation du personnel dans l'entreprise*, Dunod, Paris, 1992.

LEROY M., *Le Tableau de bord au service de l'entreprise*, Dubois, Paris 1988.

LEVY-LEBOYER C., *La crise des motivations*, PUF, 1984.

LEWIN K., *Psychologie dynamique*, PUF, Paris, 1959.

LOBROT M., *La pédagogie institutionnelle*, Gauthier-Villars, Paris, 1966.

MACK M., *L'impératif humain*, Masson, Paris, 1992.

MARCHESNAY M., *L'économie d'entreprise*, Eyrolles, Paris, 1990.

MICHEL S., *Peut-on gérer les motivations ?*, PUF, Paris, 1989.

MICHEL S., LEDRU M., *Capital compétence, une approche cognitive*, ESF, Paris, 1991.

MUCCHIELLI R., *La pédagogie des adultes*, ESF, Paris, 1970.

MULLER J.-L., CHIFFRE J.-D., *Savoir s'affirmer*, ESF, Paris, 1990.

MULLER J.-L., *Le pouvoir dans les relations quotidiennes*, Les Éditions d'organisation, Paris, 1988.

MULLER J.-L., *Managers, pourquoi faire compliqué quand on peut faire simple*, Les Éditions d'organisation, Paris, 1991.

NAISBITT J., ABURDENE P., *Coup d'état dans l'entreprise*, InterÉditions, Paris, 1986.

ORGOGOZO I., *Les paradoxes du management*, Les Éditions d'organisation, Paris, 1991.

ORGOGOZO I., SERIEYX H., *Changer le changement*, Le Seuil, Paris, 1989.

PAIN A., *Éducation informelle*, L'Harmattan, Paris, 1990.

PAIN A., *Réaliser un projet de formation*, Les Éditions d'organisation, Paris, 1989.

PETERS T., *L'entreprise libérée*, Dunod, Paris, 1993

PLESSIS C., *Concevoir et gérer la formation dans l'entreprise*, Les Éditions d'organisation, Paris, 1984.

ROBIN G., *Guide en reconnaissance des acquis*, Vermette, Québec, 1988.

ROGERS C., *La relation d'aide et la psychologie*, ESF, Paris, 1970.

ROGERS C., *Le développement de la personne*, Dunod, Paris, 1967.

ROSENBERG C., *Analyse des coûts, rentabilité et productivité*, ESF, Paris, 1991.

SAINT-SAUVEUR A., LAPRA J.-P., *La fonction formation dans l'entreprise*, Les Éditions d'organisation, Paris, 1984.

THIÉTART R.A., *La stratégie d'entreprise*, MacGraw-Hill, Paris, 1988.

TISSIER D., *Le management situationnel*, INSEP, Paris, 1988.

TROCME-FABRE H., *J'apprends donc je suis*, Les Éditions d'organisation, Paris, 1987.

VIALLET F., *L'ingénierie de formation*, Les Éditions d'organisation, Paris, 1987.

VINCENT C., *Développez votre pouvoir par l'analyse transactionnelle*, Les Éditions d'organisation, Paris, 1988.

VINCENT C., *La formation, relais de la stratégie d'entreprise*, Les Éditions d'organisation, Paris, 1990.

WATZLAWICK P., HELMICK BEAVIN J., JACKSON D., *Une logique de communication*, Le Seuil, Paris, 1972.

OUVRAGES PUBLIÉS
DANS LA COLLECTION FORMATION PERMANENTE

ROGER MUCCHIELLI

L'analyse de contenu des documents et des communications (8e édition – n° 16).

Communication et réseaux de communications (10e édition – n° 12).

Les complexes personnels (5e édition – n° 11).

La conduite des réunions (16e édition – n° 3).

La dynamique des groupes (16e édition – n° 4).

L'entretien de face à face dans la relation d'aide (17e édition – n° 1).

L'étude des postes de travail (8e édition – n° 7).

L'examen psychotechnique (8e édition – n° 8).

L'interview de groupe (7e édition – n° 6).

La méthode des cas (8e édition – n° 5).

Les méthodes actives dans la pédagogie des adultes (9e édition – n° 13).

Observation psychologique et psychosociologique (5e édition – n° 17).

Opinions et changements d'opinion (4e édition - n° 9).

Organigrammes et sociogrammes (épuisé – n° 14).

Psychologie de la publicité et de la propagande (épuisé – n° 10).

Psychologie de la relation d'autorité (6e édition - n° 19).

Psychologie de la vie conjugale (4e édition – n° 15).

Psychosociologie d'une commune rurale (épuisé – n° 20).

Le questionnaire dans l'enquête psychosociale (10e édition – n° 2).

Le travail en équipe (8e édition – n° 18).

BERNARD ADAM

Animer une étude analyse de la valeur. Guide pratique des procédés et des techniques efficaces (1re édition – n° 79).

ANNE ANCELIN-SCHUTZENBERGER

Le jeu de rôle (épuisé – n° 43).

BRUNO BARJOU

Manager par projet. Méthodes et comportements pour animer hors statut hiérarchique (3e édition - n° 128).

Savoir transmettre son expertise et son savoir-faire (1re édition – n° 109).

Vendre ses idées et ses projets. Des clefs pour obtenir l'accord. (2e édition - n° 141).

BRUNO BARJOU, ANNICK COHEN, JACQUES ISORÉ, JEAN-PIERRE TESTA

Réussir dans ses nouvelles responsabilités. Prise de fonction : mode d'emploi (5e édition – n° 118).

GUY BARRIER

La communication non verbale. Aspects pragmatiques et gestuels des interactions (2e édition – n° 117).

Internet, clefs pour la lisibilité. Se former aux nouvelles exigences de l'hypermédia (1re édition – n° 140).

JEAN-MICHEL BAZIN ET ROGER BAZIN

Comment raisonner pour décider. Apprendre à trouver des solutions (1re édition – n° 129).

ROGER BAZIN

Développement personnel et entraînement mental (5e édition – n° 29).

Le nouvel esprit qualité. Une pédagogie pour enrichir le dialogue social et garantir une meilleure efficacité des entreprises (1re édition - n° 82).

Organiser les sessions de formation (5e édition - n° 30).

LIONEL BELLENGER

L'argumentation. Principes et méthodes (5e édition – n° 37).

La confiance en soi (4e édition – n° 100).

Être stratège. Éduquer l'esprit de compétition (1re édition – n° 130).

L'excellence à l'oral (2e édition – n° 149).

L'expression orale. Une approche nouvelle de la parole expressive (épuisé – n° 44).

La force de persuasion. Du bon usage des moyens d'influencer et de convaincre (2e édition – n° 122)

Les outils du négociateur. Consulter, argumenter, réfuter [2] (2e édition – n° 90).

Stratégies et tactiques de négociation [1] (3e édition – n° 83).

LIONEL BELLENGER ET MARIE-JOSÉE COUCHAERE

Animer et gérer un projet. Un concept et des outils pour anticiper l'action et le futur (5e édition – n° 95).

Les techniques de questionnement. Savoir poser les bonnes questions (1re édition – n° 143).

LIONEL BELLENGER ET PHILIPPE PIGALLET
Dictionnaire de la formation et du développement personnel (1re édition – n° 113).
77 études de cas et exercices. Formation et développement personnel (épuisé – n° 123).
100 exercices et études de cas pour la formation (1re édition – n° 154).

LIONEL BELLENGER, PHILIPPE PIGALLET, REHBIA COUILLET, MARIE-JOSÉ COUCHAERE, BRUNO BARJOU
C'est moi d'abord (1re édition - n° 150).

PIERRE CAUVIN
La cohésion des équipes. Pratique du team building (3e édition – n° 119).

PIERRE CAUVIN ET GENEVIÈVE CAILLOUX
Les types de personnalité. Les comprendre et les appliquer avec le MBTI (indicateur typologique de Myers-Briggs) (4e édition – n° 102).

ALAIN CAYROL ET PATRICK BARRÈRE
La programmation neuro-linguistique (P.N.L.). Des techniques nouvelles pour favoriser l'évolution personnelle et professionnelle (10e édition – n° 60).

DOMINIQUE CHALVIN
L'affirmation de soi (11e édition – n° 41).
Autodiagnostic des styles de management. À l'usage des cadres et des dirigeants (4e édition – n° 56).
Du bon usage de la manipulation (3e édition – n° 148).
Faire face aux stress de la vie quotidienne (5e édition – n° 48).
Histoire des courants pédagogiques. Tome 1 – Encyclopédie des pédagogies pour adultes. (2e édition – n° 115).
Méthodes et outils pédagogiques. Tome 2 - Encyclopédie des pédagogies pour adultes. (2e édition – n° 116).
Les nouveaux outils de l'analyse transactionnelle. Pour développer l'énergie des individus et des organisations [2] (7e édition – n° 64).
Les outils de base de l'analyse transactionnelle. Pour développer l'énergie des individus et des organisations [1] (8e édition – n° 63).
Tensions et conflits dans les relations personnelles. Comment s'en sortir (3e édition - n° 136).
Utiliser tout son cerveau. De nouvelles voies pour accroître son potentiel de réussite (5e édition – n° 61).

GÉRARD CHANDEZON ET JOËL SALOU
L'insécurité. Comprendre les risques de la vie quotidienne et y faire face (1re édition – n° 59).

JACQUES CHAUMIER
Travail et méthodes du documentaliste. Pour une exploitation méthodique et optimale de l'information (6e édition – n° 39).

CORINNE CHAUVIN
Le kit de la formation. De la conception à la réalisation (1re édition – n° 145)

JEAN-DOMINIQUE CHIFFRE ET JACQUES TEBOUL
La motivation et ses nouveaux outils. Des clés pour dynamiser une équipe (4e édition – n° 74).

JACQUES CLARET
Organiser la pensée. Une formation méthodique au travail intellectuel (5e édition – n° 47).

VIRGINIE CORNET, PHILIPPE AURIOL
Le parler-vrai. La méthode Schutz pour être vrai avec soi-même et avec les autres (1re édition – n° 108).

MARIE-HÉLÈNE COU ET CLAUDE DEMEURE
Utiliser efficacement la vidéo en formation. L'autoscopie à l'usage des enseignants et des formateurs (1re édition – n° 111).

MARIE-JOSÉE COUCHAERE
Éduquer la mémoire (épuisé – n° 50).
Manager son temps et son énergie. L'organisation du temps en équipe (2e édition – n° 125).
Le développement de la mémoire. Clés pour une mémoire dynamisée (1re édition – n° 146).

REBIHA COUILLET
Être soi. Une démarche pour se réconcilier avec soi (2e édition – n° 124).

SOPHIE COURAU
Les outils de base du formateur. Parole et supports [1] (5e édition – n° 97).
Les outils d'excellence du formateur. Concevoir et animer des sessions de formation [2] (4e édition – n° 99).

PHILIPPE CRUELLAS
Le temps autrement. Le kit de survie des nouveaux nomades (1re édition – n° 135).

MARC DENNERY
Évaluer la formation. Vers le pilotage économique (1re édition – n° 147).
Organiser le suivi de la formation. Méthodes et outils (2e édition – n° 121).
Piloter un projet de formation. Du diagnostic des besoins à la mise sous assurance qualité (2e édition – n° 132).

GÉRARD DEVAUX
Se préparer à l'oral des examens et des concours (3e édition – n° 77).

MARC DOVERO ET ELISABETH GREBOT
Enseigner, former, conseiller avec la PNL (3e édition – n° 93).

VIVIANE DUBOS
Les émotions. Comment s'en faire des alliées avec les outils de la PNL (5e édition – n° 98).

VICTOR ERNOULT, JEAN-PIERRE GRUERE, FABIENNE PEZEU
Optimiser les ressources humaines dans l'entreprise. Formation à la méthode du bilan comportemental (2e édition – n° 53).

ODILE FEVRE ET ÉRIC SCHULER
L'affirmation de soi au féminin. L'assertivité au féminin (1re édition – n° 114).

MICHEL FUSTIER
Pratique de la créativité (6e édition – n° 33).

PHILIPPE GABILLIET
Savoir anticiper. Les outils pour maîtriser son futur (1re édition – n° 137)

PHILIPPE GABILLIET ET YVES DE MONTBRON
Se former soi-même. Les outils de l'autoformation (1re édition – n° 126).

BERNARD GANGLOFF
Les techniques de recherche d'emploi (1re édition – n° 104).

BERNARD E. GBÉZO
Agressivité et violences au travail. Comment y faire face (2e édition – n° 142).

CHANTAL GENSSE
Le manager aux 5 passeports (1re édition - n° 153)

MICHEL GIFFARD
Développez votre intuition et celle de votre équipe (1re édition – n° 92).

PATRICK GILBERT ET CHRISTIAN CHARDON
Analyser l'écriture. Une démarche et un outil nouveaux en graphologie (2e édition – n° 67).

LAURENT GODBOUT
S'entraîner à raisonner juste. Pour mieux se comprendre et mieux s'entendre (1re édition – n° 78).

ELISABETH GREBOT
Images mentales et stratégies d'apprentissage. Explication et critique. Les outils modernes de gestion mentale (2e édition – n° 101).

ANDRÉ GUITTET
Développer les compétences par une ingénierie de la formation (2e édition – n° 107).

HUBERT JAOUI
Créativité, mode d'emploi (3eédition – n° 81).

HUBERT JAOUI, FRANÇOIS-MARIE PONS
La communication pratique au service des entreprises (1re édition – n° 94).

ALAIN JOLIBERT ET MAUD TIXIER
La négociation commerciale. Etudes de cas. Préparation et stratégie (1re édition – n° 76).

PHILIPPE KAEPPELIN
L'écoute. Mieux écouter pour mieux communiquer (5e édition – n° 70).

JEAN-FRANÇOIS LABOREY
L'entretien annuel d'appréciation et de carrière (2e édition – n° 88).

ANNE-MARIE LAPORTE-CASTELNAU ET BRIGITTE LAPORTE-DARBANS
La gestion de soi. La voie nouvelle du management (2e édition – n° 103).

JEAN-LOUIS LASCOUX
Pratique de la médiation. Une méthode alternative à la résolution des conflits (2e édition – n° 144).

DANIEL LATROBE
Gérer efficacement son temps et ses priorités. Une logique du plaisir (3e édition – n° 139).

PIERRE LEBEL
Améliorer la qualité de vie au travail par la participation (1re édition – n° 80).
Métrologie, mesure et maîtrise des communications (1re édition – n° 28).

CLAUDE LEBŒUF, ALEX MUCCHIELLI
Le projet d'entreprise. Comment le préparer, le réaliser et motiver votre personnel (2e édition – n° 69).

EDOUARD LIMBOS
L'animation des groupes de culture et de loisirs (5e édition – n° 35).
Les barrages personnels dans les rapports humains. Comment les comprendre et les surmonter (3e édition – n° 55).
Le management des changements sociaux dans l'entreprise (1re édition – n° 85).
La participation. Conseils et méthodes pour développer la qualité et l'animation de la « Vie associative » (1re édition- n° 65).

YVES-FRÉDÉRIC LIVIAN
Gérer le pouvoir dans les entreprises et les organisations (1re édition – n° 71).

CHRISTOPHE LUNACEK
La délégation efficace. Pour un nouveau management plus responsabilisant (1re édition – n° 105).

LUC MARSAL
La détection des potentiels. Pour une gestion anticipée des ressources humaines et des carrières (1re édition – n° 131).

ALEX MUCCHIELLI
Rôles et communications dans les organisations (3e édition – n° 49).

ARLETTE MUCCHIELLI
Apprendre à coopérer. Repenser la formation (1re édition – n° 134).

JACQUES NIMIER
La formation psychologique des enseignants (1re édition – n° 112).

DANIEL PEMARTIN
Réussir le changement. Mutations des entreprises et problèmes humains (épuisé – n° 68).

PHILIPPE PIGALLET
Méthodes et stratégies de lecture. Pour un art de lire (3e édition – n° 57).
Les outils de la pensée. Éduquer le sens critique (1re édition – n° 127).

CHRISTIE RAVENNE
Gérer les tournants de carrière (1re édition – n° 72).
Les nouvelles missions du management. Adaptation et flexibilité (1re édition – n° 75).
Rechercher et innover en groupe. Méthodes à l'usage des groupes d'amélioration de la qualité (2e édition – n° 58).

GUY ROUDIÈRE
Décrypter les débats télévisés. Outils et pratiques (1re édition – n° 138).
Mieux s'exprimer pour convaincre et agir (1re édition – n° 120).
Traquer le non-dit (1re édition - n° 151).

GUY SABON
Formation des tuteurs et des maîtres d'apprentissage. Pour une intégration réussie des jeunes dans l'entreprise (1re édition – n° 106).

GUY SABON ET JEAN-MARIE JIVEL
L'entretien de recrutement. Des outils et des méthodes pour mieux recruter (2e édition – n° 96).

CHANTAL SELVA
La programmation neuro-linguistique appliquée à la négociation (4e édition – n° 86).

CHANTAL SELVA ET GUY MISSOUM
Savoir définir et gérer des objectifs. Une stratégie de la réussite (3e édition – n° 91).

LOUIS TIMBAL-DUCLAUX
La communication écrite scientifique et technique. Qualité et lisibilité (1re édition – n° 84).
L'expression écrite. Ecrire pour communiquer (6e édition – n° 42).

ARLETTE YATCHINOVSKY
L'approche systémique. Pour gérer l'incertitude et la complexité (2e édition – n° 133).

ARLETTE YATCHINOVSKY, PIERRE MICHARD
Le bilan personnel et professionnel. Instrument de management (4e édition – n° 87).
Histoire de vie. Une nouvelle approche pour repenser sa vie autrement (1re édition – n° 110).

ACHEVÉ D'IMPRIMER EN JUIN 2003 SUR LES PRESSES DE CORLET, IMPRIMEUR, S.A.
14110 CONDÉ-SUR-NOIREAU - NUMÉRO D'ÉDITION : 2939 ED 2739
DÉPÔT LÉGAL : JUIN 2003 - NUMÉRO D'IMPRESSION : 71606

Imprimé en France